21世纪经济管理新形态教材·财税系列

Government Budget Management

政府预算管理

刘晓凤 ◎ 主编

清华大学出版社
北京

内 容 简 介

政府预算管理不仅是涉及社会稳定以及国计民生的重要工作，也是政府在特定时期实现政策目标及政策手段的重要渠道，对于促进我国经济发展有着非常重要的意义。本书围绕政府预算概论、政府预算的管理基础、政府预算管理体制、政府预算的编制、政府预算的审查批准、政府预算的执行、政府决算和财务报告、政府预算绩效管理、政府预算监督与法治化等方面展开，从管理、编制、审查与批准、执行、决算、监督等多个维度系统梳理我国政府预算管理的典型特征，为深入理解和解决我国政府预算管理过程中的问题提供有益借鉴。

本书讨论了政府预算管理中的多个重要议题，为该领域的研究者以及高校师生提供了理论上的指导和实践上的借鉴，可以作为财税领域教材和辅导参考资料，同时也可以作为政府预算管理的实践指导手册。

本书封面贴有清华大学出版社防伪标签，无标签者不得销售。
版权所有，侵权必究。举报：010-62782989，beiqinquan@tup.tsinghua.edu.cn

图书在版编目（CIP）数据

政府预算管理/刘晓凤主编. —北京：清华大学出版社，2024.2
21世纪经济管理新形态教材. 财税系列
ISBN 978-7-302-64283-1

Ⅰ. ①政⋯　Ⅱ. ①刘⋯　Ⅲ. ①国家预算－预算管理－中国－高等学校－教材　Ⅳ. ①F812.3

中国国家版本馆CIP数据核字(2023)第139135号

责任编辑：陆浥晨
封面设计：李召霞
责任校对：王荣静
责任印制：宋　林

出版发行：清华大学出版社
网　　址：https://www.tup.com.cn，https://www.wqxuetang.com
地　　址：北京清华大学学研大厦A座　　邮　编：100084
社 总 机：010-83470000　　邮　购：010-62786544
投稿与读者服务：010-62776969，c-service@tup.tsinghua.edu.cn
质 量 反 馈：010-62772015，zhiliang@tup.tsinghua.edu.cn
课 件 下 载：https://www.tup.com.cn，010-83470332

印 装 者：北京鑫海金澳胶印有限公司
经　　销：全国新华书店
开　　本：185mm×260mm　　印　张：11.5　　字　数：263千字
版　　次：2024年2月第1版　　印　次：2024年2月第1次印刷
定　　价：45.00元

产品编号：100330-01

前 言

在公共财政条件下，政府的财政活动主要是通过预算配置社会资源。为满足社会公共需要提供公共产品和服务，作为公共产品和服务的受益者的公众必须分担一部分供给成本，表现为纳税人向政府纳税缴费。由此，纳税人与政府之间建立了一种委托—代理关系，即具有独立财产权的纳税人担负着政府的财政供应，就必然要求监督政府的财政，以政治和法律的程序保证政府收支不偏离纳税人的利益，保障委托人的财产权利不受政府权力扩张的侵犯。因此，从经济学角度看，政府预算是一种在合理划分政府与市场边界基础上的资金分配活动。而由于其分配对象的特殊性，使得这种分配活动被纳入政治和法律的程序。所以，政府预算的形成反映着复杂的政治学、法学、经济学和管理学及社会学的问题，也是目前多学科视角研究政府预算问题的原因。

近年来，随着公共财政框架体系的建立，政府预算进行了从理论到实践的全方位的深入改革。本书以管理学原理为研究主线并按照预算管理的流程展开，在帮助大家了解预算管理的基本制度的基础上，通过分析政府预算的编制、审批管理，了解预算决策过程；分析政府预算的执行管理，了解预算组织协调和处理各种预算收支的过程；分析政府决算、财务报告及绩效管理，了解落实政府责任、控制公共预算支出和预算风险的过程。在此基础上又融合了经济学、政治学、法学等研究视角，交叉分析政府预算问题。经济学的研究视角主要通过预算的政策、原则、绩效评价等问题，帮助我们了解在市场经济中存在市场和政府两种资源配置主体的情况下，政府应如何通过预算机制去配置资源，并要求其配置和使用符合政府优化资源配置的目的；政治学的研究视角通过预算的原则、预算管理的职权、预算的审批、预算的监督等问题，帮助我们了解在民主社会中政府和公众在预算管理中的权利和责任；而上述的研究视角都要遵守一国法律法规，因此法学的研究视角则帮助大家理解政府预算是一个法律文件，是一份涉及政府、公众、管理者之间多主体，各级政府及管理部门之间多层级的综合性委托—代理契约，一切政府预算问题都必须遵循法定程序。

本书立足于我国政府预算管理的法律法规框架，以预算工作的流程为主线，比较全面、系统地阐述了预算管理基本理论、预算编制与管理、预算执行与管理、政府决算与管理等内容。同时，结合当代政府预算管理改革的新成果和动态，重点介绍和分析了部门预算改革、政府采购制度、预算绩效评价等内容。

"政府预算管理"作为实务性、政策性较强的课程，在强调预算管理理论重要性的同时，还非常注重介绍部门预算编制、国库集中收付等预算实务的操作与政策问题，配合预算管理各环节的课内实验或综合实验，有利于学生熟练掌握政府预算管理的理论与实务。本书是针对高等院校经济类、管理类专业的本科生、研究生而编写的教材，也可作为政府部门工作人员的参考书。

本书由陈政弘负责编写第一章政府预算概论、第二章政府预算的管理基础，舒歆负责编写第三章政府预算管理体制、第四章政府预算的编制，吉逸轩负责编写第五章政府预算的审查批准、第六章政府预算的执行，谭辉负责编写第七章政府决算和财务报告、第八章政府预算绩效管理、第九章政府预算监督与法治化。刘晓凤教授对全书进行统稿。

本书虽经几次修改，但由于编者能力所限，难免有不足之处，敬请各位专家、读者批评指正。

作　者

2023 年 3 月

目 录

第一章　政府预算概论 ··· 1
第一节　政府预算的界定 ·· 1
第二节　政府预算的原则 ·· 5
第三节　政府预算的职责功能 ·· 8
思考题 ·· 9
即测即练 ·· 9

第二章　政府预算的管理基础 ·· 10
第一节　政府预算管理的内涵与要素 ··· 10
第二节　政府预算管理的流程与周期 ··· 13
第三节　政府预算管理的组织体系 ··· 16
第四节　政府预算收支分类 ··· 23
思考题 ·· 33
即测即练 ·· 33

第三章　政府预算管理体制 ·· 34
第一节　预算管理体制概述 ··· 34
第二节　分税制 ··· 40
第三节　政府间转移支付制度 ·· 46
思考题 ·· 51
即测即练 ·· 51

第四章　政府预算的编制 ·· 52
第一节　政府预算编制依据 ··· 52
第二节　政府预算编制模式 ··· 56
第三节　部门预算的编制 ·· 59
思考题 ·· 69
即测即练 ·· 69

第五章 政府预算的审查批准 ... 70

第一节 政府预算审查批准概述 ... 70
第二节 政府预算审批的内容和流程 ... 78
思考题 ... 90
即测即练 ... 90

第六章 政府预算的执行 ... 91

第一节 政府预算执行概述 ... 91
第二节 政府预算执行的组织系统 ... 97
第三节 政府预算收入的执行 ... 101
第四节 政府预算支出的执行 ... 109
第五节 政府预算执行中的调整 ... 114
思考题 ... 118
即测即练 ... 118

第七章 政府决算和财务报告 ... 119

第一节 政府决算概述 ... 119
第二节 政府决算的审查与批准 ... 125
第三节 政府财务报告 ... 127
思考题 ... 136
即测即练 ... 136

第八章 政府预算绩效管理 ... 137

第一节 政府预算绩效管理概述 ... 137
第二节 政府预算绩效管理的发展历程 ... 141
第三节 政府预算绩效管理的内容与流程 ... 148
思考题 ... 157
即测即练 ... 157

第九章 政府预算监督与法治化 ... 158

第一节 政府预算监督概述 ... 158
第二节 政府预算法治化 ... 171
思考题 ... 175
即测即练 ... 175

参考文献 ... 176

第一章

政府预算概论

政府预算是现代国家公共财政管理的重要内容，也是国家治理的基础和重要支柱。加强对政府预算的管理有利于提高国家的治理水平，对促进经济社会发展具有重要意义。

党的二十大报告强调要全面实施预算绩效管理。持续推动中央部门和单位加强预算管理，优化支出结构，规范资金分配行为，着力提升财政政策效能，切实保障各项重大决策部署落地见效。各地区各部门积极行动起来，坚持问题导向，系统观念，统筹当前和长远，从解决人民群众最关心最直接最现实的利益问题入手，科学设定目标指标，建立完善机制，扎实推进预算绩效管理工作落到实处，不断提升人民群众的获得感、幸福感、安全感。

本章旨在对政府预算进行基本的介绍，使读者在进入后续章节前先对政府预算的含义有一个基本认知。本章结构如下：第一节介绍政府预算的界定，包含政府预算的起源及其发展，以及现代政府预算的基本特征；第二节介绍政府预算的原则，包含西方国家的政府预算原则及我国的政府预算原则；第三节介绍政府预算的职责功能，包含政府预算的目标及政府预算的功能；章后提供数道思考题，帮助读者掌握本章的核心内容。

第一节 政府预算的界定

本节首先阐述政府预算的起源及其发展，包含西方国家现代预算的产生与发展、我国现代预算的产生与发展，以及现代预算产生的过程对我国完善政府预算管理制度的启示，让读者对我国现代政府预算制度的产生历程具备基本认识；而后介绍现代政府预算的基本特征，包含公共性、法律性、预测性、集中性与综合性五大基本特征。

一、政府预算的起源与发展

"预算"一词的英文是 budget，原意指皮质的钱袋、皮夹或手提包。这是因为英国在历经多次民主化改革之后，财政大臣有对议会报告政府收入与支出的义务，因此，财政大臣便使用一个手提包来整装政府收支的相关材料。当财政大臣在向议会报告前，从手提包内拿出政府开支需求及收入来源等预算材料时，就被人们称作 open the budget，之后就逐渐演变为以 budget 来代称财政部门对立法机构提出的收支规划。从形式上来看，政府预算是一套经过设计，用以呈现政府财务收支计划的报告或报告汇编，从预算报告中可以清楚展现政府的各项收入与支出，以及收支项目所对应的政府施政目标与施政重点等信息。故各国进行财政管理，需以良好的预算编制与管理作为关键的一步，也因此，政府预算管理成为现代政府管理的重要一环。

（一）西方国家现代预算制度的产生与发展

我们先来了解西方国家现代预算制度的产生及发展过程。整体而言，现代预算制度最早出现于英国，这是因为英国政府开支不断增加，王室需要不断扩大征税权，而这明显损害到人民的权益，所以，贵族阶级与新兴资产阶级先后要求限制基于王权的征税权扩张，要求政府明确阐述政府收支活动的规划。

首先发难的是贵族阶级，在1215年，他们迫使国王签署《大宪章》，确立"非赞同毋纳税"的原则，大大地限制了国王的征税权力。其后，随着新兴资产阶级力量的逐渐壮大，他们承担了大部分政府财政收入的责任，因此，他们也充分利用议会去限制封建君主的财政权，限制政府的财政支出。1678年，英国议会通过议案，要求王室政府为执行其职能所耗费的财政支出，必须由代表资产阶级利益的下议院批准。1689年，《权利法案》通过并重申议会为最高权力机构，且初步确立了政府预算的原则和步骤。《权利法案》为现代预算制度的确立正式奠定了基础。历经不断的检讨与改革，直到19世纪初，议会确立了按年度编制和审批预算的制度，现代意义上的政府预算制度方才算是真正地建立起来。

由13世纪初的《大宪章》的签署到19世纪初的编制与审批制度的确立，作为先行者的英国也是历经数百年方能将此工作逐步加以完善，足见改革的难度甚高。而在英国之后，欧洲大陆国家与海洋彼岸的美国也逐渐借鉴英国预算改革的方式，建立各自的政府预算管理制度。作为后起之秀的美国则是西方国家政府预算制度变迁的主要推动者，持续不断的预算管理改革推进着西方国家政府预算制度的进一步完善，使得西方国家政府预算进入"改革时代"。

西方国家现代预算产生的原因有两个层次，包括权力制衡的原因和管理需要的原因。

（1）权力制衡的原因在于欧洲人具有较强的民主及私有财产意识，所以对自身的财产保护意识较高，故英国于1215年要求国王签署的《大宪章》中，便限制国王不得任意向封建贵族额外征税。"地理大发现"及工业革命使得资本主义生产方式出现，这个生产模式的改变，使得新兴资产阶级在国家整体经济活动中所占的角色越来越重要，也由此使其于政府财政收入来源中所占的角色越来越重。在此背景之下，新兴资产阶级自然会争取其政治力量来影响政府政策的制定，从而使得政府预算管理的主体由封建王权走向议会民权，使新兴资产阶级得以通过议会来管控政府全部的收支活动。换言之，因为资本主义生产方式而蓬勃发展的新兴资产阶级从维护自身利益出发，通过议会与封建阶级争夺财政资金控制权，是西方国家现代预算产生的早期原因。这样权力制衡的思想即使在后起之秀如美国之类的非君主国也普遍存在，持续强调以总统为代表的行政机关和以国会为代表的权力机关对政府财政收支的权力制衡，从而持续推动现代预算制度的发展。

（2）管理需要的原因则是在资本主义经济持续发展之下，生产成果固然倍增，但国家整体在经济效率、经济公平、经济稳定及经济发展四大职能中面对益加繁重的挑战，例如经济活动的勃兴使得市场秩序的维持更加重要，工业化与城市化造成严重的外部性问题，原始禀赋不同造成的社会分配不公平，以及经济波动的反复发生等，都使得政府需要介入生产与分配环节的任务越来越多，也导致政府的支出日渐膨胀，对应地也需要更多的收入来源，且政府收支之间的关系日趋复杂，所以对于政府预算管理与监督的要求也水涨船高。

另外，由于政府作为一个长期存续的主体，更多政府职能展现在长期的经济与社会均衡发展中，使得许多市场经济无意愿或无能力进行规划及投资的工作，也需仰赖政府加以完成。因此，政府收支活动的中长期规划能力也对应地日渐重要，故很多西方国家在改革年度预算管理制度时，依靠强大的预算预测水平和技术，建立了中期预算编制与管理的框架。

综观西方国家现代预算的产生与发展，其发生的必备条件在于财政分配的货币化，唯有财政分配由实物形式转向货币形式，使财政收支能够进行较为详尽的规划与计算，并统一呈现在平衡表中，才能进行更为科学而规范的管理工作。而预算管理制度的开展，对于现代国家的政府治理有许多方面的意义，包含管理权力以新兴资产阶级取代封建阶级的社会阶层流动性，政府的财政制度与政治制度改革相衔接，明确了现代国家需要依法理财，以及民众与政府之间属于委托—代理关系等，都使政府是基于人民的需要而开展职能活动的现代政府治理观念受到更加明确的规范。

（二）我国现代预算的产生与发展

接下来，我们来了解我国现代预算制度的产生及发展过程。其实我国的财政思想发展甚早，先秦时期的"百家争鸣"就已经非常关注君主治理臣民的问题，也不可避免地会涉及管理者与被管理者之间的权力分配甚至财力分配的关系，而后的诸多封建王朝也萌生许多财政与预算管理的思想，但并未形成真正的预算管理制度。若要讲到"现代意义"的政府预算管理体制，则需要追溯到清末1898年的戊戌变法时期，在经历自强运动仅重视学习西方的军事装备、机器生产和科学技术而惨遭失败之后，强调全面学习西方思想与制度的维新派人士便由西方诸强和明治维新后的日本引入各种新兴思想，包括"经济"与"财政"等词汇都是彼时由日本传入清廷的，而西方政府预算管理的思潮也是在那时进入国内的。例如，郑观应、梁启超等在其著作中便介绍西方国家的财政预算知识，并建议清政府应该学习西方的思想与法规来建立我国的预算制度，但此一建议随着变法夭折而未能具体实施。到了清朝末年，在内有臣民的请愿与外有列强的要求之下，清政府于1908年颁布《清理财政章程》并于1910年开始试编政府预算，这是我国出现最早的正式的政府预算，由于1911年发生的辛亥革命推翻了清王朝的统治，所以，这第一份政府预算连一个预算周期都没有走完，仅有预算而无决算。

中华民国成立之后，历经早期的洪宪帝制与北洋军阀混战，1914年，北洋政府颁布《会计条例》，建立了较为完整的政府预算制度。直至1932年南京国民政府颁布《预算法》，确立了一整套预算、主计及审计制度。但事实上，由于政局始终不稳定，来自日本的军事威胁以及其后爆发的抗日战争，都造成了这些法规无法付诸实行。

中华人民共和国成立后，于1949年着手编制了第一个中央和地方财政收支预算，同年12月，颁布实施《关于1949年财政决算及1950年财政预算编制的指示》，在1951年又颁布《预算决算暂行条例》。此后数十年，在计划经济体制时期，我国实行高度的统收统支制度，也无新的法规问世。改革开放之后，政府需要更为科学进步的预算管理方式，因此在1991年颁布《国家预算管理条例》并在1992年开始实施，规定我国采取复式预算，区分经常性预算与建设性预算来进行政府预算的编制。1994年我国进行分税制改革，建立政府公共预算和国有资产经营预算，同年3月22日第八届全国人民代表大会第二次会议通过《中华人民共和国预算法》并于 1995 年颁布实施。此后,《预算法》于 2014 年 8 月 31 日进行第一次修正,以及 2018 年 12 月 29 日进行第二次修正。与之配合的《中华人民共和国预算法实施条例》则在 1995 年 11 月 22 日中华人民共和国国务院令第 186 号发布,并于 2020 年 8 月 3 日中华人民共和国国务院令第 729 号修订。

二、现代政府预算的基本特征

现代政府预算具有公共性、法律性、预测性、集中性与综合性五大基本特征,分述如下。

(一)公共性

政府的职能工作在于回应公众的需要,所取得的资金来源也来自民众,所以必须贯彻"取之于民,用之于民"的民本思想,因此,相对于其他预算主体和传统的政府预算来说,现代政府预算具有很鲜明的公共性。具体而言,公共性是指政府通过预算分配进行的工作内容要满足社会公共需要,预算的运行方式要公开、透明、规范,预算运行的过程要接受立法机构及社会公众的监督,预算运行的结果要对公众负责。在政府预算公开透明及公众参与预算决策之下,预算活动同时接受公民和国家权力机关的双重监督和制约,成为了控制政府财政收支、进而控制政府一切行政管理活动的有效手段。因此,政府的政策与相关的职能活动会以更加民主的机制推进,从而更加有利于政府决策的公共性。

(二)法律性

现代预算的法律性是区别于封建专制时期政府预算的一个重要特征,包含立法、守法、执法的动态法制体系的构建。换言之,现代政府预算由编列、执行、调整到审视执行结果的政府决算全过程,都必须有一套法令来依循,且经立法机构来审查批准;预算内容中的预算级次划分、收支内容、管理职权划分等也都必须根据《中华人民共和国预算法》与《中华人民共和国预算法实施条例》等法律法规来进行编列与执行。因此,政府预算作为一个通过立法程序确定的对公共资源分配的具有法律效力的文本,一经做出后就必须严格执行,并能有效约束各级政府、各部门的预算行动,依法限制各级政府的预算自由裁量权及随意调整权,对于预算过程中的各个利益主体都具有法律约束作用,如此才能真正地体现政府预算法律效力的严肃性。

(三)预测性

政府预算需根据经济情势与财政制度的现状与发展,将未来年度的预算收支规模、收入来源与支出用途进行事前预估来编列,所以各级政府与职能部门都需要对未来的收支状况进行客观且科学的估算,故具备高度的预测性,且在预算模式由年度预算转变为多年(中期)预算的情况之下,对于预算预测技术及水平的要求更是日益提高。此外,结合法律性的预算规范到哪里,财政才能活动到哪里的精神,政府需对未来的施政方针与重点工作详加规划,所以对于社会大众而言,观察政府预算的编列也可以形成其对政府政策导向变化的一个良好预测,降低政策的不确定性,有利于提升企业投资的积极性与民众耐久性消费品的购买意愿。

（四）集中性

政府以提升社会全体利益为目标，对于预算收支规模、收入来源、支出用途、收支结构与预算收支平衡等，由政府按照社会公共需要进行统筹安排与集中分配，因此，现代政府预算具有集中性的特征。

（五）综合性

政府预算是政府所有财政收支的汇集，综合反映了国家财政收支活动的全貌，即政府预算中必须包含政府一切事务所形成的收支，全面体现政府年度整体工作安排和打算，此即为现代政府预算的综合性特征。正是因为政府预算包含了政府所有收支活动的内容和范围，能够充分体现政府财政收支的全貌，所以我们方能透过政府预算了解政府在预算计划期内的整体施政的方针和战略部署。

第二节 政府预算的原则

本节首先阐述西方国家的政府预算原则，包含带有立法控制性的预算原则和带有行政主动性的预算原则，让读者对西方国家因政府职能改变对预算原则的不同见解有基本认识；然后介绍我国的政府预算原则，包含完整性、统一性、公开性、真实性、年度性及绩效性。

一、西方国家的政府预算原则

政府预算原则指政府编列预算时所应遵循的指导思想，即制订政府收支计划的一套方针。西方国家的政府预算历经较长时间的改革与调整，逐渐建立一系列基本原则，这些原则还可以再划分为带有立法控制性的预算原则和带有行政主动性的预算原则，分述如下。

（一）带有立法控制性的预算原则

在政府预算的管理主体由封建王权逐渐走向立法机关审议的过程中，西方学者也因这样的变化，提出一系列的预算原则，包含公开性、稳定性、统一性、总括性、分类性及年度性六项。

（1）公开性：指政府编制的预算须对社会公众公开，且表述方式应尽可能明确易懂，以便社会公众能了解、审查和监督政府如何进行收支的分配。

（2）稳定性：指政府在编制预算时，必须科学地估计各项预算收支数字，且对各项收支的性质必须清楚地加以区分。

（3）统一性：指政府在预算收支须按照统一程序进行编制。

（4）总括性：指政府预算须包含全年全部的预算收支项目，完整反映政府全部财政收支活动。

（5）分类性：指政府在编列预算时，必须让各项财政收支依据其性质明确地加以分门别类，以求公众能充分了解。

（6）年度性：指政府预算的编制、执行与决算这个完整的工作流程是周期性进行的。一般而言为一年，但不同国家基于自己的国情、需要或是习惯，分别采取历年制或是跨年制。

（二）带有行政主动性的预算原则

在 1929—1933 年世界经济"大萧条"的背景之下，强调政府职能的凯恩斯主义开始于西方国家大行其道，因此，上述一系列的传统政府预算原则已经无法适应政府角色的变化，于是各国政府也开始对政府预算原则进行增补与修正。其核心精神在于充分体现国家的政治经济政策，表现出政府收支活动对经济社会的主动干预性。其中最具代表性的为美国联邦政府预算局局长史密斯于 1945 年提出的八条预算原则。

（1）政府预算应反映与支持行政部门的计划。

（2）政府预算应强化行政部门的权责。

（3）政府预算应提高行政部门的主动性，即立法机关决定方向与目的，但具体的运用方式与途径由行政机关灵活决定。

（4）政府预算收支在时间上要保持一定的弹性，即立法机关批准的预算法案应容许行政机关在以后年度的适当时机使用。

（5）政府预算应以行政部门的财政与业务报告作为依据进行编制。

（6）政府预算的"工具"必须充分，即预算的编制与执行应由专职机构与人员负责。

（7）政府预算的程序必须多样化，即以不同的管理形式来适应政府不同职能活动的财政收支需要。

（8）政府预算必须"上下结合"，让不同层级的行政机关在预算的编列与执行中可以相互协调。

二、我国的政府预算原则

我国借鉴西方国家政府预算的原则，综合考量我国政府预算管理的需要，确立我国的预算原则，包含完整性、统一性、公开性、真实性、年度性及绩效性，分述如下。

（一）完整性

完整性指政府预算必须包括政府的全部预算收支项目，以完整反映政府的全部财政收支活动，并全面体现政府活动的范围和方向，不允许在预算规定范围外还有以政府为主体的资金收支活动。此外，这个原则也表示预算科目设置必须将政府收支分开罗列，而不应呈现某一资金收支相抵后的余额，如此才能便利立法机关及社会公众进行监督。《中华人民共和国预算法》第五条规定：我国预算包括一般公共预算、政府性基金预算、国有资本经营预算、社会保险基金预算，简称"四本预算"。这表示我国政府的收支活动均已纳入预算管理的范围，不再允许预算外的收支活动。同时第五条也规定：一般公共预算、政府性基金预算、国有资本经营预算、社会保险基金预算应当保持完整、独立。政府性基金预算、国有资本经营预算、社会保险基金预算应当与一般公共预算相衔接。这表示我国的"四本"预算虽然分开罗列，但仍强调须全面反映政府的全部财政收支活动的完整性要求。

（二）统一性

统一性指各级政府与职能部门必须按国家统一的方法、口径和程序进行预算的计算与填列。《中华人民共和国预算法》第三十二条规定：各部门、各单位应当按照国务院财政部门制定的政府收支分类科目、预算支出标准和要求，以及绩效目标管理等预算编制规定，根据其依法履行职能和事业发展的需要以及存量资产情况，编制本部门、本单位预算草案。

（三）公开性

政府预算是人民为了公共需要委托政府运用的钱，所以政府作为受托人，理应通过公开预算信息，向人民报告钱用于哪里，以体现"取之于民，用之于民"的精神。《中华人民共和国预算法》分别对预算编制与执行的公开性、审计情形的公开性及未落实公开性的罚则都做出了规范，分别是第十四条规定：除涉及国家秘密的以外，经本级人民代表大会或者本级人民代表大会常务委员会批准的预算、预算调整、决算、预算执行情况的报告及报表，应当在批准后二十日内由本级政府财政部门向社会公开，并对本级政府财政转移支付安排、执行的情况以及举借债务的情况等重要事项作出说明。经本级政府财政部门批复的部门预算、决算及报表，应当在批复后二十日内由各部门向社会公开，并对部门预算、决算中机关运行经费的安排、使用情况等重要事项作出说明。各级政府、各部门、各单位应当将政府采购的情况及时向社会公开。第八十九条规定：对预算执行和其他财政收支的审计工作报告应当向社会公开。第九十二条规定：若有各级政府及有关部门未依照预算法规定对有关预算事项进行公开和说明的情形，须责令改正，且对负有直接责任的主管人员和其他直接责任人员追究行政责任。

（四）真实性

真实性指政府在预算与决算中所编列的数字必须真实准确，不得造假。《中华人民共和国预算法》也有若干条文体现真实性原则的要求，诸如第七十五条规定：编制决算草案，必须符合法律、行政法规，做到收支真实、数额准确、内容完整、报送及时。第八十四条规定："各级人民代表大会和县级以上各级人民代表大会常务委员会有权就预算、决算中的重大事项或者特定问题组织调查，有关的政府、部门、单位和个人应当如实反映情况和提供必要的材料。"第九十三条规定：若有各级政府及有关部门、单位存在未将所有政府收入和支出列入预算或者虚列收入和支出以及违反本法规定，擅自改变预算支出用途的情况须责令改正，且对负有直接责任的主管人员和其他直接责任人员依法给予降级、撤职、开除的处分。

（五）年度性

年度性指所有政府预算都按照预算年度进行编列，不应该对本预算年度之后的财政收支做出任何事先安排。依照《中华人民共和国预算法》第十八条规定，我国的预算年度采历年制，即预算年度自公历一月一日起，至十二月三十一日止。

（六）绩效性

随着民众对公共需要的日益增加，政府的工作日益复杂而繁重，使得有限的预算更要花在刀刃上，强调政府支出应与有效公共服务的提供相匹配。绩效性原则指政府应当将绩效的精神贯穿于预算全过程，即应当按照绩效来进行预算的分配及执行结果的评价。《中华人民共和国预算法》也对此原则做出许多规范，诸如第十二条规定：各级预算应当遵循统筹兼顾、勤俭节约、量力而行、讲求绩效和收支平衡的原则。第三十二条规定：各级预算应当参考上一年预算执行情况、有关支出绩效评价结果和本年度收支预测进行编制，而且各部门、各单位应当按照绩效目标管理等预算编制规定，编制本部门、本单位预算草案。第四十九条规定：预算审查结果报告应当包括对执行年度预算、改进预算管理、提高预算绩效、加强预算监督等提出意见和建议。第五十七条规定：各级政府、各部门、各单位应当对预算支出情况开展绩效评价。第七十九条规定：对本级决算草案，重点审查之内容包含支出政策实施情况和重点支出、重大投资项目资金的使用及绩效情况。

第三节　政府预算的职责功能

本节首先阐述政府预算的目标，让读者得以了解预算作为一种控制政府财政收支及其差额的机制，能够系统性地反映政府财政政策目标且对公共财政起到约束作用；其次介绍我国政府预算的功能，包含分配功能、宏观调节功能以及反映与监督的功能。

一、政府预算的目标

福利经济学的四大发展目标为经济效率、经济公平、经济稳定与经济增长，其第一基本定理阐明在市场机能良好运作之下可以自动达成经济效率，因此，在市场经济条件良好之下，应让市场在资源配置中起决定性作用。但事实上，市场存在许多失灵的现象，如公共产品的提供、外部性的存在、信息不对称的问题、市场垄断力量以及市场根本不存在等，都让市场无法完善达到经济效率的目标。而且，即便市场能够达成经济效率，对于经济公平、经济稳定与经济增长等目标，也很难依靠市场机能自动达成，因此，经济与社会的发展要求更好发挥政府作用。

公共财政的基本职能就源于此市场失灵问题，主要表现在资源配置职能、收入分配职能、经济稳定与发展职能三个方面，而政府通过主动运用预算、税收、公债、公共支出和政府投资等手段，来实现一定的经济、社会发展目标。由于政府所有的收支活动都会造成资源配置的改变，所以如何衡量政府的政策与措施能否反映其职能，便是政府预算的重要功能。预算作为一种控制政府财政收支及其差额的机制，能够系统性地反映政府财政政策的意图和目标，且政府预算是公共财政的运行机制或基本制度框架，它对公共财政起到约束作用。

二、政府预算的功能

根据上述政府预算的目标，可以简要归纳政府预算的功能包含分配功能、宏观调节功能以及反映与监督的功能，分述如下。

（一）政府预算的分配功能

政府的财政分配指财政通过筹集必要的资金，参与国民生产的分配与再分配过程，进而满足社会公众的公共需要，而政府预算的收入来源与支出用途就全面地反映了财政的分配活动。具体来说，政府预算收入的来源结构、数量规模和增长速度反映了国民经济的收支结构、发展状况、经济效益、积累水平和增长速度;而政府预算支出的比例结构、支出流向则体现了国民经济和社会发展,以及政府职能重点及各部门之间的比例关系。

(二)政府预算的宏观调节功能

政府预算一方面通过收支规模的变动,来调节社会总供给与总需求的平衡,另一方面通过调整政府预算收支结构,进行资源效率及公平的配置。具体而言,有通过政府收支规模与政府预算收支结构两种方式。第一,通过预算收支规模的变动来影响社会总需求。政府采取赤字预算时,对社会总需求产生的影响是扩张性的,在市场低迷时可以起到刺激总需求增加的作用;而采取盈余预算时,对社会总需求产生的影响是收缩性的,在市场过热时可以起到抑制社会总需求膨胀的作用。第二,通过政府预算收支结构的变动,在民间与政府之间、各产业部门之间,以及各地区之间进行预算资源的配置。包含通过集中性分配与再分配措施,影响民间部门的可支配收入规模,进而影响民间消费与企业投资的规模;通过税收与政府投资调节不同产业之间的资源配置,以及通过税收、投资、财政补贴与转移支付制度等调节资源在各个地区之间的配置。

(三)政府预算的反映与监督功能

政府预算一方面通过价值形式反映国民经济与社会发展的状况,另一方面,通过预算对财政活动的规范和控制,协助立法机构与社会公众监督预算履行状况及成果。再进一步说明,预算收入可映射出国民经济发展规模、结构和经济效益的水平;而预算支出则反映出政府对于各项经济及社会事业发展的政策方针与具体措施。我国除在《中华人民共和国预算法》中规定的立法机构对预算的审议权以及强调对社会公众公开的参与式预算之外,近年实行的诸多财政改革,包含部门预算制度、政府采购制度、国库集中收付制度、政府收支分类改革等,也都加强了政府预算的监督功能。

思 考 题

1. 简述西方国家与我国现代预算的产生与发展历程。
2. 简述现代政府预算的基本特征。
3. 简述西方国家的政府预算原则。
4. 简述我国的政府预算原则。
5. 简述我国的政府预算的功能。

即 测 即 练

自学自测 扫描此码

第二章

政府预算的管理基础

政府预算的管理基础是确保财政资金使用的合法性、规范性和效益性，为国家的治理和发展提供有力的保障。坚持党中央集中统一领导，确保预算制度改革正确方向。习近平总书记强调，中国共产党的领导是中国特色社会主义最本质的特征，是中国特色社会主义制度的最大优势，是党和国家的根本所在、命脉所在，是全国各族人民的利益所在、命运所在。党中央治国理政、当家理财，财政部门做具体服务保障工作，必须不断提高政治判断力、政治领悟力、政治执行力，把党的领导贯彻到健全现代预算制度全过程，确保预算制度安排体现党中央战略意图，更好地发挥财政在国家治理中的基础和重要支柱作用。

本章旨在对政府预算的管理基础进行一个基本的介绍，使读者在进入后续章节前先对政府预算管理的内涵与要素、政府预算管理的流程与周期、政府预算管理的组织体系及政府预算收支分类有所认知。本章结构如下：第一节介绍政府预算管理的内涵与要素，包含政府预算的基本概念、现代政府预算制度主要的内容，以及预算管理主体、管理客体、管理范围、管理目标与管理手段五大要素；第二节介绍政府预算管理的流程与周期，包含预算规划与编制、预算审查与批准、预算执行与调整、政府决算与审计以预算绩效与监督，以及政府预算年度、标准预算周期及我国的预算管理周期等内容；第三节介绍政府预算管理的组织体系，包含了组织层次和职责分工，而分工的关系又区分为纵向和横向；第四节介绍政府预算收支分类，包含政府预算收支分类的意义与原则，国际货币基金组织的政府收支分类方式，以及我国现行的政府预算收支分类体系，包含按经济性质进行的收入分类，以及分别按照支出功能及支出经济进行的支出分类；章后提供数道思考题，以帮助读者掌握本章的核心内容。

第一节 政府预算管理的内涵与要素

本节首先阐述政府预算管理的内涵，包含政府预算的基本概念、从不同学科出发的视角呈现政府预算管理的内涵，以及现代政府预算制度的主要内容；接着介绍政府预算管理的要素，包含预算管理主体、管理客体、管理范围、管理目标与管理手段。

一、政府预算管理的内涵

政府预算是经过法定程序审核批准的具有法律效力的政府年度财政收支计划，是政府筹集、分配和管理财政资金的重要工具。政府预算不仅可以充分反映政府财政职能的施政方针，且对政府财政收支活动有良好的规范作用，还可以协助立法机构与社会公众监督预算履行状况及成果。政府预算还有狭义与广义之分：狭义的预算仅指政府的预算文件或预算书，属于静态的预算概念；而广义的政府预算则指编制、审批、执行、决算、审计结果的公布与绩效评价等预算全过程，属于动态的预算概念。

政府预算管理的内涵从不同学科出发具有不同的视角：以政治学的视角出发，指预算收支利益相关方为争取利益进行政治争夺的过程，具体通过公共选择机制来加以实现；以经济学的视角出发，指政府筹集公共资金和分配有限公共资源的方式；以管理学的视角出发，是实现公共资源治理的一套工具；以法学的视角出发，是一系列具有法律效力的文件，规定在预算过程中，纳税人、立法机构、行政机构各方的权利和义务关系。就形式而言，政府预算是一国政府施政的财政收支计划；就程序而言，政府预算是通过一系列政治程序而决定的；就决策过程而言，政府预算是通过公共选择机制而形成的；就内容而言，政府预算反映着政府财政收支分配活动的范围和方向；就性质而言，政府预算是具有法律效力的一套文件。

一般而言，现代政府预算制度均包含以下内容。第一，规范政府收入与支出的种类、数量、性质与作用：一个国家预算收支的种类和数量的变化，可以展现该预算收支的性质与作用，而且也反映出政府财政收支的规模与结构。第二，政府财政收支必须经过编制、批准、执行、管理和监督等预算过程的法律要求：在整个政府预算的全过程，都有明确的程序与权责归属，从一开始的预算规划与编制，到接下来一系列的审查与批准、执行与调整、决算与审计、绩效与监督等流程，都有明定的法律规范，如第一章内容所述，现代国家的政府预算非常强调依法治理的精神。第三，各类国家机关和部门在处理预算收支过程中的关系、所处地位和所承担的责任：因为政府是筹集来自民众手中的资金用以提供满足民众公共需要的商品与服务，且依据商品与服务的性质不同，提供的职能部门与政府层级也有所不同，因此，必然面对资源分配的问题，且分配的利害关系方包含政府部门与纳税人、立法机关与行政机关、各层级政府之间等，预算制度需要对各种资源分配与调整的利害关系人之间的权责有相应的规范。

综上所述，政府预算管理的内涵可以阐述为政府根据法律法规的规定，对于预算全过程中的预算规划、资金筹集与分配、使用方式及绩效评价等，所进行的一系列的组织、协调和监督等活动，是现代政府财政管理的核心组成部分，务求达到预算过程规范、预算资金有序高效运行。

二、政府预算管理的要素

政府预算管理是指对财政收支预算进行计划、执行、调节、监督等一系列活动的总称，是贯彻有效组织财政收支、合理调剂资金、实现国家职能的重要手段。政府预算管理的要素主要包括预算管理主体、管理客体、管理范围、管理目标与管理手段。

（一）预算管理主体

政府预算管理是一套复杂的有机系统，具备多层次的管理主体，主要包括财政预算法律法规的立法主体、财政预算政策的决策主体、政府预算的执行主体等，不同层次的管理主体其地位和相应的责任也有所不同。

（1）立法主体。我国政府的立法主体包含全国人民代表大会和地方各级人民代表大会及其常务委员会，负责制定具有全局性和长期性的财政预算法律，以及审查批准年度预算和决算及预算调整等。

（2）决策主体。预算的决策影响资源的配置，涉及利害关系各方的利益，包括资金需求方、资金供给方及监督制衡方。因此，在预算案的决策过程中，立法部门、行政部门、审计机构、公务人员、政府服务供应商、政府债券购买者、普通公民等各利益集团都会以某种方式参与预算过程。

（3）执行主体：国务院和地方各级人民政府负责制定重大财政预算政策，并负责预算执行；财政部和地方各级财政部门是财政预算管理工作的具体执行者，负责制定财政预算规章制度，具体地实施财政预算收支计划，以及对财政预算活动进行日常管理；政府职能部门和单位则负责执行财政批复的本部门与单位的预算。

（二）预算管理客体

政府预算管理的客体是指政府预算管理的对象。从制度层面来讲，包括预算法规与预算政策的制定、预算收支体系的建置、预算收支形式和结构的设计及预算管理体制的建置等；从实际执行层面来讲，包括预算机构的设置、人员的配备、预算信息的传导、预算收入的具体征纳、预算支出的资金拨付和具体运用等，贯穿整个预算活动的全过程。

（三）预算管理范围

我国政府预算管理的范围包含政府全部的收支，以及预算由编制、审查、执行、调整到决算的管理程序全过程。依照《中华人民共和国预算法》第四条规定：我国政府预算由预算收入和预算支出组成，且政府的全部收入和支出都应当纳入预算。而在预算管理的程序上，依照《中华人民共和国预算法》第二条规定：预算、决算的编制、审查、批准、监督，以及预算的执行和调整，依照本法规定执行。

（四）预算管理目标

政府预算管理的第一个目标，就是用来检验和考核政府各项职能与对应的政策手段所发挥的成效。公共财政的基本职能源于市场失灵问题，主要表现在资源配置职能、收入分配职能、经济稳定与发展职能三个方面，而政府通过运用预算、税收、公债、公共支出和政府投资等手段，来实现一定的经济、社会发展目标，政府预算管理即用以检视执行成效的良好工具。而政府预算管理的第二个目标，则是基于政府受社会公众所托，筹集来自社会公众的资金用以提供公共产品与服务，因此，政府有责任对社会公众公开透明地展现其工作是否真的"取之于民，用之于民"，其筹集与运用资金的方式是否具有效率性等。同时，政府预算管理可以让政府的财政资金在规范透明严格高效的轨道之上运行。

（五）预算管理手段

政府预算管理的手段指政府预算管理的主体为了达到预算管理的目标，所选用的方法和工具，可区分为经济手段、法律手段和行政手段三大类，分述如下。

（1）经济手段：指政府预算管理的主体按照客观的经济规律，在不损害各经济主体经营权利和市场运行机制的前提下,利用财政预算的各种经济杠杆,进行预算的分配、调整、约束和引导,以达到政府预算管理的目标。

(2)法律手段:指政府预算管理的主体为了实现政府职能工作而进行的一系列财政预算立法、执法、监督等管理活动。预算立法是运用法律手段来强化预算管理的基础,而执法和监督机制则是依法管理政府预算的核心内容。

(3)行政手段:指政府预算管理机关基于预算法制,通过被赋予的行政权力,采用命令、指示、规定、指令性计划等方式,对财政预算分配活动进行各种管理。

第二节 政府预算管理的流程与周期

本节首先阐述政府预算管理的流程,包含预算规划与编制、预算审查与批准、预算执行与调整、政府决算与审计以及预算绩效与监督;接着介绍政府预算管理的周期,包含政府预算年度、标准预算周期及我国的预算管理周期。

一、政府预算管理的流程

政府预算管理的流程包含预算规划与编制、预算审查与批准、预算执行与调整、政府决算与审计及预算绩效与监督五个环节,分述如下。

(一)预算规划与编制

政府为了满足社会公众需要,提供公共产品与服务以发挥政府的职能,而事有轻重缓急,因此,政府需要根据国内外的经济与社会情势,考量国内经济与社会发展的矛盾所在,在法律法规、政策制度与公众意愿的综合考虑下,安排短期与中长期的财政收支规划,并对应性地编制短期的年度预算和中长期预算。而预算编制环节的工作则包括了预算编制准备、收支预测及具体编制等内容,编制完成的预算称作预算草案,需将其提交至立法机关审查批准后,才能成为正式的预算。《中华人民共和国预算法》第四章便是预算编制的专章,包含第三十一条到第四十二条,规范预算编制时的种种工作。

(二)预算审查与批准

上一个流程由行政部门完成编制的预算草案,需按照法定的程序提交至立法机关进行审议,进而使预算方案合法化,成为可供行政部门执行的正式预算。这个流程是为了体现行政部门的权力是由社会公众全体所授予的委托代理关系,因此作为权利主体的社会公众或代表其意志的代议机构,便需拥有参与决策的权利,包含对预算草案的建议、修改及批准的权力,以充分展现政府预算的民主化精神。在我国,这一过程表现为各级人民代表大会对政府预算的审查批准。《中华人民共和国预算法》第五章便是预算审查和批准的专章,包含第四十三条到第五十二条,规定预算审查和批准时的种种规范。

(三)预算执行与调整

上一个流程由立法机关完成审查与批准的正式预算案,行政部门即可依照此预算的收支规划，执行各项具体的职能工作，使预算安排的收支规划指标付诸实现。其中，财政部门的重要工作便是通过合理组织收入和有序安排支出来协助各职能部门实现其政策目标，它是各项政策与措施是否能够落实到位的关键环节。当然，预算毕竟是一种事前规划，即使已经在编制时充分进行科学化预测，仍不免遭遇意料之外的社会与经济等层面的各种冲击，因此，预算执行时并非毫无弹性的，而是留有弹性调整的机制。但是，为了要求预算收支在编制时能够尽可能的精确，且在执行时能够尽可能避免朝令夕改，也为了体现预算的审查批准权在于立法机关，所以要改变经批准的预算则需要经过法定的调整程序，由立法机关再行审查批准。《中华人民共和国预算法》第六章便是预算执行的专章，包含第五十三条到第六十六条，规定预算执行时的种种规范，而第七章便是预算调整的专章，包含第六十七条到第七十三条，明确预算调整的种种规定。

（四）政府决算与审计

在整个预算执行完成之后，行政部门需要对于预算的执行情况进行总结，以检视政府筹集社会资金及花费财政资金的具体表现，此即政府决算，包括年终清理、编制决算表格、事后审计、评估分析和财政报告等内容。我们在前面反复提醒，政府运用的资金是来自社会公众，办的事是要满足公众的公共需要。因此，政府决算的作用便是通过政府财务报告，全面、真实地反映政府收支执行状况，以及检验行政部门是否确实完成社会公众与立法机关托付的职能工作。另外，在决算工作的程序上，在决算草案提请立法机关批准前，需要经过审计机关先行审计工作。对政府预算执行情况的审计是审计机关按照一定的财务、会计、预算规定，对政府预算实施的结果进行检查与评价。通过对预算结果与预算目标的差异、预算执行的成本效益分析、收支的实现与否以及是否，合法合规等方面的审查，以便及时发现问题，调整和矫正预算执行中的偏差，揭示和制止资金使用中的违法违规等问题。《中华人民共和国预算法》第八章便是决算的专章，包含第七十四条到第八十二条，罗列了政府进行决算工作时的种种规定。

（五）预算绩效与监督

政府运作的资金来自社会公众，所以财政部门应该本着为公众"看紧钱包"的精神，做好政府的"大掌柜"的工作。一方面，近年来，由于经济发展进入新常态，经济增长相较于过去减缓，财政收入的增速也随之减缓；而在另一方面，民众对于美好生活的需求日渐升级，对于公共产品与服务的需求也日益增加，造成政府的工作日益复杂而繁重。因此，有限的财政收入更是要将分分毫毫都花在刀刃上，强调政府支出应与有效公共服务的提供相匹配，将绩效的精神贯穿于预算全过程，建立起以绩效目标为导向、以绩效执行为保障、以绩效评价为手段、以评价结果应用为核心的管理制度。良好的绩效管理仰赖全过程的有效监督，《中华人民共和国预算法》第九章便是监督的专章，包含第八十三条到第九十一条，确定公众、立法机关及其常委会以及审计机关对于预算执行的监督机制。

二、政府预算的周期

在讨论政府预算的周期时，需厘清预算年度与标准预算周期这两个既相互联系又相互区别的概念，分述如下。

（一）预算年度

预算年度是指预算编制与执行的法定期限，即预算收支起止日期，由于大部分的国家通常都以一年作为预算的期限，所以就被称为预算年度。若更细分来说，预算年度包含政府预算编制和执行时的预算期限和预算时效两种。其中预算期限是指预算计划收支实际经历的时间；而预算时效指预算经过审议批准而具备法律效力的起止时间，即该预算发生效力的时间，但在大多数的国家中，这两者是一致的。换言之，预算规划中的收支期限即为其生效的时间。

在实践上，不同的国家根据自己的政治、经济与财政的制度或是历史、习惯及宗教等因素，各自采取了历年制与跨年制两种不同的预算年度。历年制指预算年度按日历年度来规划与执行，即由每年的 1 月 1 日起至 12 月 31 日止；而跨年制则指一个预算从每年的某月某日跨越到次年的某月某日，虽然跨越了不同的日历年，但整个预算年度同样是整整一年。例如，《中华人民共和国预算法》第十八条规定了预算年度自公历一月一日起，至十二月三十一日止。即表示我国的预算年度是采用历年制，而美国联邦政府的预算年度是由每年的 10 月 1 日起跨越到次年的 9 月 30 日止，因此美国的预算年度是采用了跨年制。

不同的国家采取不同的预算年度，主要考虑的因素有下列几种。第一，是每年立法机关召开会议审议政府预算的时间。由于审议批准后即进入预算的执行，考虑预算执行的时效性，若有些国家的立法机关是在每个年度的前半年开会议审议政府预算，则等到下一个日历年的时间过长，所以可能采取跨年制。第二，是主要的财政收入入库的时间。因为财政收入入库之后，政府握有较多的库款，比较能够具体进行预算的规划。例如，以农业为主要产业的国家，其财政收入受到收成丰歉的影响甚高，故在农作物收成的季节之后再来进行预算的规划与执行则较为可靠。第三，是来自于历史、习惯与宗教因素等，因而不是采取公历的年度作为起止时间，而是依循过去的历史或习俗。例如，原来属于殖民地的国家，其预算年度一般要受其原宗主国的影响，往往在独立后仍沿用原来预算年度的起止日期；或者，国家既有的风俗习惯等因素也会影响预算的起止日期；再如，宗教较为盛行的国家，可能会主动将最高权力机构开会的日期选在重要的宗教纪念日之外，以避免与宗教活动发生冲突。

（二）标准预算周期

所谓的标准预算周期是将前一小节所提到的政府预算管理的流程，包含预算规划与编制、预算审查与批准、预算执行与调整、政府决算与审计及预算绩效与监督等，划分为编制、执行、决算三个标准阶段并在时间序列上做出具体的安排，即对各个阶段的实施时限、工作任务、工作要求及工作程序等做出统一的制度规范。预算年度是标准预算周期的基础，因为标准预算周期是围绕某一年度的预算管理展开的，而预算年度则是作为预算执行阶段存在于一个标准预算周期之中。另外，标准预算周期与预算年度也有很大的区别：预算年度是一个预算执行的起止时间点，是一个静态的概念；而标准预算周期是围绕某一年度的预算管理进行滚动发展，是一个动态的概念。

如果我们以时间轴来进行讨论，则预算年度与标准预算周期之间存在时间上的交叉重叠。第一，一个标准预算周期包含某一个预算年度的执行阶段，以及在该预算年度之前需要进行该年度预算编制的准备及草案的编制，以及在该预算年度之后需要进行政府决算与审计等工作，因此，一个标准预算周期跨越了预算年度的前后，存在于不同的预算年度之中。第二，每个预算年度内都同时并存着不同预算年度的标准预算周期的三个阶段，因为在该年度除了本年度自己的预算执行工作，还要审核上一个预算年度的预算执行情况，以及进行下一个预算年度的编制工作。

以我国为例，我国的预算年度采取历年制，因此每个预算年度是每年的 1 月 1 日至 12 月 31 日。但在预算执行之前，需先进行预算的编制，因此，《中华人民共和国预算法》第三十一条规定：国务院应当及时下达关于编制下一年预算草案的通知。编制预算草案的具体事项由国务院财政部门部署。各级政府、各部门、各单位应当按照国务院规定的时间编制预算草案。现行情况是国务院会在预算年度前一年的年中时下达预算编制的指示，由财政部门下达指标测算预算收支指标，以及预算科目、表格与组织部署等具体事项，最终在前一年的下半年完成预算草案的编制工作。经审批后的正式预算于预算年度一整年进入执行阶段，而后在下一年度的 1—8 月之间进行决算与审计的工作。因此可以清楚地看出，我国的一个标准预算周期由该预算年度前一年的年中开始，至该预算年度后一年的 8 月才结束。即如前段所述，一个标准预算周期跨越了预算年度的前后，存在于不同的预算年度之中，同时，每年的 1—8 月之间要进行上一年度的决算与审计工作，全年进行本年度的预算执行工作，以及下半年进行下一年度的预算编制工作，即每个预算年度内都同时并存着不同预算年度的标准预算周期的三个阶段。

第三节　政府预算管理的组织体系

本节旨在说明政府为了完成预算管理工作，通过各种组织、机构、程序、活动等要素构成一个完整的体系，此为政府预算管理的组织体系，主要包含了组织层次和职责分工。如果政府预算管理没有一套完整的组织，或各管理机构之间没有明确的职责分工，就会造成预算管理的困难，所以此体系中的要素之间必须按照一定的组织层次和职责分工来进行，而分工的关系又可区分为纵向和横向，本节先就此进行简略说明，下一章会针对此部分再进行详细的讨论。

一、纵向——各级预算及编制主体间

在纵向方面，分别有依照预算管理级次、预算编制主体，以及行政隶属关系和经费领拨关系进行划分的方式，分述如下。

（一）按预算管理级次划分

政府预算是政府为履行职责而做出的一套收支规划，因而预算管理体系必然与行政管理体制相一致。根据《中华人民共和国宪法》第三十条的规定，我国目前从中央到地方共

有五级政府：中央一级，省、自治区、直辖市一级，设区的市、自治州一级，县、自治县、旗、不设区的市、市辖区一级，乡、民族乡和镇一级。为与行政管理体制相一致，《中华人民共和国预算法》第三条规定：国家实行一级政府一级预算，设立中央，省、自治区、直辖市，设区的市、自治州，县、自治县、不设区的市、市辖区，乡、民族乡、镇五级预算。其中，自省、自治区和直辖市预算以下的预算为地方预算。

1. 预算范围及职权划分

预算管理体制的核心，是如何处理不同层级的政府之间的预算资金管理范围及权限的划分，以及与之相应的责任与利益。

（1）财政事权划分。中央政府与各级地方政府各自应承担的职责，即政府提供公共产品及公共服务的范围、规模等。

（2）支出责任划分，即提供公共产品及公共服务相应的成本费用在各级政府之间进行合理界定、划分和分摊。

（3）财政收入划分。财政收入在各级政府间进行分配的制度及办法。

（4）政府间转移支付。中央政府或上级地方政府，对地区之间的财政能力与财政支出需要的纵向不均衡和横向不均衡，进行协调的制度和措施。

现代国家大多为多层级政府的行政体制，以上论及的财政事权、支出责任与财政收入如何进行划分，而作为补充的政府间转移支付又如何进行，简要说明如下。

2. 财政事权与支出责任的划分

首先讨论财政事权与支出责任的划分。如何分派中央与地方政府的职能分配，即在中央与地方政府关系上的集权与分权如何取得均衡，这是一个世界各国财政共同面对的难题。若是太过于地方分权：一是使得中央的政令难以贯彻；二是公共产品与服务若带有外溢效果，单一辖区政府的决策则不具效率性；三是地方之间也可能会以邻为壑地过度竞争，以及因地方之间禀赋条件本就大不相同所带来的效率与公平的问题。反之，若是太过于中央集权，则可能因为中央政府未能如地方政府熟知地方民众的需要，进而产生信息不对称的问题，而影响了公共产品与服务提供的效率性与公平性。因此，在中央与地方政府的财政事权与支出责任划分上，有以下的几个原则。

（1）中央宏观调控和地方自主管理相结合的原则。在处理不同层级政府间的预算范围划分时，既要能保证中央政府的适度集权与宏观调控能力，也要兼顾地方政府的分权和自主管理能力，实现二者之间的平衡与协调。

（2）外部性原则。如前所述，政府提供的公共产品与服务可能带有外溢效果，因此由单一辖区政府做成的决策并不具效率性，此时若由上级政府提供或是进行协调，便是一种外部性内部化的可能做法。因此，合理划分各级政府职能，可尽量避免局部利益和整体利益的冲突。

（3）效率性与公平性原则。一方面，由于存在信息不对称的问题，地方政府获取和处理信息的成本可能较中央政府低，因此，由地方政府来提供地区性的公共产品与服务可能更符合居民偏好与需要，进而提升效率性；另一方面，地方政府对于辖区人民的生活水平及收入分配状况也可能较为清楚，故能进行更为精准的社会福利与扶贫工作，进而提升公平性。

（4）激励相容原则。同样基于信息不对称的问题，各级政府无法时刻盯紧其他层级政府的行为，即使可以也会带来极高的管理成本，所以依据信息经济学的机制设计理论，应设计一套激励相容的体制，使得中央政府和地方政府既可以以追求自己本身的利益去进行决策与运作，也能实现整体利益的最大化。

我们在第一章谈到政府预算是公共财政的运行机制或基本制度框架，对公共财政起到约束作用，而公共财政的基本职能是政府通过主动运用预算、税收、公债、公共支出和政府投资等手段，来优化资源配置、改善收入分配以及促进经济稳定与发展等。这三大职能在多层级政府的体制下，中央政府与地方政府的职能范围有所差异。

（1）优化资源配置的职能由中央政府与地方政府共同履行。由于公共产品与服务的受益范围不同，有些公共产品与服务的受益范围遍及全国，但也有些公共产品与服务的受益范围有明显的地区性，所以优化资源配置的核心问题便在于，中央政府和地方政府如何针对在不同的受益范围内对应性地提供全国性公共产品与服务以及地方性的公共产品与服务。首先，全国性公共产品与服务应由中央政府提供，主要包括国防、外交、全国性的立法和司法、中央银行等，而地方性公共产品与服务应由地方政府来负责提供，主要包括区域内交通、警察、消防、教育、环保、供水、下水道、垃圾处理、公园、对地区经济发展的支持、地方性法律的制定和实施等。其次，因为不同的公共产品与服务的受益范围差异甚大，无法以单一行政区域的划分来适配所有的地方性公共产品与服务，所以具有跨地区"外溢效果"的公共产品与服务也需要由中央政府参与及协调。例如，跨地区的公路、铁路、水陆运输、邮电通信等项目，其受益范围都涉及不只一个行政区域，所以也不能由单一地方政府来决策与提供，否则也会存在因外部性原则而造成资源配置的效率性低。最后，有些公共产品与服务虽然仅仅位于某个特定行政区域，但其受益者却不仅限于本地居民，如文化遗产或是考古遗迹等，在这种情况下，中央政府需要分摊此类公共产品与服务的提供成本。

（2）改善收入分配的职能主要由中央政府履行。这里说的收入分配是较为广义的概念，包含收入的再分配和地区间资源要素的再分配。政府通过收入分配政策、就业政策、养老保险政策的制定和实施以及中央政府对地方政府的转移支付等方式，来调节民众之间与地区之间的分配不公的问题。这类分配和再分配方案的制定和实施权必须由中央政府来掌握。因为若由地方政府各自为政地行使再分配的权力，则地方政府基于自身利益，会有以邻为壑的过度竞争的倾向，进而出现地方间的差别税收、差别转移支付等制度，导致人口、资源等要素的不合理流动，影响经济效率。另外，我国幅员辽阔，各个地方之间的初始禀赋条件大不相同，人口与资源分布以及经济发展的条件等都具有极高的差异性，所以若中央政府不对地区间的资源要素进行协调分配，会造成地区经济发展程度的"富者恒富，贫者恒贫"的阶层固化问题，长期之下会累积而形成严重的经济与社会和谐的问题。

（3）促进经济稳定与发展的职能主要也由中央政府履行。宏观经济的稳定与发展是一种特殊且抽象化的全国性公共产品，其责任也应由中央政府承担，包含运用具备内在稳定器和相机抉择的财政政策与货币政策进行宏观调控。宏观经济稳定与发展的职能应由中央政府承担的理由在于，地方政府与中央政府追求的目标可能存在矛盾。例如，现今的景气出现过热的现象，所以中央政府试图通过紧缩性的财政与货币政策来缓解物价膨胀的问题。但每个地区的地方政府可能基于自己的区域发展考虑，而仍然通过大量的政府投资以及竞争性的税收优惠政策来招商引资，而这些政策工具都是带有扩张性的，因此造成中央的紧缩性政策效果大打折扣。

3. 政府间财政收入的划分

我们讨论政府间财政收入划分的问题。在前几段的论述中，我们已经分别说明了中央政府与地方政府的财政事权与支出责任划分的几个原则，以及公共财政的优化资源配置、改善收入分配以及促进经济稳定与发展这三大职能，在多层级政府的体制下，中央与地方政府的职能范围有所差异。但是，"巧妇难为无米之炊"，在明确了各级政府财政事权及支出责任后，也需要通过政府预算体制对政府的财政收入在各级政府之间进行划分，作为各级政府履行财政职能的财力保障。因此，一方面，国家主要财力应该由中央统一支配，以保障中央政府有充裕的财力来完成全国性公共产品与服务的提供，以及进行宏观经济调控的工作，并可适度地对地方政府实施转移支付以调节地区收入存在的差距，并组织跨区域公共产品与服务的提供以解决外溢效果造成的效率问题。另一方面，由于财政资金的筹集与分配有很大部分由地方和基层单位组织实施，所以也需要通过预算体制安排，使各级地方政府在规定的权限内，根据其经济和社会发展需要，自主安排预算收支，以充分调动地方政府预算管理的积极性。

在我国的实践方面，财政体制曾历经多次变革。新中国成立后主要借鉴苏联模式采取高度的计划经济体制，此时期的财政收支分配也采取了高度中央集权的统收统支方式，而后又进行了分类分成、总额分成等改革。改革开放之后，为调动民众与地方政府的积极性，我国进行了各种包干方式的改革，但时间一久又逐渐形成中央财力不足的强枝弱干的不当分配方式，并且严重削弱了中央政府对于宏观调控的职能发挥。1995年，为了与市场经济更加契合，我国开始实行分税制。分税制指在明确划分中央政府与地方政府财政事权和支出责任的基础上，按照税种划分中央政府与地方政府的财政收入，各级政府的财政收入具有较高的相对独立性，而各级政府和地区之间的财力差异则通过规范的转移支付制度来进行调节。《中华人民共和国预算法》第二十九条规定：中央预算与地方预算有关收入和支出项目的划分、地方向中央上解收入、中央对地方税收返还或者转移支付的具体办法，由国务院规定，报全国人民代表大会常务委员会备案。第三十条则规定：上级政府不得在预算之外调用下级政府预算的资金。下级政府不得挤占或者截留属于上级政府预算的资金。由以上的规定可见，我国的预算在历经多年的中央集权与地方分权的调整之后，对于政府间收入划分的问题已有更为明确的规范来约束中央政府与地方政府的行为，这同时也是依法治理的一个重要体现。

4. 政府间转移支付

最后，我们来谈政府间转移支付的部分。如前所述，由于我国是一个幅员辽阔的多民族国家，各个地区之间的人口与资源分布以及经济发展的条件具有极高的差异性，许多事情必须由各级政府因地制宜地去办理，而且同级政府之间在收支的对应程度上也存在差别，进而产生财政收支的纵向不平衡和横向不平衡。所以需要通过政府之间的转移支付，使地区之间的资源得到协调分配，避免产生地区经济发展程度的阶层固化问题。政府间转移支付，指各级政府间或同级政府间通过财政资金的无偿拨付，以调节各预算主体收支水平的一项制度，以不同层级政府之间的财政资金转移（包括下拨和上缴）为主，同级政府之间的财政资金转移为辅。上级政府在对下级政府的转移支付还可以区分为一般性转移支付与专项转移支付：所谓的一般性转移支付是一种无条件的转移支付，表示上级政府在转移财政资金给下级政府时，按照客观、公正的原则，设计统一公式进行财政转移资金的分配，而对于转移的财政资金并不附加任何条件，也不限定其用途，所以下级政府可以按照自己的需要自主决定资金的运用方式；而所谓的专项转移支付是一种有条件的转移支付，表示上级政府在转移财政资金给下级政府时，会指定拨款的用途或要求下级政府按一定比例提供配套的资金，所以下级政府在资金的运用方面就受到一定程度的干预。这两种移转支付方式各有其优劣之处：若是强调均衡地区之间的财力，以及推进地区间基本公共服务均等化，以一般性转移支付较为适当；相反地，因为专项转移支付的资金必须"专款专用"，所以若是要贯彻上级政府的政策意图，将资金用于特定的政策目的，则以专项转移支付较为有效。

综上所述，预算管理进行纵向的级次划分，所要达成的目标包含以下几个方面。第一，既要保持中央政府的主导性，也要调动地方政府的积极性。一方面，国家主要财力应该由中央政府进行支配，使中央政府在全国性公共产品与服务的配置、宏观经济的调控、民众和地区间收入差距的调节等职能工作上，都有足够的财力保障；另一方面，通过预算体制安排，各级地方政府可根据其经济和社会发展需要自主安排预算收支，以充分调动其积极性。第二，缓解地区性公共产品与服务的外溢效果问题。由上级政府对下级政府进行财政转移支付，可针对具有外溢性的公共产品与服务提供适当的补贴，提高资源配置的效率性。第三，实现公共财政资金的公平分配，并促进经济落后地区的发展。上级政府通过政府间的转移支付来调节公共资金的分配，一方面保证各地区的财政能力大体均等，另一方面则是要促进落后地区的资源开发和经济发展，以逐步缩小各地区之间的经济差距。

（二）按预算编制主体划分

若按预算编制的主体进行划分，可分为总预算、本级预算、部门预算及单位预算。第一，总预算的部分是由各级政府的财政部门进行编制，包含本级政府的预算及下一级政府的总预算，是各级政府的基本财政计划。《中华人民共和国预算法》第三条规定：全国预算由中央预算和地方预算组成。地方预算由各省、自治区、直辖市总预算组成。地方各级总预算由本级预算和汇总的下一级总预算组成；下一级只有本级预算的，下一级总预算即指下一级的本级预算。没有下一级预算的，总预算即指本级预算。第二，本级预算的部分是指本级政府经过法定程序批准的财政收支计划，它由本级各部门的预算组成，同时也包括下级政府向上级政府上解的收入和上级政府对下级政府的返还或补助。第三，部门预算包含本级政府各部门（含直属单位）所属所有单位的全部收支，由部门机关及所属各单位预算组成。其中本级政府各部门是指与本级政府财政部门直接发生预算缴款及拨款关系的国家机关、政党组织和社会团体（若是中央部门则包含军队），直属单位则是指与本级政府财政部门直接发生缴款、拨款关系的企业和事业单位。第四，单位预算的部分是指各级政府的直属机关就其本身及所属行政事业单位的年度经费收支所汇编的预算，另外还包括企业财务收支计划中与财政有关的部分。

（三）按行政隶属关系和经费领拨关系划分

若按行政隶属关系和经费领拨关系划分，可分为一级预算单位、二级预算单位及基层预算单位。其中一级预算单位指与同级政府财政部门发生预算领拨关系的单位，如果该预算单位尚有下级单位，则其又被称作主管预算单位；二级预算单位指与一级预算单位发生经费领拨关系，并且其下还有所属预算单位的单位；基层预算单位则指与前述的二级或一级预算单位发生经费领拨关系，并且其下已无所属预算单位的单位。

二、横向——监督机构之间

介绍完政府预算管理组织体系的纵向分工关系，我们接着介绍横向分工关系，包含管理组织体系及其预算管理职责权限的划分。我国的政府预算管理体系包含具备监督任务的立法机构、负责组织领导的各级政府、职能主管的财政部门，还有诸多具体管理机构，我们将一一进行简要的介绍。

（一）具备监督任务的立法机构

现代政府预算管理体系，为了展现人民是权力主体的精神，都赋予立法机构具有对政府预算的方案制定、预算收支落实、预算结果评价的审查批准和监督管理权限。《中华人民共和国预算法》第八十三条规定：全国人民代表大会及其常务委员会对中央和地方预算、决算进行监督。县级以上地方各级人民代表大会及其常务委员会对本级和下级预算、决算进行监督。乡、民族乡、镇人民代表大会对本级预算、决算进行监督。第八十四条至第八十五条则更进一步规范各级人民代表大会和县级以上各级人民代表大会常务委员于监督工作进行时，有关的政府、部门、单位和个人应当如实反映情况和提供必要的材料，以及对于质询内容必须及时给予答复等。

因此，可将各级人民代表大会与委员会的管理权限细分如下：第一，《中华人民共和国宪法》与《中华人民共和国预算法》授权各级人民代表大会实施预算管理；第二，各级人民代表大会组织常务委员会，在人民代表大会闭会期间依法行使相关预算管理工作；第三，各级人民代表大会成立专门委员会，受各级人民代表大会领导，对各级人民代表大会负责，由于专门委员会的组成人员一般都是相关领域里的专家、学者和实际工作者，可更深入、更周到地进行具体工作的研究与讨论问题；第四，在预算监督工作日益重要的情况下，地方人民代表大会成立专门的预算工作委员会作为常务委员会的工作机构，提前介入预算编制工作，有利于充分发挥人民代表大会及其常务委员会的作用，实现决策的民主化和科学化。

（二）负责组织领导的各级政府

负责组织领导的各级政府：各级政府为了完成其职能工作，运用财政资金以提供公共产品和服务，因而预算的日常运行与管理势必贯穿整个政府预算编制、执行和决算的全过程，因此，各级政府须负责组织与领导预算管理的工作。《中华人民共和国预算法》第二十三条规定：国务院编制中央预算、决算草案；向全国人民代表大会作关于中央和地方预算草案的报告；将省、自治区、直辖市政府报送备案的预算汇总后报全国人民代表大会常务委员会备案；组织中央和地方预算的执行；决定中央预算预备费的动用；编制中央预算调整方案；监督中央各部门和地方政府的预算执行；改变或者撤销中央各部门和地方政府关于预算、决算的不适当的决定、命令；向全国人民代表大会、全国人民代表大会常务委员会报告中央和地方预算的执行情况。第二十四条则规定：县级以上地方各级政府编制本级预算、决算草案；向本级人民代表大会作关于本级总预算草案的报告；将下一级政府报送备案的预算汇总后报本级人民代表大会常务委员会备案；组织本级总预算的执行；决定本级预算预备费的动用；编制本级预算的调整方案；监督本级各部门和下级政府的预算执行；改变或者撤销本级各部门和下级政府关于预算、决算的不适当的决定、命令；向本级人民代表大会、本级人民代表大会常务委员会报告本级总预算的执行情况。乡、民族乡、镇政府编制本级预算、决算草案；向本级人民代表大会作关于本级预算草案的报告；组织本级预算的执行；决定本级预算预备费的动用；编制本级预算的调整方案；向本级人民代表大会报告本级预算的执行情况。经省、自治区、直辖市政府批准，乡、民族乡、镇本级预算草案、预算调整方案、决算草案，可以由上一级政府代编，并依照本法第二十一条的规定报乡、民族乡、镇的人民代表大会审查和批准。

（三）职能主管的财政部门

职能主管的财政部门是指政府预算的具体编制、执行和决算机构是本级政府的财政部门。换句话说，各级政府财政部门是对预算管理进行具体负责和管理的职能机构，是预算收支管理的主管机构。《中华人民共和国预算法》第二十五条规定：国务院财政部门具体编制中央预算、决算草案；具体组织中央和地方预算的执行；提出中央预算预备费动用方案；具体编制中央预算的调整方案；定期向国务院报告中央和地方预算的执行情况。地方各级政府财政部门具体编制本级预算、决算草案；具体组织本级总预算的执行；提出本级预算预备费动用方案；具体编制本级预算的调整方案；定期向本级政府和上一级政府财政部门报告本级总预算的执行情况。

（四）具体管理机构

具体管理机构：政府预算收支的具体管理工作是由财政部门按各项预算收支的性质和不同的管理办法，分别通过财政部门和各主管收支的专职机构负责组织管理工作。其中组织预算收入执行的机关主要有税务机关及海关，组织预算支出执行的机关主要有中央银行、有关商业银行与政策性银行，各职能部门、预算单位则是预算管理中部门预算和单位预算的执行主体，必须负责执行部门与单位的预算管理工作。《中华人民共和国预算法》第二十六条规定：各部门编制本部门预算、决算草案；组织和监督本部门预算的执行；定期向本级政府财政部门报告预算的执行情况。各单位编制本单位预算、决算草案；按照国家规定上缴预算收入，安排预算支出，并接受国家有关部门的监督。

第四节 政府预算收支分类

本节旨在说明政府预算的收支分类方式。首先介绍政府预算收支分类的意义与原则；其次说明国际货币基金组织的政府收支分类；最后则是介绍我国政府预算收支分类的改革历程，以及现行的政府预算收支分类体系，包含按经济性质进行分类的收入分类体系，以及分别按支出功能和经济性质进行分类的支出分类体系。

一、政府预算收支分类的意义与原则

政府预算收支分类，是为了反映政府在一定时期内的职能工作与政策取向，按照一定的标准将复杂的政府预算收支项目进行划分和归类，以体现各类收支的性质与运行规律，来提高政府预算管理的科学性，并作为政府预算编制、执行和决算的依据，以及具体透明地反映政府预算运行状况以加强政府预算监督工作。政府预算收支科目是政府预算收支分类的具体呈现形式，是各级政府预算和部门预算编制、执行、决算的基础，也是用以提高政府预算透明度，便于立法机关和社会公众了解政府具体收支活动和内容的重要窗口。我国的预算收支科目按层次一般分为类、款、项、目等，前者是后者的概括和汇总，后者是前者的具体化和补充。

对各项政府预算收支按不同标准，从不同角度进行科学性且系统性的分类，可具体反映出一个国家的政府预算管理水平。第一，政府预算收支分类可以反映出一个国家在一定时期内的公共政策重点取向，体现出政府所承担内外职能的具体情况，在全面、准确、清晰地反映政府的收支活动之下，政府可合理地把握财政调控力度，优化支出结构，提高财政运行效率。第二，政府预算收支分类有利于充分认识和掌握各项政府预算收支规律，得以更科学、更合理地编制政府预算，为政府履行职责提供财力保证。第三，通过预算收支科目与其本身的层次性，政府可以将预算收支在各个收支项目之间进行妥善的安排，并对各类政府预算收支进行详细计划，有利于建立高效实用的财政统计分析体系，并不断推进国际合作与交流。具体应用于编制和汇总预、决算，办理预算缴、拨款，组织会计核算，报告预算执行情况，进行财务考核分析，进行财政收支统计等。第四，社会公众、国家立法机关与新闻机构可通过政府预算收支分类，掌握政府预算资金的来源及运用，提高预算透明度，以及分析预算管理中的各种问题，来加强对政府预算管理的监督工作，从源头上防止腐败，以保护社会公众整体的利益。

预算收支分类是按照一定的标准将复杂的政府预算收支项目进行划分和归类，因此，它具有以下的三个主要的原则。

（一）全面完整的原则

政府预算收支分类要完整反映政府所有收支的来源和性质。以我国而言，不仅包含一般公共预算收支，也需包含政府性基金收支、国有资本经营收支、社会保险基金相关收支等各类政府预算收支范畴的各项收支内容。

（二）科学化与国际化的原则

政府预算收支分类要按照科学的标准和国际通行做法来进行分类，将政府预算收支按照预算收入的经济分类、预算支出的功能分类及预算支出经济分类来进行划分。

（三）规范细化的原则

政府预算收支现行的分类结构：将预算收入的经济分类分设为类、款、项、目四级，以反映政府各种预算收入的来源与规模；将预算支出的功能分类分设为类、款、项三级，以反映出政府职能层面的支出类别及规模；将预算支出的经济分类又分为类、款两级，以反映资金用途层面的去向及规模。

二、国际货币基金组织的政府收支分类

依据国际货币基金组织在《2014年政府财政统计手册》中，将政府预算收入与支出进行详细的分类，分述如下。

（一）政府预算收入的分类

广义上的政府单位有四种收入：其一，以税收和某些类型社会缴款形式强制征收的款项；其二，因拥有资产而取得的财产性收入；其三，出售商品和服务而获得的收入；其四，应从其他单位获得的其他转移收入。具体划分为以下四类。

1. 税收收入

税收收入是政府单位从机构单位应收的强制性无偿金额。应收的税收可能是现金，也可能是实物。税收被认为具有无偿性，因为个体单位缴税，政府并未直接给予其任何回报，但政府可能会利用税收收入向其他单位（个体或集体）或整个社会提供商品或服务。

2. 社会缴款

社会缴款是社会保险计划应收的实际或推算收入，用以提供应付社会保险福利。社会缴款可能来自雇主代表雇员缴纳的款项、雇员自己缴纳的款项，以及来自自由职业者或失业者自行缴纳的款项。这些缴款有些具有强制性，有些则可自愿缴纳。

3. 赠与

赠与是政府单位从其他居民政府单位、非居民政府单位或国际组织应收的、不满足税收、补贴或社会缴款定义的转移收入。赠与可以被划分为资本性赠与和经常性赠与；应收的赠与可能是现金，也可能是实物。

4. 其他收入

其他收入指除税收、社会缴款和赠与之外的所有应收收入。包括财产收入、商品和服务销售额、罚金、罚款和罚没收入、未列入其他类别的转移收入,以及与非人寿保险和标准保障计划相关的保费、收费和赔款等。

(二)政府预算支出的职能分类

政府部门承担两项广泛的经济责任:第一,采取非市场的方式向社会提供选定商品和服务;第二,以转移方式重新分配收入和财富。而在政府财政统计中,政府预算支出的分类有两种方式:一是按照职能进行分类;二是按照经济性质进行分类。这里先介绍前者。政府的预算支出以职能进行分类,旨在通过各类支出来实现各种职能或社会经济目标的详细分类,以体现政府的政策方向与意图,并通过其分析政府在特定职能或政策目的上的长期趋势。具体划分为以下十类。

1. 一般公共服务

一般公共服务包含:行政和立法机关,金融和财政事务,对外事务,对外经济援助,一般服务,基础研究,一般公共服务研发,未列入其他类别的一般公共服务,公共债务交易以及各级政府间的一般性转移等。

2. 国防

国防包含:军事防御,民防,对外军事援助,国防研发以及未列入其他类别的国防事务等。

3. 公共秩序和安全

公共秩序和安全包含:警察部门,消防部门,法院,监狱,公共秩序和安全研发以及未列入其他类别的公共秩序和安全等。

4. 经济事务

经济事务包含:一般经济、商业和劳工事务,农业、林业、渔业和狩猎业,燃料和能源,采矿业、制造业和建筑业,交通,通信,其他行业,经济事务研发以及未列入其他类别的经济事务等。

5. 环境保护

环境保护包含:废物管理,废水管理,减轻污染,保护生物多样性和自然景观,环境保护研发以及未列入其他类别的环境保护等。

6. 住房和社区康乐设施

住房和社区康乐设施包含:住房开发,社区发展,供水,街道照明,住房和社区服务设施研发以及未列入其他类别的住房和社区服务设施等。

7. 医疗卫生

医疗卫生包含:医疗产品、器械和设备,门诊服务,医院服务,公共卫生服务,医疗卫生研发以及未列入其他类别的医疗卫生等。

8. 娱乐、文化和宗教

娱乐、文化和宗教包含：娱乐和体育服务，文化服务，广播和出版服务，宗教和其他社区服务，娱乐、文化和宗教研发以及未列入其他类别的娱乐、文化和宗教等。

9. 教育

教育包含：学前和初等教育，中等教育，中等教育后的非高等教育，高等教育，无法定级的教育，辅助性教育服务，教育研发以及未列入其他类别的教育等。

10. 社会保护

社会保护包含：疾病和残疾，老龄，遗属，家庭和子女，失业，住房，未列入其他类别的社会排斥，社会保护研发以及未列入其他类别的社会保护等。

（三）政府预算支出的经济分类

政府预算支出的经济分类方法的依据是政府支出活动所涉及经济过程的费用类型。当政府向社会提供商品和服务时，其可自行生产商品和服务并予以分配，或从第三方购买商品和服务并予以分配，或将现金转移给住户以便其直接购买商品和服务。例如：雇员报酬、商品和服务的使用以及固定资本的消耗都与政府生产非市场商品和服务而发生的成本有关；补贴、赠与、社会福利和除赠与以外的转移都与现金或实物转移有关，并且意在重新分配收入和财富。所以，通过政府预算支出的经济分类，可以更好地体现政府活动对于微观主体的影响。具体划分为以下八类。

1. 雇员报酬

雇员报酬包含工资和薪金（分为现金工资和薪金以及实物工资和薪金）以及雇主的社会缴款（分为雇主的实际社会缴款以及推算的雇主社会缴款）等。

2. 商品和服务的使用

商品和服务的使用包括用于生产市场和非市场商品和服务的价值。

3. 固定资本消耗

固定资本消耗指报告期内，由于自然退化、正常报废或正常意外损害，政府单位拥有和使用的固定资产存量现值的减少。

4. 利息

利息是债务人单位因未偿本金而产生的费用。应付利息总额分为支付给非居民的利息，支付给广义上的政府以外的居民的利息和支付给其他广义上的政府单位的利息。

5. 补贴

补贴是政府单位提供给企业的经常性无偿转移，目的是要影响生产水平、产出销售价格或企业的利润。补贴也包括出于上述目的而由企业获得的应付税收抵免。按照受补贴单位来区分，可分为支付给公共公司（包含公共非金融公司与公共金融公司），支付给私人企业（包含私人非金融企业与私人金融企业）以及支付给其他部门。

6. 赠与

赠与指政府单位应付给其他居民政府单位、非居民政府单位或国际组织的、不满足税收、补贴或社会缴款定义的转移。应付的赠与常为现金形式，但也可能是提供商品或服务的实物形式。应付的赠与首先按赠与接受单位的类型进行分类，然后再分为经常赠与或资本赠与。

7. 社会福利

社会福利指政府对住户的经常转移，用于应对社会风险所产生的需求，如疾病、失业、退休、住房、教育或家庭情况。这些福利应以现金或实物形式支付，以防止全部人口或全部人口中的某一特定部分遭受某些社会风险，内容包含社会保障福利、社会救济福利及就业相关的社会福利。

8. 其他支出

其他支出包括：除利息以外的财产费用，未列入其他类别的转移，以及与非人寿保险和标准担保计划相关的保费、收费和赔款方面应付的金额。

三、我国的政府预算收支分类

自中华人民共和国成立以来，我国政府预算收支分类也历经数次改革。1953年，各级财政统一预算科目，包括各项税收类、企业收入类、信贷保险收入类及其他收入类。1956年，将收入分类适当简化，把类级科目按收入性质划分为：税收收入、国营企事业单位收入、借款收入、其他收入及调拨收入。1979年，进行简化税制，收入科目划分更趋简单。1984—1986年间，进行国营企业的利改税改革，使得税收已成为我国预算收入的主要形式。1994年国家进行分税制和工商税制改革，并将政府性基金逐步纳入预算管理，收入分设了一般预算收入科目和基金预算收入科目。

2007年，鉴于当时的预算收支分类无法适应市场经济体制下政府职能活动的转变，且与国际通行做法也有较大的不同，所以我国政府对政府预算收支科目进行了重大调整，这也是新中国成立以来我国财政收支分类统计体系最为重大的一次调整。在2015年《中华人民共和国预算法》实施前，各级政府和各部门（单位）主要仍按功能分类编制预算，没有全面、系统地按支出经济分类编制预算，因此，在2015年实施新修订的《中华人民共和国预算法》后，法律要求各级政府和各部门（单位）在按功能分类编制预算基础上，还要按支出经济分类编制预算。此改革可以从支出经济属性的维度清晰、完整、细化地反映政府用于工资、机构运转、对事业单位补助、对企业投入以及对个人和家庭补助等支出方面的情况，可以更好地规范各级政府和各部门（单位）的支出行为，并进一步提升预算编制的科学化以及提高预算透明度，更好地发挥人民代表大会监督、审计监督和社会监督效能。以下依照财政部印发的《2022年政府收支分类科目》进行简要的说明。

（一）我国现行政府收入分类体系——按经济性质分类

我国现行政府收入分类体系将政府预算收入按经济性质分为类、款、项、目四级。其中，类、款两级科目分述如下。

1. 税收收入

税收收入包含增值税、消费税、企业所得税、企业所得税退税、个人所得税、资源税、城市维护建设税、房产税、印花税、城镇土地使用税、土地增值税、车船税、船舶吨税、车辆购置税、关税、耕地占用税、契税、烟叶税、环境保护税及其他税收收入等。

2. 社会保险基金收入

社会保险基金收入包含企业职工基本养老保险基金收入、失业保险基金收入、职工基本医疗保险基金收入、工伤保险基金收入、城乡居民基本养老保险基金收入、机关事业单位基本养老保险基金收入、城乡居民基本医疗保险基金收入、国库待划转社会保险费利息收入及其他社会保险基金收入等。

3. 非税收入

非税收入包含政府性基金收入、专项收入、行政事业性收费收入、罚没收入、国有资本经营收入、国有资源（资产）有偿使用收入、捐赠收入、政府住房基金收入、专项债务对应项目专项收入及其他收入等。

4. 贷款转贷回收本金收入

贷款转贷回收本金收入包含国内贷款回收本金收入、国外贷款回收本金收入、国内转贷回收本金收入及国外转贷回收本金收入等。

5. 债务收入

债务收入包含中央政府债务收入、地方政府债务收入等。

6. 转移性收入

转移性收入包含返还性收入、一般性转移支付收入、专项转移支付收入、政府性基金转移收入、国有资本经营预算转移支付收入、上解收入、上年结余收入、调入资金、债务转贷收入、接受其他地区援助收入、动用预算稳定调节基金、社会保险基金转移收入、社会保险基金上级补助收入、社会保险基金下级上解收入、收回存量资金等。

（二）我国现行政府支出分类体系——按支出功能分类

我国现行支出分类体系将政府支出按支出功能和经济性质分设了两层既相互独立又紧密联系的支出分类体系。支出功能分类反映政府各项职能活动，支出经济分类反映政府支出的经济性质和具体用途。我国政府支出功能分类设置一般公共服务、外交、国防、公共安全等大类，其下再分款、项两级。类级科目反映政府主要的职能分类，如一般公共服务、国防、教育等；款级科目反映政府履行某项职能所要从事的主要活动，如教育类下的普通教育等；项级科目反映某活动下的具体事项，如普通教育下的小学教育等。其中，将类、款两级科目分述如下。

1. 一般公共服务支出

一般公共服务支出包含人大事务、政协事务、政府办公厅（室）及相关机构事务、发展与改革事务、统计信息事务、财政事务、税收事务、审计事务、海关事务、纪检监察事务、商贸事务、知识产权事务、民族事务、港澳台事务、档案事务、民主党派及工商联事务、群众团体事务、党委办公厅（室）及相关机构事务、组织事务、宣传事务、统战事务、对外联络事务、其他共产党事务支出、网信事务、市场监督管理事务及其他一般公共服务支出等。

2. 外交支出

外交支出包含外交管理事务、驻外机构、对外援助、国际组织、对外合作与交流、对外宣传、边界勘界联检、国际发展合作及其他外交支出等。

3. 国防支出

国防支出包含军费、国防科研事业、专项工程、国防动员及其他国防支出等。

4. 公共安全支出

公共安全支出包含武装警察部队、公安、国家安全、检察、法院、司法、监狱、强制隔离戒毒、国家保密、缉私警察及其他公共安全支出等。

5. 教育支出

教育支出包含教育管理事务、普通教育、职业教育、成人教育、广播电视教育、留学教育、特殊教育、进修及培训、教育费附加安排的支出及其他教育支出等。

6. 科学技术支出

科学技术支出包含科学技术管理事务、基础研究、应用研究、技术研究与开发、科技条件与服务、社会科学、科学技术普及、科技交流与合作、科技重大项目、核电站乏燃料处理处置基金支出及其他科学技术支出等。

7. 文化旅游体育与传媒支出

文化旅游体育与传媒支出包含文化和旅游、文物、体育、新闻出版电影、国家电影事业发展专项资金安排的支出、广播电视、旅游发展基金支出、国家电影事业发展专项资金对应专项债务收入安排的支出及其他文化旅游体育与传媒支出等。

8. 社会保障和就业支出

社会保障和就业支出包含人力资源和社会保障管理事务、民政管理事务、补充全国社会保险基金、行政事业单位养老支出、企业改革补助、就业补助、抚恤、退役安置、社会福利、残疾人事业、红十字事业、最低生活保障、临时救助、特困人员救助供养、大中型水库移民后期扶持基金支出、小型水库移民扶助基金安排的支出、补充道路交通事故社会救助基金、其他生活救助、财政对基本养老保险基金的补助、财政对其他社会保险基金的补助、退役军人管理事务、小型水库移民扶助基金对应专项债务收入安排的支出、财政代缴社会保险费支出及其他社会保障和就业支出等。

9. 社会保险基金支出

社会保险基金支出包含企业职工基本养老保险基金支出、失业保险基金支出、职工基本医疗保险基金支出、工伤保险基金支出、城乡居民基本养老保险基金支出、机关事业单位基本养老保险基金支出、城乡居民基本医疗保险基金支出及其他社会保险基金支出等。

10. 卫生健康支出

卫生健康支出包含卫生健康管理事务、公立医院、基层医疗卫生机构、公共卫生、中医药、计划生育事务、行政事业单位医疗、财政对基本医疗保险基金的补助、医疗救助、优抚对象医疗、医疗保障管理事务、老龄卫生健康事务及其他卫生健康支出等。

11. 节能环保支出

节能环保支出包含环境保护管理事务、环境监测与监察、污染防治、自然生态保护、天然林保护、退耕还林还草、风沙荒漠治理、退牧还草、已垦草原退耕还草、能源节约利用、污染减排、可再生能源、循环经济、能源管理事务、可再生能源电价附加收入安排的支出、废弃电器电子产品处理基金支出及其他节能环保支出等。

12. 城乡社区支出

城乡社区支出包含城乡社区管理事务、城乡社区规划与管理、城乡社区公共设施、城乡社区环境卫生、建设市场管理与监督、国有土地使用权出让收入安排的支出、国有土地收益基金安排的支出、农业土地开发资金安排的支出、城市基础设施配套费安排的支出、污水处理费安排的支出、土地储备专项债券收入安排的支出、棚户区改造专项债券收入安排的支出、城市基础设施配套费对应专项债务收入安排的支出、污水处理费对应专项债务收入安排的支出、国有土地使用权出让对应专项债务收入安排的支出及其他城乡社区支出等。

13. 农林水支出

农林水支出包含农业农村、林业和草原、水利、巩固脱贫衔接乡村振兴、农村综合改革、普惠金融发展支出、目标价格补贴、大中型水库库区基金安排的支出、三峡水库库区基金支出、国家重大水利工程建设基金安排的支出、大中型水库库区基金对应专项债务收入安排的支出、国家重大水利工程建设基金对应专项债务收入安排的支出及其他农林水支出等。

14. 交通运输支出

交通运输支出包含公路水路运输、铁路运输、民用航空运输、邮政业支出、车辆购置税支出、海南省高等级公路车辆通行附加费安排的支出、车辆通行费安排的支出、铁路建设基金支出、船舶油污损害赔偿基金支出、民航发展基金支出、海南省高等级公路车辆通行附加费对应专项债务收入安排的支出、政府收费公路专项债券收入安排的支出、车辆通行费对应专项债务收入安排的支出及其他交通运输支出等。

15. 资源勘探工业信息等支出

资源勘探工业信息等支出包含资源勘探开发、制造业、建筑业、工业和信息产业监管、国有资产监管、支持中小企业发展和管理支出、农网还贷资金支出及其他资源勘探工业信息等支出。

16. 商业服务业等支出

商业服务业等支出包含商业流通事务、涉外发展服务支出及其他商业服务业等支出。

17. 金融支出

金融支出包含金融部门行政支出、金融部门监管支出、金融发展支出、金融调控支出及其他金融支出。

18. 援助其他地区支出

援助其他地区支出包含一般公共服务、教育、文化旅游体育与传媒、卫生健康、节能环保、农业农村、交通运输、住房保障及其他支出。

19. 自然资源海洋气象等支出

自然资源海洋气象等支出包含自然资源事务、气象事务及其他自然资源海洋气象等支出。

20. 住房保障支出

住房保障支出包含保障性安居工程支出、住房改革支出、城乡社区住宅支出等。

21. 粮油物资储备支出

粮油物资储备支出包含粮油物资事务、能源储备、粮油储备、重要商品储备等。

22. 国有资本经营预算支出

国有资本经营预算支出包含解决历史遗留问题及改革成本支出、国有企业资本金注入、国有企业政策性补贴及其他国有资本经营预算支出。

23. 灾害防治及应急管理支出

灾害防治及应急管理支出包含应急管理事务、消防救援事务、矿山安全、地震事务、自然灾害防治、自然灾害救灾及恢复重建支出及其他灾害防治及应急管理支出。

24. 预备费支出

预备费支出主要用于自然灾害救灾支出或其他难以预见的特殊支出。

25. 其他支出

其他支出包含年初预留、其他政府性基金及对应专项债务收入安排的支出、彩票发行销售机构业务费安排的支出、抗疫特别国债财务基金支出、彩票公益金安排的支出及其他支出。

26. 转移性支出

转移性支出包含返还性支出、一般性转移支付、专项转移支付、政府性基金转移支付、国有资本经营预算转移支付、上解支出、调出资金、年终结余、债务转贷支出、援助其他地区支出、安排预算稳定调节基金、补充预算周转金、社会保险基金转移支出、社会保险基金补助下级支出及社会保险基金上解上及支出等。

27. 债务还本支出

债务还本支出包含中央政府国内债务还本支出、中央政府国外债务还本支出、地方政府一般债务还本支出、地方政府专项债务还本支出及抗疫特别国债还本支出。

28. 债务付息支出

债务付息支出包含中央政府国内债务付息支出、中央政府国外债务付息支出、地方政府一般债务付息支出及地方政府专项债务付息支出。

29. 债务发行费用支出

债务发行费用支出包含中央政府国内债务发行费用支出、中央政府国外债务发行费用支出、地方政府一般债务发行费用支出及地方政府专项债务发行费用支出。

30. 抗疫特别国债安排的支出

抗疫特别国债安排的支出包含基础设施建设及抗疫相关支出。

（三）我国现行政府支出分类体系

政府预算支出按照支出经济分类可从不同侧面、以不同方式反映政府支出活动，与支出功能分类既是相对独立又相互联系，是对政府预算支出的经济性质和具体用途做更明细的反映，更是进行政府预算管理、部门财务管理及政府统计分析的重要手段。现行支出经济分类科目设类、款两级，简述如下。

1. 工资福利支出

工资福利支出包含基本工资、津贴补贴、奖金、机关事业单位基本养老保险缴费、职业年金缴费、职工基本医疗保险缴费、公务员医疗补助缴费、其他社会保障缴费、住房公积金、伙食补助费、医疗费及其他工资福利支出。

2. 商品和服务支出

商品和服务支出包含办公费、印刷费、手续费、水费、电费、邮电费、取暖费、物业管理费、差旅费、租赁费、工会经费、福利费、其他交通费用、税金及附加费用、会议费、培训费、专用材料费、被装购置费、专用燃料费、咨询费、劳务费、委托业务费、公务接待费、因公出国（境）费用、公务用车运行维护费、维修（护）费及其他商品和服务支出。

3. 资本性支出

资本性支出包含房屋建筑物购建、基础设施建设、公务用车购置、土地补偿、安置补助、地上附着物和青苗补偿、拆迁补偿、办公设备购置、专用设备购置、信息网络及软件购置更新、大型修缮、物资储备、其他交通工具购置、文物和陈列品购置、无形资产购置及其他资本性支出。

4. 企业资本性支出

企业资本性支出包含资本金注入、政府投资基金股权投资及其他对企业补助。

5. 对企业补助

对企业补助包含费用补贴、利息补贴及其他对企业补助。

6. 对个人和家庭的补助

对个人和家庭的补助包含抚恤金、生活补助、救济费、医疗费补助、奖励金、代缴社会保险费、助学金、个人农业生产补贴、离休费、退休费、退职（役）费及其他对个人和家庭的补助。

7. 对社会保障基金补助

对社会保障基金补助包含对社会保险基金补助、补充全国社会保障基金及对机关事业单位职业年金的补助。

8. 债务利息及费用支出

债务利息及费用支出包含国内债务付息、国外债务付息、国内债务发行费用及国外债务发行费用。

9. 其他支出

其他支出包含国家赔偿费用支出、对民间非营利组织和群众性自治组织补贴、经常性赠与、资本性赠与及其他支出。

思 考 题

1. 简述政府预算管理的内涵与要素。
2. 简述政府预算管理的流程与周期。
3. 简述政府预算管理的组织体系。
4. 简述政府预算收支分类的意义与原则。
5. 简述我国现行的政府预算收支分类体系。

即 测 即 练

第三章

政府预算管理体制

　　政府预算能够体现国家的战略和政策，反映政府的活动范围和方向，是推进国家治理体系和治理能力现代化的重要支撑，是宏观调控的重要手段。健全政府预算管理体制是实现新时代新征程目标任务的重要举措。当前，我国发展需要应对的风险和挑战、需要解决的矛盾和问题错综复杂。健全现代预算管理体制是推进中国式现代化的重要保障。党的二十大提出，以中国式现代化全面推进中华民族伟大复兴。与产生于资本主义制度的西方式现代化相比，中国式现代化坚持中国共产党的领导，基于我国社会主义制度而形成，既有各国现代化的共同特征，更有基于自己国情的中国特色。现代预算制度是中国特色社会主义制度的重要组成部分，必须与中国式现代化相适应，立足社会主要矛盾，着力解决发展不平衡不充分问题，发挥预算在资源配置、财力保障等方面的重要作用，补短板、强弱项、固底板、扬优势，更好满足人民日益增长的美好生活需要，促进人的全面发展、社会全面进步。

　　本章旨在介绍政府预算管理体制，并深入学习该管理体制是如何在特定的行政体制下，通过一定的方式调节政府间财力分配的。本章将按照以下内容进行展开：第一节是预算管理体制的概述，主要包括预算体制的概念、预算体制的建立原则和预算管理体制的主要内容；第二节介绍分税制，包括分税制的概念与特征和我国分税制预算管理体制的具体内容；第三节介绍政府间转移支付制度，包含政府间转移支付的概念、特征和具体形式等内容；章后为读者留下数道思考题，有助于加深读者对本章节的理解。

第一节　预算管理体制概述

一、预算管理体制的概念

（一）预算管理体制的内涵

　　预算管理体制，简称预算体制，是在中央和地方政府之间以及地方各级政府之间规定预算收支范围和预算管理职权的一项基本制度，是财政管理体制的重要组成部分。划分预算收支范围是国家整体财力在中央政府、地方政府和地方各级政府之间进行合理、系统分配的具体形式；预算管理职权指中央统一领导各级政府，进行支配国家财力的权利和责任。预算管理的根本任务是通过合理、正确划分各级预算的收支范围和规定预算管理职权，将各级财政下的"权责利"紧密结合起来，以提高预算管理效率，调动预算管理的积极性，促进国民经济和社会健康稳定的发展。

政府预算也称为国家预算，是政府的基本财政收支计划，反映国家的施政方针和社会经济政策，规定政府预算的活动方向和范围。相应地，预算管理体制与财政管理体制有着密切的联系，预算管理体制在财政管理体制中发挥了重要作用。虽然预算管理体制是财政管理体制的重要组成部分，但是二者既有密切联系又有严格区别。首先在概念定义上，财政管理体制的含义比较广泛。财政管理体制是规定整个财政体系内各构成要素之间的分配关系，具体包括中央与地方、国家与国有企业之间在财政资金的集中与分散以及在财政管理权限的集权与分权方面相互关系的一种制度。它包括预算管理体制、企业财务管理体制、税收管理体制和行政事业管理财务管理体制等。这些体制之间既相互联系又各自独立，都在各自领域有着不同的分工。其次，财政管理体制主要解决纵向和横向两方面的分配关系，纵向的分配关系即中央与地方以及地方各级预算之间的收支结构和财权财力，横向的分配关系即国家与企业、经济组织之间、行政事业单位间的分配关系。而预算管理体制则侧重于解决中央财政与地方财政之间以及地方上下级财政资金的分配关系。

（二）预算管理体制的实质

预算管理体制的实质，是处理预算资金分配和管理上的集权与分权，集中与分散的关系问题。预算管理体制是处理中央财政和地方财政以及地方财政各级之间财政关系的基本制度。它的实质是要解决中央政府和省级以及地方各级政府之间划分预算资金的支配权和管理权。即处理中央和地方政府之间在预算资金分配上的集中和分散，在预算管理上的集权和分权的关系。集权与分权自古以来就是一个普遍的问题。在我国，中央与地方政府之间的利益在很大程度上具有高度统一性，所以在利益获取上两者保持高度一致。但是，由于中央的地位始终高于地方，因此二者之间考虑问题的角度和侧重点显然是不尽相同的，最终会导致整体利益和局部利益之间的冲突和矛盾。财政资金的多少直接关系到中央和地方的物质利益，所以中央集权和地方分权的矛盾也会体现在财政关系上。财权是指对财政资金的所有支配和使用的管理权限，包括：预算收入的所有权，预算支出的支配权和使用权，预算的编制和执行权，以及财政方针、政策规章制度的制定权等。一般来说，强调集权，便于中央保持宏观经济的稳定和积极引导投资方向，有利于中央政府更多地组织预算收入，减少地方政府和地区间的盲目竞争；强调分权，有利于地方各级政府根据本地区经济实际情况采取适当措施调整各项收入政策和支出结构，促进地方经济和各项事业的发展。

（三）影响预算管理体制的因素

由于集权和分权的选择在不同国家、不同时期都是不一样的，因此决定财力与财权集中与分散程度的主要因素有以下几点。

（1）国家政权的结构。国家政权的结构是一个国家中央政权机关与地方政权机关的组织形式——是单一制还是联邦制，单一制国家的财力和财权的集中程度一般来说要高于联邦制国家。

（2）国家的经济管理体制。预算管理体制是整个经济管理体制的一个重要组成部分。当一个国家的经济管理体制处于集中型时，财力和财权也会随之高度集中；反之亦然。

（3）国家的性质和职能。在社会主义国家，生产资料都是以公有制为基础，国家具有双重身份和双重职能。一方面国家作为政治权利机关，具有政治权力同时行使行政管理职能；另一方面国家代表全体人民占有生产资料，实行生产资料全民所有制，具有经济权力同时行使所有者职能。这两方面的共同作用使得社会主义国家的财力和财权的集中程度通常高于以私有制为基础的国家。

（4）国家对社会经济的干预程度。国家对社会经济生活的干预一般是以财力分配为主要手段，财政参与国民收入分配的程度和中央政府集中的财力大小，反映着国家对经济生活干预程度的强弱。

因此在选择集权与分权时，我国充分考虑了国情和国家政策，选择更适合国家发展的方式。在财力分配上总的原则是：首先要保证大部分的预算资金集中在中央，让中央拥有绝对且足够多的财力，中央资金雄厚才有发言权，才能实现国家的整体目标。在此基础上，保障各地的局部利益，使地方拥有一定的财权、财力。在这样的分配关系下才能充分调动地方发展经济和各项事业的积极性和主动性，推动地方经济稳步发展，同时也保证地方政府实现其职能的资金需要。

二、预算管理体制的建立原则

（一）公平与效率原则

公平与效率是政府财政分配需要兼顾的两个重要原则，也是建立政府预算管理体制以及正确处理政府之间财政分配关系的基本要求。

（1）在预算管理中将公平原则放在重要位置，主要是由于公平自古以来都是一个与利益分配紧密相连的概念。中国地大物博、幅员辽阔，各个地区由于历史文化和国家经济政策的倾斜各有差异，因此会产生区域经济发展不平衡从而形成政府财政能力不平衡的现象。2021年，我国综合财政收入排名前四的省份分别是江苏、广东、浙江和山东，这四个省份不仅在财政综合实力位列前四，它们的国内生产总值（gross domestic product，GDP）在国内也是名列前茅。而一些经济欠发达的地区，如西北地区，自身财力很难满足政府实现其职能的正常需要。这种现象不符合收入公平分配的社会性要求，也不符合区域经济协调互助发展的经济性要求。综合以上情况，只有在预算管理中融入公平分配的原则，对预算收支在不同区域、不同财力之间进行适当分配调节，整个国家的经济才能稳步向上发展。预算管理体制中的公平原则包括两方面的含义：一是基于财力水平均等要求的上解负担公平；二是基于机会均等要求的发展条件公平。上解负担公平主要体现在收入划分上，它要求按照各地区的经济条件来确定其上解任务，使得其上解负担与上解能力相统一；发展条件公平主要体现在中央对地方转移支付的调节过程中，它要求中央按照各地区社会经济的差异程度来确定转移支付的数量。通过转移支付来缩小区域间财政能力和社会经济发展的差距，这样经济欠发达地区就会享有与经济发达地区大致均等的发展条件和社会服务水平。

（2）如果从经济学的角度来定义效率的概念，那么效率是指资源配置的有效程度。资源配置的有效程度越高，经济效益则越高；反之则越低。在建立预算管理体制时，除了提出公平原则，还将效率原则纳为重点，是因为：预算管理体制作为确立中央与地方，以及地方各级证券财政分配关系的基本制度，它对于经济活动和经济效益有着重要的影响；预算管理体制的建立和运作也会存在着效率问题。因此，有必要用效率准则来规范预算管理体制的建立和运用的整个流程，将预算管理体制作为提高经济效益的有力工具。预算管理体制同样也包括两方面的含义：一是基于资源优化配置所要求的经济效益；二是基于预算管理体制有效运转要求的行政效率。经济效益准则一般要求预算管理体制要有利于市场机制的有效运作，尽量避免由于财权和竞争机制正常运作带来的不利影响。行政效率准则要求预算管理体制朝着规范、简便和易于操作的方向发展，这样会大大降低体制建立和运作带来的成本开销。

（二）统一政策、分级管理原则

我国在经济上实行社会主义市场经济体制，政治上实行民主集中制。因此在建立政府预算体制时，也应该走统一政策、分级管理的道路。统一政策指预算管理的总方针政策是由中央统一制定的；分级管理是指在政策统一的前提下，下面各级地方政府都有相对独立的预算管理权，有着地方性预算法规的制定权和颁布权。统一政策和分级管理二者既独立工作又相辅相成，既有利于强化中央预算的宏观调控能力，又有利于调动地方各级政府管理本级预算的积极性。

（三）财权与事权相统一原则

想要建立良好的预算管理体制，需要按照财权与事权相统一的原则将预算收支范围进行合理划分，这样各级政府才有相对稳定的财力来保证职能的实现。财权与事权相统一的一个重要解释为：划分财权和财力要以事权划分为基础，财权是为事权服务的。具体表现在收支划分的程度上：首先是按照一定时期社会经济条件的要求划分各级政府的事权范围；其次根据事权范围的大小制定各级政府的支出单位和支出需要量；最后以支出需要量为依据确定各级政府的收入范围和收入规模。

三、预算管理体制的主要内容

（一）政府预算的组织管理体系

政府预算组织管理体系是根据国家政权结构和行政区域划分来确定的各预算级次和预算单位，按照一定的方式组合成的统一整体。在现代社会，绝大部分国家的政府都表现为多级的，与多层级的政府组织结构相对应，国家财政的管理组织形式通常表现为分级预算管理体制，大多数国家实行的是多级预算制。以我国为例，我国政府分为五个级次：中央政府；省级政府（包括自治区、直辖市政府）；市级政府（包括设区的市、自治州政府）；县级政府（包括自治县、不设区的市、市辖区政府）；乡级政府（包括民族乡、镇政府）。其中省级以下政府统称为地方政府。为了实现事权与财权的统一，我国各预算级次的设置与政权体系的层次基本上是一一对应的，具体分为中央政府预算和地方政府预算，其中地方政府预算又分为省、自治区、直辖市预算，设区的市、自治州预算，县、自治县、不设区的市、市辖区预算，乡、民族乡、镇四级预算。而联邦制国家的政府预算通常由联邦政府预算、州政府预算和地方政府预算组成。

(二)政府管理职权划分

预算管理职权是指法律规定的国家权力机关与行政机关对预算管理的职责和权限。它包括预算管理编制过程中的管理职权、预算审查和批准过程中的管理职权、预算执行过程中的管理职权及对预算执行的监督检查职权等。

按照国际惯例,行政部门负责管理预算编制和预算执行方面的工作。例如:在美国,联邦政府预算的编制和执行由总统管理和预算办公室负责;法国国家预算的编制和执行是由总理负责,后续工作由经济和财政部具体组织;加拿大的联邦政府预算的编制和执行由财政部负责。在实行民主共和制的国家中,审批政府预算的立法机构是议会,而在实行人民代表制大会的国家中,审批政府预算的立法机构是人民代表大会。

在我国,预算管理职权是指各级人民代表大会及其常务委员会、各级政府、各级财政部门以及各级预算具体执行部门和单位在预算管理中的职责和权限。

1. 各级人民代表大会的预算管理职权

全国人民代表大会的预算管理职权是审查中央和地方预算草案以及中央和地方预算执行情况的报告,批准中央预算和中央预算执行情况的报告,改变或者撤销全国人民代表大会及其常务委员会关于预算和决算中不适当的决议。

同理,县级以上地方各级人民代表大会的预算管理职权主要是审查本级总预算草案以及本级总预算执行情况的报告,批准本级预算和本级预算执行情况的报告,改变或者撤销本级人民代表大会及其常务委员会关于预算、决算的不适当的决议,撤销本级政府关于预算、决算的不适当的决定和命令。

乡、民族乡和镇人民代表大会的预算管理职权是审查和批准本级预算和预算执行情况的报告,监督本级预算的执行,审查和批准本级预算的调整方案,审查和批准本级预算,撤销本级政府关于预算、决算的不适当的决定和命令。

2. 各级人民代表大会常务委员会的预算管理职权

全国人民代表大会常务委员会的预算管理职权主要有:监督中央和地方预算的执行;审查和批准中央预算的调整方案;审查和批准中央预算;撤销国务院制定的同宪法、法律相抵触的有关预算、决算的行政法律、决定和命令;撤销省、自治区、直辖市人民代表大会及其常务委员会制定的同宪法、法律相抵触的关于预算、决算的地方性法规和决议。

县级以上地方各级人民代表大会常务委员会的预算管理职权主要有:监督本级总预算的执行;审查和批准本级预算的调整方案;审查和批准本级政府决算;撤销本级政府和下一级人民代表大会及其常务委员会关于预算、决算的不适当的决定和命令。

3. 各级政府的预算管理职权

国务院的预算管理职权主要有:编制中央预算和决算草案;向全国人民代表大会做关于中央和地方预算草案的报告;将省、自治区、直辖市政府报送备案的预算汇总后报全国人民代表大会常务委员会备案;组织中央和地方预算的执行;决定中央预算预备费的动用;编制中央预算调整方案;监督中央各部门和地方预算的执行;改变或者撤销中央各部门和地方政府关于预算、决算的不适当的决定和命令;向全国人民代表大会、全国人民代表大会常务委员会报告中央和地方预算的执行情况。

乡级以上地方各级政府的预算管理职权主要有：编制本级预算、决算草案；向本级人民代表大会作关于本级总预算草案的报告；将下一级政府报送备案的预算汇总后报本级人民代表大会常务委员会备案；组织本级总预算的执行；决定本级预算预备费的动用；编制本级预算的调整方案；改变或者撤销本级各部门和下一级政府关于预算、决算的不适当的命令；监督本级各部门和下一级政府的预算执行；向本级人民代表大会及其常务委员会报告本级总预算的执行情况。

（三）政府间事权与支出责任的划分

（1）政府间事权与支出责任划分的依据主要有两点：一是根据公共产品的层次性；二是政府职能的层次性。第一大原则是公共产品的层次性标准，在各级政府之间划分事权与支出责任时，公共产品的层次性标准是界定政府间事权与支出责任的首要依据。该理论不仅揭示了各种类型公共产品的区别和差异，还为分析预算管理体制和合理界定各级政府间的支出责任提供了必要的依据。公共产品的资源配置应遵循这一原则，即政府所提供的公共产品必须尽可能与收益区域内居民的消费偏好相一致。第二大原则是政府职能的层次性标准，现代市场经济中的政府职能有资源配置、收入分配和经济稳定，不同级次的政府所承担的侧重点有所不同。一般来说，中央与地方政府的职能分工是：资源配置职能以地方政府为主，中央政府为辅；收入分配职能和经济稳定职能以中央政府为主，地方政府为辅。

（2）政府间事权与支出责任划分的原则主要有三点：受益原则、行动原则和技术原则。这三大原则是19世纪末英国著名财政学者巴斯特布尔提出的。

受益原则指凡是政府提供的服务，其受益对象是全国人民，则支出应属于中央政府的公共支出；凡是其受益对象是某一局部区域内的地方居民，则支出应属于地方政府的公共支出。

行动原则是指凡政府公共服务的实施在行动上必须做到统一规划的，其支出应属于中央政府的公共支出；凡政府公共活动在实施过程中必须因地制宜的，其支出应属于地方政府的公共支出。

技术原则是指凡政府活动或公共工程，其规模庞大，需要较高的技术才能完成的项目，其支出应属于中央政府的公共支出；否则应该属于地方政府的公共支出。

（3）政府间事权与支出划分的模式也有不同的种类。例如，全国性的公共产品和服务一般包括国防、外交、全国性的立法和司法等，与此相关的支出责任应由中央政府承担。除此之外，地方性的公共产品和服务一般由地方政府负责承担。地方性的公共产品和服务主要包括具有区域性受益特征的基础设施（如道路、交通、电力、自来水、下水道、路灯、机场、车站）、社会服务（如基础教育、医疗卫生、消防）、文化和传播媒介（如广播、电视、报纸、杂志、图书馆）及社会管理等。如果失业保险、对低收入者的补贴和医疗保险、政府养老金等完全由地方政府承担，往往会出现由于各地福利水平不同而引起居民移居到福利较好的地区的情况。由于福利较好时一般会引起更高的税收，这样会使得高收入者向外地进行移居，因此中央政府有必要进行一定程度的介入和干涉，主要负责调节地区间和居民收入的分配工作。

第二节 分　税　制

一、分税制的概念与特征

（一）分税制的概念

分税制财政管理体制简称分税制，是指在合理划分各级政府事权范围的基础上，确定各级政府间的预算和支出范围，并主要按照税种来划分各级政府的预算收入。各级预算相对独立，负有明确的平衡责任，各级政府间的财力差别通过中央政府向地方政府或上一级地方政府向下一级地方政府通过转移支付制度进行调节。

分税制是根据市场经济原则和公共财政理论所确立的一种分级财政管理体制，是处理中央与地方财政分配关系的一种比较规范的方式，也是国际上一种通用的财政分配体制。分税制财政管理体制一般要求以立法的形式严格划分各级政府之间的事权，由此来确定各级政府对应的支出范围，通过税种划分可以首先确定各级政府对应的收入来源，以此保证各级政府的正常运行和工作。与此同时，通过上级财政对下级财政或者是下级财政对上级财政的转移支付制度来缓解和消除地区之间由于经济发展不平衡而产生的公共服务水平的差异。分税制是迄今为止所有国家认为较为规范和科学的财政管理体制，该体制可以很好地规范政府之间的财政分配关系，有利于促进各大企业之间公平竞争，有利于国家产业政策的有力贯彻和精准实施。

综合国外对分税制的研究来看，各个国家的分税制财政管理体制的具体形式虽然有很大差别，但是总体可以归纳为两种类型。第一种类型是对称型或者分权型分税制财政管理体制。其基本特征是在各级政府的财政初次分配中，财权与事权大体相称。比如，美国就采用这种形式。分权型分税制财政管理体制的主要优点是能够最大限度地调动各级地方政府组织收入的积极性和自主性，使得地方政府的政策目标与当地居民的需要尽可能一致，同时便于降低决策成本，分散决策风险，减少决策失误造成的损失。第二种类型是非对称性或集权型分税制财政管理体制，具体表现为中央财政在初次分配中，掌握了超出其行政职能所需要的财力，而各级地方政府普遍存在财力不足的现象，那么集权制的优势在于能够促进宏观经济的积极、稳定发展，同时也有利于实现中央政府通过收入再分配达到公共服务水平均等化的目标。

（二）分税制的特征

1. 规范性

分税制的规范性具体体现在两个方面。一是在划分和调节各级政府收入的范围时，所采用的制度是规范的。支出范围的划分是以事权为划分依据，而收入范围的划分是在遵循财权和事权相匹配的原则基础上，以税种或者税权的标准来确定，在此过程中预算调节制度的安排要充分体现公平和效率相结合的原则，并且需要规范和准确计算。二是分税制的整个运作流程是规范的，各级政府各司其职，各自在自己的岗位上分级管理，收入分征和分管，各级之间没有明显的干预，使得国家的收入分配和宏观调控也能得到有序的进行。

2. 法制性

法制性在分税制中的具体表现为：分税制要求对各级政府的事权、财权和税权的划分及其相互关系要以一定的法律形式加以明确规定。法制性可以增强预算管理在实施过程中的透明度，加强监督管理，同时也能保证预算管理体制的长期稳定性。

3. 层次性

分税制的层次性体现在各级财政在划定的收支范围内安排本级的财政活动，负有明确的平衡责任。一级财政既不能任意向外转移自身的财政负担，也不能随意包揽应由其他级次财政承担的事务。这种层次性的特征，有利于明确各级财政的职责以及调动各方面的积极性。

二、1994年分税制预算管理体制

（一）分税制体制改革的基本原则

（1）正确处理中央和地方的分配关系，首先需要调动中央和地方的积极性，这样国家财政收入才能稳步增长。同时既要考虑地方利益，合理调动地方经济的发展，又要在地方经济发展良好的基础上逐步提高中央财政收入的比重，增加中央财力。因此，在实施分税制的政策下，中央财政需要从往后财政收入的增量中适当多获取一些，这样才能保证中央财政收入稳定增长。

（2）坚持统一政策与分级管理相结合的原则。在对税种进行合理划分时，不仅需要考虑中央与地方的收入分配关系，还要兼顾到税收对于经济发展和社会分配的调节作用。中央管理着中央税、共享税和地方税的立法，从而在最大程度上维护了市场的统一和企业公平竞争。税收实行分级管理，中央税务机构统一征收中央税和共享税，共享税里由地方分享的部分，会直接由中央税务机构划入地方金库，地方税由地方税务机构负责征收。

（3）合理调节各个地区之间的财力分配，既要有利于经济发达地区继续保持良好发展的势头起到带头作用，又要通过中央财政对地方的税收返还和转移支付，来扶持经济欠发达地区的发展。

（二）分税制体制改革的主要内容

1. 中央与地方事权和支出的划分

根据中央政府和地方政府事权的划分，中央财政主要承担着国家安全、外交和中央国家机关运转所需经费，调整国家经济结构、协调地区发展、实施宏观调控所必需的支出以及由中央直接管理的事业发展支出。具体包括国防费、武警经费，外交和援外支出，中央级行政管理费、中央直属企业的技术改造和新产品的试制费，由中央财政安排的支农支出，由中央负担的国内外债务的还本付息支出，以及中央本级负担的公检法支出和文化、教育、卫生、科学等各项事业费支出。

地方财政主要承担该地区的政权机关运转所需要的支出以及该地区经济和事业发展

所需要的支出。具体包括地方行政管理费、公检法支出、部分武警经费、民兵事业费，地方统筹的基本建设投资，地方企业的技术改造和新产品的试制费，支农支出，城市维护和建设经费，地方文化、教育、卫生等各项事业费。

2. 中央与地方收入的划分

根据事权和财权相结合的原则，需要按照税种划分中央与地方的收入。我们一般将维护国家权益、实施宏观调控所必需的税种划分为中央税；将同经济发展直接相关的主要税种划分为中央与地方共享税；将适合地方征管的税种划分为地方税，增加地方税收收入。具体划分为如下。

中央固定收入为：关税，消费税，海关代征的增值税和消费税，船舶吨税，中央银行所得税，地方银行和外资银行及非银行金融企业所得税，铁道部门、各银行总行、各保险总公司等集中交纳的收入，中央企业上缴的利润，车辆购置附加费等。2001年车辆购置附加费平移为车辆购置税。

地方固定收入包括：地方企业所得税，地方企业上缴利润，个人所得税，城镇土地使用税，城市维护建设税，房产税，车船税，耕地占用税，契税，土地增值税等，后来又增加了烟叶税（2006年），环境保护税（2018年）。

中央与地方共享收入包括：增值税、营业税、资源税、印花税、城市维护建设税。其中，增值税中央分享75%，地方分享25%；营业税属于中央与地方共享税。其中中国铁路总公司、各银行总行、各保险公司总公司集中缴纳的部分归中央政府，其余部分归地方政府；资源税按不同资源品种划分，大部分资源税作为地方收入，海洋石油资源税作为中央收入；印花税中的证券交易印花税，中央与地方各分享50%，其他印花税属于地方财政收入。城市维护建设税，铁路部门、银行总行、保险公司集中缴纳的城市维护建设税属于中央财政收入，其余属于地方财政收入。

随着时间推移，共享税的范围陆续调整。其中，最大的调整当属所得税，由地方税变为共享税。2002年起，将属于地方税的个人所得税和企业所得税改为按50∶50比例实现中央与地方分享；2003年起，中央与地方分享比例变为60∶40。证券交易印花税，1997年1月1日中央与地方分享比例从中央和地方各50%调整为中央80%，地方20%；1997年5月10日，调整为中央88%，地方12%；2000年，调整为中央91%，地方9%；2001年，调整为中央94%，地方6%，2002年，调整为中央97%，地方3%；2016年，证券交易印花税全部调整为中央收入，证券交易印花税退出共享税范围。营改增后，增值税的分享比例发生变化，中央分享50%，地方分享50%，但其共享税的地位保持不变。营业税则不复存在。

现在，中央固定收入包括关税、消费税、车辆购置税、海关代征的增值税和消费税、船舶吨税。地方固定收入包括城镇土地使用税、耕地占用税、土地增值税、房产税、车船税、契税、环境保护税和烟叶税等。中央与地方共享收入包括增值税、企业所得税、个人所得税、资源税、印花税、城市维护建设税。

3. 中央财政对地方财政税收返还数额的确定

为了保护地方既得利益不受损害，逐步过渡到规范化的预算管理体制，我国不仅实行了分税制，还实行了税收返还制度。具体表现为，中央财政对地方税收返还数额以 1993 年为基期年核定。按照 1993 年地方实际收入以及税制改革后中央与地方收入划分情况，核定 1993 年中央从地方净上划的收入数额，并以此作为中央对地方税收返还的基数，保证 1993 年地方既得财力。1994 年以后，税收返还额在 1993 年的基数上逐年递增，递增率按全国增值税和消费税增长率的 1∶0.3 系数确定，即全国增值税和消费税每增长 1%，中央财政对地方的税收返还增长 0.3%。

4. 原体制中央补助、地方上解以及有关结算事项的处理

为了顺利推进分税制改革，1994 年实行分税制以后，原体制中央对地方的补助继续按照规定补助。原体制地方上解依旧按照不同的体制类型执行；原实行递增上解的地区，仍按照原规定办法继续递增上解；原实行定额上解的地区，仍按照原确定的上解数额继续定额上解；原实行总额分成的地区和原分税制试点的地区，改为一律实行递增上解。为了进一步规范分税制体制，在 1995 年国家对上述办法进行了调整。规定：从 1995 年起，凡是实行递增上解的地区，一律取消递增上解，将改为按照各地区 1994 年实际上解额实行定额上解。

原来中央拨给地方的各项专款，按照以往规定该下拨的需要继续下拨。地方 1993 年承担的 20%部分出口退税以及其他年度结算的上解和补助项目相抵后，需再确定一个数额，作为一般上解或者是一般补助处理，以后年度按照此定额进行结算。

三、与分税制有关的税收返还

（一）税收返还概况

税收返还是指 1994 年分税制改革、2002 年所得税收入分享改革以及 2009 年成品油价格和税费改革后，为了保证地方既得利益，对原属于地方的收入划分为中央收入部分，给予地方最大的补偿。具体包括增值税、消费税"两税返还"和所得税基数返还以及成品油价格和税费改革税收返还。

（二）增值税和消费税返还

1994 年分税制改革，实行按照税种划分收入的办法后，原属地方支柱财源的"两税"收入，即增值税收入的 75%和消费税的 100%，被上划为中央收入，由中央基于税收返还。

1. 税收返还基数的确定方法

税收返还基数是按照分税制规定的地方净上划中央的收入计算的。净上划收入是指地方上划收入和中央下划收入相抵后的余额。根据分税制有关规定，地方上划中央的收入项目主要由消费税、增值税（75%）、证券交易税（50%）、外资银行及地方非银行金融企业所得税。中央下划地方的收入项目主要有城镇土地使用税（50%）、耕地占用税（30%）、国有土地有偿出让收入等。

2. 1994年税收返还数额计算方法概况

分税制是以1993年为基期年,从而确定中央对地方的税收返还基数。具体方法为各地在1993年"两税"(增值税75%和消费税)完成数的基础上核定一个增长比例,确定了两税增长目标,要求各地1994年的两税完成数要达到这一增长目标,以此来检验各地1993年两税的完成情况。因此,1994年税收返还数额的计算是在考核各地区1994年消费税和增值税两税完成情况的基础上进行的。而考核1994年两税收入的完成情况,主要是依据1994年中央两税的收入完成数、中央下达的1993年考核基数和1994年两税的增长目标所进行的。

1994年末,按照各地完成两税的收入数额,首先扣除核定的减免税恢复征收数,作为考核完成数,与财政部下达的考核基数和增长目标进行比价,进行考核。考核的原则有以下三点。第一,凡是完成收入增长目标的地区,承认税收返还基数,并按照当年本地区两税增长率的1∶0.3加递增率,超过部分给予一次性奖励,返还系数由1∶0.3提高到1∶0.6。需注意,一次性奖励部分不计入税收返还基数。第二,凡是达到了基数但是未完成增长目标的,首先需要承认基数,并且按照本地区两税增长率的1∶0.3加递增率。第三,凡是未达到上年两税基数的,按照完成数低于考核基数的差额相应扣减税收返还基数额,并按照考核基数低于增长目标净影响中央的数额扣减当年税收返还数额。

自2016年5月1日起,所有行业企业缴纳的增值税均纳入中央和地方共享范围;中央分享增值税的50%;地方按税收缴纳地分享增值税的50%;以2014年为基数核定中央返还和地方上缴基数;中央上划收入通过税收返还方式给地方,确保地方既有财力不变;中央集中的收入增量通过均衡性转移支付分配给地方,主要用于加大对中西部地区的支持力度。

自2015年1月1日起,消费税税收返还政策进行调整,中央对地方消费税不再实行增量返还,改为以2014年消费税返还数为基数,实行定额返还。

(三)所得税基数返还

从2002年起,我国改革现行按照企业隶属关系划分所得税收入的办法,除了少数行业或者企业以外,对其他企业所得税和个人所得税收入实行中央与地方按比例分享。除了铁路运输、国家邮政、中国工商银行、中国农业发展银行、中国农业银行、中国银行、中国建设银行、国家开发银行、中国进出口银行及海洋石油天然气企业缴纳的所得税继续作为中央收入外,其他企业所得税和个人所得税收入由中央与地方按照相应的比例共享。共享比例为,中央分享60%,地方分享40%。

四、分税制预算体制的运行情况及完善思路

(一)分税制的成效

1. 初步确立了符合中国国情的分税制财政体制基本框架

我国自改革开放以来,地区间财政经济发展差距呈现出不断拉大的趋势。连续实行了

几十年的财政包干制形成了具体明确、稳定的地方既得利益，同时按照逐步提高中央的宏观调控能力，建立合理的财政分配机制的原则，采取了划分收入、划分支出、分设税务机构，实行税收返还和转移支付制度，以上分税制措施使得符合社会主义市场经济的分级预算管理体制的框架逐步建立起来。

2. 调动各方面的积极性使得国家财政实力增强

1994 年的财税改革给整个国家带来的积极影响是很好地处理了国家与企业、个人的分配关系，也规范了中央与地方的分配关系，充分调动了各级政府促进经济发展，加强税收征管、依法组织收入的积极性。

3. 强化了地方财政的预算约束，增强了地方加强收支管理的主动性

分税制财政体制建立了全面分级预算制度，明确了各级地方政府收入和支出的范围，强化地方政策的预算约束，因此在一定程度上提高了下级各地区始终坚持财政平衡、严格管理收支的主动性和自主性。

（二）分税制运行中存在的问题

1. 政府间事权和财权划分不够明确

首先，虽然在分税制管理中，我们要求政府将事权和财权进行合理划分，但是政府和市场本身就无法进行完全分割，因此政府活动经常存在着越位和缺位现象。具体表现为：一方面，在部分属于市场配置资源的领域，本应由企业和私人负责承担的投资项目，政府成为了主要承担对象；另一方面，对如基础科学研究、基础教育、卫生保健和农业环境保护等方面的支出严重不足。其次，中央与地方政府间的事权交叉过多，对政府间的事权只做了原则性的规定，而在一些具体事务上尤其是经济型事务的划分上比较模糊，往往存在着责任划分不清的问题。事权与财权划分不明确，容易造成各级政府间事权与支出范围的划分频繁变动的问题，影响各级政府间的近期安排和长远规划。

2. 财政转移支付制度还不够完善

目前我国的财政转移支付制度存在多种形式，有自上而下的税收返还、体制补助、结算补助和专项补助等，也有自下而上的地方上解。虽然形式多样，但是制度在规范性上还有待提高，加上其中人为可操作性较大，因此整个财政转移支付制度政策的调节性作用较弱。从地方和中央二者的关系来看，税收返还机制表面上从账面上大幅度提高了中央收入的比重，但是随后又将收入返还回去，实际上并没有增加中央的收入，更不用说发挥财政转移支付的政策调节作用。从各个地区的政府来看，由于税收返还基数不同，税收返还增长机制明显有利于相对富裕的地区，因而成为了助长地区之间财力差距不断扩大的重要原因，从而加大了中央对贫困地区转移支付的负担。

（三）进一步完善分税制的方法

1. 正确合理界定政府间事权和支出范围

正确合理界定各级政府间的事权范围，是建立符合社会主义市场规律要求的预算管理体制和处理好各级政府间财政关系的必要前提。为了进一步完善我国分税制体制,应该承担合理界定各级政府基本公共服务支出的责任。首先是要按照公共性和市场化的原则,将政府支出范围划分清晰。具体表现为:凡是属于社会公共领域的事务部分,如果市场不能在第一时间内解决或者不能有效解决,财政就应该肩负起处理责任;凡是可以通过市场机制调节解决的,财政则不应该介入;如果是介于二者之间的情况,财政需要积极引导社会资金的及时投入。其次要根据支出收益范围原则,依法规范中央和地方政府的支出责任。有关国防外交和国家安全方面等全国性公共产品和服务,中央财政应该承担该部分的支出;有关调节地区间和城乡之间重大收入分配性质的支出责任,中央财政或者是中央和地方财政应一起承担。

2. 改进和完善现有的转移支付制度

转移支付制度是实现基本公共服务均等化、调节收入再分配和实现政府政策目标的重要手段。我们通过借鉴各国的经验,研究得出,想要进一步改进和完善我国现有的财政转移支付制度,应该从下面两方面着手。一是加强中央对地方的专项转移支付管理。例如:有些到期项目、补助数额小或者不能突出中央宏观调控政策意图的项目应该适当取消;重复的项目应该定期清理并及时进行分类整理。同时需要规范中央对地方专项补助的配套政策,减轻地方政府的压力。二是增加一般性转移支付的规模,优化转移支付结构。即中央财政的新增财力,要具体安排一定数额用来加大一般性转移支付的力度,重点帮助中西部地区解决财力不足的问题。

3. 建立事权和财权相匹配的收入分配体系

合理界定中央和地方的税收管理权限,扩大政府间收入划分的领域,才能合理保证各级政府有行使职责的财力。具体举措为:一是结合政府间支出责任划分调整以及逐步将预算外收入纳入预算管理等措施,合理调整中央与地方政府间的收入划分。我们可以按照税收属性,将容易造成税源转移和跨地区间分配不公的税收收入划归为中央固定收入,这样能在一定程度上保证财政收入划拨的公平。同时适当调整共享税的分成比例,做到中央政府宏观调控需要以及现阶段地方政府在促进经济发展和组织收入方面积极性的兼顾。二是逐步完善出口退税的负担机制,将地方负担出口退税控制在地方财力可以承受的范围内。

第三节 政府间转移支付制度

一、政府间转移支付的基本概念

(一)政府间转移支付概念

转移支付,一般是指政府或企业无偿地支付给个人以增加其收入和购买力的费用,也是一种货币收入主体之间非交易的分配关系,是资源分配和收入分配公平与效率状况的重要概念。

在财政领域，转移支付一般是指政府间的转移支付，它是一个国家的各级政府间在既定的事权、责权和财力划分框架下，为了实现横向和纵向的均衡而进行的财政资金的相互转移。政府间的转移支付大都具有福利支出的性质，如社会保险福利津贴、抚恤金、养老金、失业补助、救济金及各种补助费等；农产品价格补贴也是政府的转移支付。由于政府间的转移支付实际上是把国家的财政收入还给个人，所以有的经济学家称之为负税收。通常在经济萧条时，总收入下降，失业增加，政府拨付的社会福利支出也必然增加。这样通过增强购买力，提高社会总体需求，从而抑制或缓解萧条。当经济中出现过度需求时，政府可以通过减少转移支付量，抑制总需求水平的升高。

（二）政府间转移支付的特征

1. 内部性

内部性是指转移支付的范围仅限于上下级各级财政之间（纵向）或财政各区域之间（横向）的财政资金流动，即财政资金只能在政府内部上下级政府间以及同级政府相互之间的再分配，财政资金不会流向政府之外的范围。

2. 公开性

公开性是指转移支付中事权和财权的界定，转移支付的方式、数量、操作流程等要向社会公开，并且时刻接受社会的监督，出现问题时在第一时间内得到更正。

3. 公正性

公正性主要体现在政府间的转移支付，可以有效调节各个地区财政经济发展的差距，能够使得全国人民均可享受到由政府提供的公共服务水平，同时也能让资源得到最大程度的合理公平的分配。

4. 层次性

层次性是指转移支付通常发生在相邻的两级政府之间，跨级的转移支付只占很小的比例。因此，一个国家内的政府级次越多，发生转移支付的层次也会随之越来越多。一般而言，我国政府分为五个级次，相对应的就会有四个级别的转移支付层次，大家共同构成了完整的转移支付体系。

二、政府间转移支付的功能

（一）弥补政府间财力分配的纵向不均衡

在政府间转移支付过程中，纵向不均衡是指中央政府在初次收入分配中所占比重高于在财政支出中的比重，从而形成了财力剩余，但是地方上的收入比重却低于支出比重，从而形成财力缺口。鉴于财力剩余和财力缺口情况的出现，中央政府需要将一定的财力通过转移支付的形式补助给出现财力缺口的地方政府。出现纵向不均衡的现象是不可避免的，原因有以下两点。一是由税种的特征所决定的。有的税种由于税基流动性较强，年度间的波动较大，加上地区之间分布不均衡，因此需要由中央进行统一征收。二是如果想要资源在市场上得到合理配置，就需要要求上级政府动用资源来帮助条件有困难的下级政府，否则区域之间会出现信息闭塞、沟通不畅的问题，难以形成统一的市场。

（二）弥补政府间财力分配的横向不均衡

横向财政平衡，即通常所称的均等化，存在争议的原因为：一方面，理论界对财政均等化的概念一直存在着多种不同的解释；另一方面，对于均等化模式的选择，不同的国家又具有不同偏好。自古以来，地区间的经济发展不均衡是社会的常有现象，在财政上则具体表现为财源分布不均衡。由于财源分布不均衡，有的地方会拥有更多的税基。同时，地区间的财政支出成本也存在着一些差异，表现为支出成本的高低和支出项目的多少问题。横向不均衡也是不可避免的，这主要是和社会发展息息相关。鉴于以上情况，为了实现基本公共服务均等化，需要通过转移支付的方式，保证经济发展水平相对较低或者支出成本相对较高的地区政府具有为本地居民提供与其他地区相同的基本公共服务的能力。

（三）解决辖区间外溢性问题

当地方服务溢出至其他地区时，为使地方政府提供合理数量的该类服务，有必要提供某种形式的配套拨款，以使单位补贴等于溢出收益的边际价值。同时，配套拨款也有利于均等化地方需求或中央政府不易监控的支出偏好等方面的差异，使更多的资金流向中央政府所希望的领域。尽管配套（或有条件）转移支付使地方政府更易受到中央政府的影响和控制，但也具有重要的政治优势，即在受补助行为中引入了地方参与、承诺与责任感等要素。原则上说，合理的配套比例，即中央政府在总成本中负担的比例，应由溢出的规模即相关的外部性水平决定。当然，配套拨款比例也会不可避免地受到中央政府提供补助的意愿强度影响。当外部性较低或中央仅愿意提供基本或最低水平国家标准的服务时，这一比率可能会随着支出水平的提高而下降。同时，如果相对于其他地区而言，某些地区具有更高的需求价格弹性，那么各地区间的比率也将存在差异。

（四）增强中央政府的政治控制

从根本上讲，一国的财政体制是由其政治体制和政治目标决定的。作为财政体制的构成要素，转移支付在很多情况下首先遵从于政治方面的需要，其次才是经济效率的考虑。从财权上看，转移支付使上级政府占有更多份额的财政资源，并使下级政府对之形成依赖。转移支付的份额越大，上级政府对下级政府的影响力就越大，前者对后者的控制程度也就越强。可见，中央政府可以通过转移支付来规范和监督地方政府的行为，减少地方政府的机会主义倾向。换言之，转移支付不仅是一个技术性问题，还是中央政府用于实现其政治目标的一项重要工具。

中央政府和地方政府的目标有时候会出现不完全一致的情况。比如，地方政府可能更加关心短期经济的发展，从而对10年甚至20年这类的长期经济发展目标缺乏投资兴趣，也不会在长期目标上花太多的资金和精力。在此情况下，就需要中央政府对项目建设所需资金给予一部分或者全部的支持，从而形成特殊的转移支付。另外，通过设立鼓励性转移支付，可以有效引导地方政府从事中央政府期望的活动；对于一些地区因不可控因素等引起的收入减少或者支出增加，上级政府需要给予扶持性转移支付。

三、政府间转移支付的形式

按照地方政府使用补助时自主权的大小，政府间的转移支付可以分为无条件补助和有条件补助，这也是从结构上进行划分的。

（一）无条件补助

无条件补助也称为一般性补助，是中央政府对资金的使用方向等不做任何规定，也不添加任何附加条件，地方政府有权自主决定补助的使用方向和目的，这种方式在极大程度上给了地方政府决定权和支配权，有利于缩小地区间财力差距、促进社会公平和实现财力均等化。无条件补助的分配与各地区的支出需求成正比，与税收能力成反比。标准支出需求的计算，主要根据影响地方财政支出的主要因素，如人口数量及其构成、地区面积、公共物品或服务的供应标准及成本等。标准税收能力的计算，主要根据各地区影响财政收入的经济指标和税制因素，按照划归地方掌握的各个税种分别进行，然后测算出该地区的标准税收能力，最后加以汇总。最后将标准支出需求和标准税收能力进行比较：支出需求小于税收能力的地区，不能获得无条件补助；而支出需求大于税收能力的地区，可以获得无条件补助，其数额根据国家实际可用的转移支付财力、地区协调的需要以及激励受援地区政府增加收入与节约支出的要求等因素设定的系数进行调整后，即为该地区可获得的无条件补助。其计算公式为：无条件补助＝（标准支出需求－标准税收能力）×调整系数。

（二）有条件补助

有条件补助是指中央或者上级政府在拨付补助资金时附带一些条件。只有当地方或者下级政府满足了这些条件时，才能获得相应的补助。我们根据附带条件的不同，有条件补助又可以分为专项补助和配套补助。

1. 专项补助

专项补助是指中央或是上级政府对所拨付的补助资金规定了使用方向或者具体用途的转移支付形式。它的主要功能在于协调地方政府改善基础设施和生态环境等方面的条件。专项补助的项目范围和补助比例，是根据不同时期经济社会发展的薄弱环节或者是宏观调控环节的变化以及中央政府的财力而做出的适当调整。

2. 配套补助

配套补助又称为对称补助，是指中央或是上级政府在拨付补助资金时，要求地方政府所拿出的相应的配套资金。而配套资金既可以是某一固定数额的资金，也可以是相当于补助金一定比例的资金。配套资金的作用在于加强中央或上级政府与下级政府的合作，共同承担提供某些公共产品或者服务的职责。配套补助中的配套数额或者比例依照具体情况的不同而变化：在下级财政较为拮据的情况下，补助金的配套数额或比例相应地会低一些；对于经济发展较好的富裕地区，补助金的配套数额或比例会高一些。根据配套资金有无限额，配套补助分为无限额配套补助和有限额配套补助两种形式。

无限额配套补助是指中央或者上级政府对地方政府制定支出项目给予的资金补助没有上限。一般是按照受援地方政府以自由资金在该项目上支出数额的一定比例来安排，地方政府在规定项目上的支出数额越大，中央政府或上级政府相应的补助资金就会越多。无限额配套补助的实质是对受援地方政府提供特定公共物品或是成本补贴，既可以增加受援地方政府的可用资金，又可以影响受援地方政府公共物品或者是服务的供给结构。

有限额配套补助是指中央或是上级政府明确规定对地方政府制定支出项目给予资金补助的最高上限，在此限额内，按照受援地方政府以自由资金在该项目上的支出数额的一定比例进行配套补助。当超过这一限额时，中央政府或者上级政府则不再给予这种补助。这种补助形式既能影响受援地方政府公共物品或服务的供给结构，又能避免对地方政府补助的过度供给，减轻中央政府或上级政府的财政负担，是配套补助的主要形式。

四、我国政府间转移支付制度

我国为了规范政府间转移支付制度，将转移支付简化为一般性转移支付和专项转移支付两大类。

（一）一般性转移支付

一般性转移支付是指为了弥补财政实力薄弱地区的财力缺口，为了实现各个地区间基本公共服务能力的均等化，中央财政按照规范的方法给予地方财政的补助。一般性转移支付包括均衡性转移支付、重点生态功能区转移支付、县级基本财力保障机制奖补资金、资源枯竭城市转移支付、老少边穷地区转移支付、产粮大县奖励资金、生猪（牛羊）调出大县奖励资金、共同财政事权转移支付、城乡义务教育补助经费、学生资助补助经费、支持学前教育发展资金、义务教育薄弱环节改善与能力提升补助资金、改善普通高中学校办学条件补助资金、中小学幼儿园教师国家级培训计划资金、基本养老金转移支付、城乡居民基本医疗保险补助、基本公共卫生服务补助资金、农业生产发展资金等。

一般性转移支付的主要目的是实现不同层次政府间财政收支的纵向平衡或是同一层次政府间的横向平衡，它可以提高受援地区的基本财政能力，缩小地区之间的财力差距，促进社会公平。

1. 均衡性转移支付

均衡性转移支付是指以促进地区间基本公共服务均等化为目标，挑选出影响各地财政收支的客观因素，考虑地区间的支出成本差异、收入程度和财政困难程度等，再按照统一的公式分配给地方的补助资金。均衡性转移支付由接受转移支付的下级政府统筹安排使用，不指定财政资金的具体用途。这种转移支付的以均等化为基本目标，参照各地标准财政收入和标准财政支出的差额及可用于转移支付的资金规模等客观因素，按照统一公式计算分配。

2. 农村税费改革转移支付

农村税费改革转移支付是为了保证农村税费改革的顺利推进，减轻农民负担，确保乡镇机构和村级组织正常运转。这些年来，中央财政统筹考虑各地区提高农业税税率增收因素和取消乡镇统筹、降低农业特产税税率、调整村提留提取办法等因素，通过转移支付给予适当补助。农村税费改革转移支付按照基层必不可少的开支和因政策调整造成的收入增减变化相抵后的净减收入额，并根据各地财政状况以及农村税费改革实施过程中各地不可预见的减收增支等因素计算确定。转移支付数额的确定，主要是参照税费改革前各地区乡镇两级办学、乡村道路修建、民兵训练等统计数据，按照客观因素来核定各个地区上述各项经费的开支需求和税费改革后地方减少收入额，再根据中央对地方的转移支付系数确定。

（二）专项转移支付

专项转移支付是指中央政府为了实现特定的宏观政策及事业发展战略目标，对于承担委托事务、共同事务的地方政府所给予的具有指定用途的资金补助，以及对应由下级政府承担的事务给予的具有指定用途的奖励或是补助。专项转移支付需要按照规定用途使用，专款专用，虽然不利于地方上进行统筹安排工作，但是可以体现中央的政策导向，重点用于教育、医疗卫生、社会保障和支农等公共服务领域。比如，专项转移支付下有食品药品监管补助资金、文化产业发展专项资金、重大传染病防控经费、大气污染防治资金、水污染防治资金、清洁能源发展专项资金、城市管网及污水治理补助资金、土壤污染防治专项资金、农村环境整治资金等。专项转移支付的主要目的是针对下级政府难以承担的或者是对周边地区有利的、符合中央政府产业政策的项目所给予的支持，同时也是为了配合宏观政策的调控、解决区域性公共产品外溢性问题或促进特定公共事业的发展。

一般性转移支付和专项转移支付的不同点在于：一般性转移支付能够发挥地方政府了解居民公共服务实际需求的优势，有助于地方进行统筹安排和因地制宜地落实好管理责任；而专项转移支付则能够更好地体现中央政府的意图，进一步促进相关政策的落实。我们要按照中央与地方财政事权和支出责任划分要求，科学严谨地设置转移支付结构，发挥各自在不同领域的重要作用。2022年中央对地方转移支付的预算安排为89975亿元，其中，一般性转移支付安排82138.92亿元，专项转移支付安排7836.08亿元。

思 考 题

1. 简述预算管理体制的基本原则。
2. 简述分税制预算管理体制的基本内容。
3. 简述政府间转移支付的基本形式。

即 测 即 练

自学自测　扫描此码

第四章

政府预算的编制

　　严格预算编制管理，增强财政预算完整性。健全现代预算制度是实现新时代新征程目标任务的重要举措。党的二十大从新的时代条件出发，针对我国改革发展面临的新形势、新任务，从战略全局上对党和国家事业作出规划和部署，向全面建成社会主义现代化强国、实现第二个百年奋斗目标迈进。作为党执政的重要资源，政府预算必须准确把握新的战略机遇、新的战略任务、新的战略阶段、新的战略要求、新的战略环境，以新发展理念为引领，更加体现时代性、法治性、透明性、科学性、开放性、安全性，支持加快构建新发展格局，实现高质量发展。

　　本章旨在对政府预算编制进行详细的介绍，使读者对政府预算是如何编制的有更深入的了解。本章结构如下：第一节介绍政府预算的编制依据，包含法律法规和宏观政策规划、国民经济及社会发展规划与财政预算规划、预算限额控制和预算绩效管理；第二节介绍政府预算编制模式，如按预算编制结构划分的单式预算与复试预算，按预算编制方法划分的基数预算与零基预算等；第三节介绍部门预算的编制，包括部门预算的含义和性质、我国部门预算编制原则、部门预算编制的绩效目标管理和部门预算的编制程序等。章后提供数道思考题，协助读者更好地掌握本章核心内容，加深理解。

第一节　政府预算编制依据

　　预算编制是预算管理的起点，正确编制预算必须以法律法规为依据，以国家的发展规划和政策指导为指导，参照上一年的预算执行情况和收支预测情况进行编制，在编制完成后经过立法机关法定程序审查批准后方可执行。

　　政府预算的规划与编制既涉及收支总量的控制，又涉及公共资源的结构性分配，这就需要政府考察公共资源在过去的使用情况，分析已经实现的目标和成本，并为将来的预算周期分配新的资源，这就是过程预算。综合各个国家的政府预算规划情况来看，在这一过程预算中，一旦资源通过预算过程进行了分配，就具有了法律效力。因此预算的决策与编制必须符合国家一定时期的有关法律、法规、政策和制度的规定，必须反映国家一定时期的宏观规划和国民经济与社会的发展要求，必须满足预算管理的要求，也反映着一国财政治理体系和治理能力的现代化水平。

一、法律法规和宏观政策规划

　　政府预算的性质决定了每项的预算收支的安排都要有法律依据和宏观政策和制度的

依据。通常来讲，国家制定的有关法律法规以及宏观政策规划都是从根本上代表着公民的共同利益，最大程度地保障公民的利益，这也体现了国家政治经济发展的客观需要。

（一）法律依据

政府预算的法律性要求政府在收支分配的过程中必须遵守法律要求，遵守法律底线。在我国，政府预算决策与编制的直接法律依据主要有《中华人民共和国宪法》《中华人民共和国预算法》《中华人民共和国预算法实施条例》和涉及收支的其他相关法律法规。比如，《中华人民共和国预算法》是为了规范政府收支行为，强化预算约束，加强对预算的管理和监督，建立健全全面规范、公开透明的预算制度，保障经济社会的健康发展，是根据《中华人民共和国宪法》制定的法律。其在1994年3月22日第八届全国人民代表大会第二次会议通过，并于1995年1月1日起施行。在《中华人民共和国预算法》中，对预算管理的职权，预算收支的范围，预算的编制，预算的审查和批准，预算编制的原则、内容及形式，预算的执行和调整，财政后备资金的建立、编制及批复的时间和程序等都做出了明确的规定。

（二）政策依据

每个国家在不同时期的政策取向是政府预算决策与编制的政策依据和政策基础，尤其是预算当年国家配合经济社会发展的财税政策是编制年度预算的基本预算。因此，在编制年度预算的整个过程中，需要提供一份清晰的关于经济社会发展和财政政策的报告，该报告是以对长期宏观经济与社会发展的预测和财政预测为基础的。在政府预算决策与编制中贯彻国家的公共政策和财政政策、体现政府的调控意图，主要是通过收支范围的调整和结构的变化来实现的。收支范围的变化直接体现政府对经济和社会发展管理范围的变化；收支结构的变动反映政府执行的产业及社会发展的政策。

二、国民经济和社会发展规划与财政预算规划

（一）国民经济和社会发展规划

我国的国民经济和社会发展规划及相应的年度计划是政府组织和管理国民经济与社会发展的重要手段和工具，也是国家进行国民经济宏观管理的重要工具，它框定着国民经济的发展速度、建设规模和各部门之间的比例关系。政府预算与国民经济和社会发展规划的关系，实质上是财政同经济与社会发展的关系，即经济的发展和财政状况息息相关。

我国国民经济和社会发展规划中的主要指标是测算预算收支指标的基本依据，具体来讲，即收入主要来源于各个经济主体，而预算支出为经济发展做基石。从发展规划来看，政府预算的决策与编制要以国民经济和社会发展规划为基础，国民经济和社会发展指标是预算收入和支出编制的重要依据，同时政府预算也是国民经济和社会发展规划在财力上的重要保证。主要表现在以下两点。第一，国民经济和社会发展规划所规定的国民经济的发展规模和发展速度在一定程度上决定着政府预算收支的规模和速度，而预算支出指标，如教育科学卫生支出和社会保障支出，主要依据国民经济和社会发展规划涉及民生的相关指标来确定。第二，政府预算是通过财力的集中和分配对国民经济和社会发展规划起到促进、

制约和调节的作用，这种作用主要表现在两个方面：一是政府预算是国民经济和社会发展规划在财源和财力上的主要反映，它可以通过货币形式综合反映国民经济和社会发展规划的发展规模、速度和效益，以及国民经济中各部门的比例关系；二是政府预算还是国民经济和社会发展规划实现的主要财力保证。

（二）多年期财政预算规划

中期财政规划的主要作用是确定未来各年度的预算限额。考虑到财政预算与国民经济和社会发展规划的关系，一国的政府预算决策与编制通常还需要根据多年期财政预算规划。多年期财政预算规划的典型形式是中期财政规划，通常是指一个为期三到五年的滚动财政预算规划，它不仅为政府各部门提供每个未来预算年度中必须遵守的预算限额，而且以年度预算限额作为预算编制的重要依据。多年期财政规划落实到年度预算中就可以清楚地反映出继续执行现行政府规划的成本，以及新引入的政府规划的成本。国家以此为决策依据有利于政府编制年度预算并研究其开支重点，可以更加强有力地约束各支出部门的支出需求，约束政府的财政行为，保持预算的可持续性，能够更好地确保政府政策的连续性。

三、预算限额控制

（一）预算限额控制制度

1. 预算限额控制制度的概念

预算限额控制制度是指在预算编制前通过确定财政收支限额，并严格约束政府预算编制的制度安排，包括总量限额和部门限额，从而才能确保日常财政的平稳健康运行。公共预算最基本的规则就是对财政收支总额进行控制，建立预算限额控制制度的必要性主要来源于可供预算的资源是稀缺的，利益相关者们都希望在预算控制里获取最大的利益。所以如果不进行预算限额控制，对资源的需求就会超过现有可以利用的资源，从而导致支出预算失去控制，税收和支出在 GDP 中的比重就会不断上升，高额的赤字和债务就会不断累积，因此需要合理控制支出总额。

2. 预算限额的种类

预算限额分为总量限额和部门限额。总量限额是指政府整体的预算限额，通常在对宏观经济政策、国民经济走势、多年期财政预算规划的预测基础上确定的。一般来说，多年期财政预算规划应该对年度预算的决策与编制具有很强的约束力。在一些国家中，该规划中每年的支出估计数都会依据政府的政策、经济状况的变化和各项规划的修正而做出相应的调整，一旦调整完毕，支出限额便成为编制年度预算时必须要遵守的规则。部门限额是指，当总量限额确定之后还需要分解为政府支出部门的预算限额，作为编制部门预算的依据。部门限额同样具有一定的约束性，这样才会防止来自各部门的支出需求压力迫使政府全部开支突破预算总额。

3. 预算限额的内容

预算限额包括财政支出限额、收入限额、预算盈余或赤字，以及政府债务限额等，其主要内容是支出限额,在实践中一般会与收入限额分开。如果我们不对支出进行有效控制,收入将无法满足膨胀的支出需求,一旦收入实施得不到合理控制,政府就可以随意增加财政收入来满足支出需求,长此以往会逐渐耗尽政府的财政收入及借贷能力,并陷入一种由预算不当带来的恶性循环。

4. 预算限额的形式

预算限额的形式包括平衡限制和比例限制。平衡限制的形式是要求预算的编制和执行必须遵守收支平衡的原则,但实践中如果一直坚持年度预算平衡的原则,往往会出现政府在经济不景气时未完成收入目标而可以增加税收的情况。因此,在实践中一般会采用比例限制的形式,主要包括将支出总额限定为 GDP 的一定比例,或是规定本年支出相对于上年或基准水平的变动幅度。

(二)我国预算限额的限定

我国预算限额的制定包括平衡限制和比例限制。

1. 平衡限制

平衡限制在我国《预算法》对于预算编制的要求中体现出来。比如,《预算法》第十二条规定:各级预算应当遵循统筹兼顾、勤俭节约、量力而行、讲求绩效和收支平衡的原则。各级政府应当建立跨年度预算平衡机制。

需要注意的是,在我国建立跨年度预算平衡机制的法律规定下,这一平衡限制是编制预算的前提,但并不应该被机械掌握,在实践中由预测以及经济波动的差异所带来的预算收支差异,可以按照超收和短收的弥补机制来解决。

2. 比例限制

比例限制的形式之一是通过财政部门下达主要预算收支控制指标实现。即按照预算编制程序,各级财政部门要在各支出部门上报的预算收支建议数的基础之上,根据国家定期的公共政策着力点及财政收入可能进行综合平衡,拟定主要预算收支控制指标,作为各预算部门与单位编制预算草案的重要依据。

下达预算收支控制指标的目的主要是要保证一些特定的收支满足特定的法律要求。例如,《预算法》第三十六条中规定:各级预算收入的编制,应当与经济社会发展水平相适应,与财政政策相衔接。这些法律在实践中将会以各种财政制度规范体现在预算管理中,如对"三公"经费(公务用车购置及运行费、公务接待费、因公出国/境经费)的比例限制等。

在支出矛盾占主要方面的情况下,预算支出控制指标就尤为重要。比如,我国各支出项目在国家事务管理与国民经济运行中所处的地位不同,预算安排的顺序和数额也不相同。因此,在预算编制中就必须从全局出发,分清楚轻重缓急,同时也需要正确处理不同支出项目之间的比例关系,做到重点突出,顺带兼顾一般,以促进国民经济和各项事业的健康发展。而这一切都需要通过确定预算收支控制指标来实现。

四、预算绩效管理

预算绩效管理是政府部门按所完成的各项职能进行预算,将政府预算建立在可以衡量的绩效目标基础上，它要求预算过程充分利用关于政府活动产出与成果的数量化信息，从而把财政资金分配和政府部门的绩效更紧密地结合起来。

在实际操作中，政府主要是通过非市场机制提供公共产品和服务来进行资源配置，如何在不同产品和服务之间进行分配有限资源反映了资源分配者的偏好，它实际上也是公共资源分配者在经过一系列的复杂决策过程后所形成的集体偏好。要使社会资源能够得到有效配置就要使政府提供的公共产品和服务符合消费者整体的偏好，而政府预算则是基于对公众整体偏好的政府决策的表达。在现代预算实践中通常体现在基于绩效的预算活动中：一是要以政府预算决策的社会机会成本作为评价预算决策绩效的重要依据；二是政府预算客观上存在效率和效益问题，要求政府在预算决策过程中要考虑各个施政方案的绩效并做出理性的抉择，以对有限的资源做出最有效的配置。

我国全面实施预算绩效管理的改革，要求在这一阶段，首先要建立重大政策和项目事前绩效评估机制。即各级政府、各部门、各单位结合预算评审、立项可行性研究和项目审批，对新增重大政策、项目及转移支付活动开展事前绩效评估，重点论证立项的必要性、投入的经济性、绩效目标合理性、实施方案可行性和筹资合规性等，评估结果作为申请政府预算的必备条件。财政部门需要加强对重大政策和项目预算审核这一流程的监管，必要时可以组织第三方机构独立开展绩效评估，审核和评估结果也需要作为预算决策的依据。其次是强化绩效目标管理，即各级政府、各部门、各单位在编制预算时，全面设置政策、项目、专项转移支付及部门整体绩效的目标，体现产出、结果、成本、效益等绩效信息，并合理匹配预算资金。

第二节　政府预算编制模式

一、政府预算体系的构成

（一）预算构成的全口径

1. 预算"全口径"概念

预算"全口径"，我们一般理解为将凭借政府权力取得的收入与基于政府行为所发生的支出都纳入预算体系中进行系统、有效管理的过程。

我国政府预算收支一般包括各种税收、收费与罚没、国有资本收益等，以及相应安排的支出，并且需要统一纳入预算体系之中进行管理。但是伴随着现代国家政府职能的扩张及管理模式的规范，政府履行公共责任的方式不再局限于单一的财政资金的收支，而是涵盖了更大的职责范围，主要包括政府债务、政府购买、政府贷款和担保、税式支出、接受捐赠、社会保险基金、对企业的补贴等在内的政府性收支等，同时在履行公共职能和落实财政政策方面也发挥了更大更积极的作用。因此政府性收支除了政府机构自身的收支，还应包括政府因履行公共职责直接或间接控制和管理的各种形式的资金收支和相应的责任，即以公权力取得的全部收入及相应的支出。

尽管国际上暂不存在预算"全口径"的说法，但是国际组织对预算范围也是做了相应规定，如要求全面、完整。例如，经济合作与发展组织（Organization for Economic Co-operation and Development，OECD）在《预算透明度最佳实践》中指出，预算报告是政府的关键政策文件，它必须做到范围全面，才能包含所有政府收入和支出，以便对不同的政策选择进行评估。因此，政府收支的"全口径"预算管理，也一直是OECD、IMF等国际组织推荐的政府收支预算管理中重点强调的问题。

2. 完整的预算体系构成

要保证预算的完整性，首先要保证预算体系的完整性，预算体系的完整性主要是从两方面体现。从横向来看，要将政府全部收支纳入到预算中，就要首先建立一个包括政府一般公共预算、政府性基金预算、国有资本经营预算、社会保险基金预算和政府债务预算在内的预算体系，在此基础上将税式支出等政府活动按照法律要求在预算报告体系中进行专门的列示和说明，相当于是对政府预算体系的补充说明。从纵向来看，政府预算不仅需要反映过去和现在的数据，还要结合发展趋势预测未来的相关数据。为了贯穿整个时间线，需要引入中期预算框架，使政府部门在进行决策时能够前后照应，从而保证预算信息的连续性、可推理性，同时提高预算透明度，并进一步促进财政预算体系的健康发展。除此之外，要不断完善财政总预算与部门预算的关系，使部门预算与总预算能够有机结合，相辅相成，共同反映各政府部门及政府总体的收支情况。

（二）我国预算体系的构成

我国《预算法》给予了政府预算体系以法律地位，全面、完整地揭示了我国政府预算的真实情况，并且接受来自各界的监督。我国《预算法》第五条规定：预算包括一般公共预算、政府性基金预算、国有资本经营预算、社会保险基金预算。

1. 一般公共预算

一般公共预算是对以税收为主体的财政收入，安排用于保障和改善民生、推动经济社会发展、维护国家安全、维持国家机构正常运转等方面的收支预算。一般公共预算是政府以税收为主体，同时兼有行政事业性收费等形式取得的收入，主要用于提供一般公共产品和满足一般公共服务需求的预算。具体来说，一般公共预算的支出包括四个方面：保障和改善民生、推动经济社会发展、维护国家安全、维持国家机构正常运转。通常来说，我们会把所有政府收支预算都纳入一般公共预算的范畴，但是在整个预算体系中，各个预算又由于收支性质不同而保持各自的完整性和独立性。因此，在预算体系中一般公共预算的收支内容相对于其他预算来说，是最基本的预算。

2. 政府性基金预算

政府性基金是为实现特定经济社会领域的政策目的，各级人民政府及其所属部门按照规定程序批准，依法向特定群体征收的具有专项用途的一种非税收入，包括各种基金、资金、附加和专项收费等。

政府性基金的种类有很多，与一般税和特殊类型税有着明显的区别，政府性基金的特点是设定程序规范、来源特定、专款专用，同时具有强烈的筹资特性，是政府快速筹集资金的一种方式。政府性基金预算的具体特征表现为以下四个方面。

第一，政府性基金预算的收入来源必须依照法律、行政法规规定。即纳入政府性基金预算管理的政府性基金，必须由全国人民代表大会及其常务委员会颁布法律或国务院颁布行政法规才能设立，不能以地方性法规、地方政府规章或者部门规章等规范性文件形式设立，因此在设立上非常严格。

第二，政府性基金预算的收入来源包括向特定对象征收、收取或者以其他方式筹集。例如：可再生能源发展基金和船舶油污损害赔偿基金是向特定对象征收的政府性基金；其他方式筹集资金包括从三峡电站电价收入中提取的三峡移民后期扶持基金、彩票收入中的彩票公益金等。

第三，政府性基金预算支出必须专款专用，专门用于特定公共事业的发展。

第四，政府性基金一般应有一定的存续期限。政府性基金属于特定资金，用于办理特定事项，根据基金性质的不同应当设定一定的期限，通常情况下不能无限期地存在。

3. 国有资本经营预算

国有资本经营预算与政府一般公共预算不同。一般公共预算的分配主体是作为社会管理者和监督者的政府，其分，配目的是满足社会公共需要；分配的手段一般是借助政治权力，具有强制性和无偿性的特点；分配的形式是以税收为主要收入，同时安排各项具有社会公共需要性质的支出，因此一般公共预算从性质特点上来看是供给型预算。而国有资本经营预算的分配主体是作为生产资料所有者代表的政府，它以国有资本经营取得的收益为分配对象，以资产所有权为分配依据，因而目前国有资本经营预算主要属于经营型预算。其范围可以概括为自然垄断行业和一般竞争性领域的经营性企业的国有资本收益，而非整个国有资产。

4. 社会保险基金预算

社会保险基金预算的收入来源包括三条渠道：社会保险缴款、一般公共预算安排资金及其他方式筹集的资金。其中，社会保险缴款是个人和机关、企事业单位缴纳的社会保险费收入；一般公共预算安排资金是通过一般公共预算安排的财政补贴；其他方式筹集的资金则主要包括由社会保险基金预算带来的投资收益和利息收入等。社会保险基金预算支出专门用于社会保险支出，同样属于专款专用。虽然社会保险基金有着社会共济的特点，但是由于社会保险基金关系到重大民生事业，和人民生活息息相关。鉴于其重要性，政府将其受托管理，并由政府最大程度地给予补贴，因此应当将其纳入政府预算体系。

5. 政府债务预算的处理

由于我国目前没有专门的债务预算管理，对于政府债务收支，按照政府债务的性质分别纳入一般公共预算和政府性基金预算管理。

我国地方政府发行的债券一般来说有两种类型：一般债券和专项债券。地方政府一般债券是指省、自治区、直辖市政府为没有收益的公益性项目发行的，并约定在一定期限内主要以一般公共预算收入还本付息的政府债券。地方政府专项债券是指省、自治区、直辖市政府为有收益的公益性项目发行的，约定一定期限内以公益性项目对应的政府性基金或专项收入还本付息的政府债券。按照规定，地方政府要将其所有政府债务纳入限额并分类纳入预算管理，而地方政府要将一般债务收支纳入一般公共预算管理，以一般公共预算的收入来偿还。

二、政府预算编制模式的主要类型

（一）按政府预算编制的结构分类

（1）单式预算。将政府全部财政收支汇集编入一个总预算之内，形成一个收支项目安排对照表，而不区分各项收支性质的预算组织形式。它的特点是：体现国库统一和会计统一的原则要求；完整性强，能从整体上反映年度内的财政收支情况，便于了解财政收支的全貌；便于立法机关的审议批准和社会公众对财政预算的了解。

20世纪30年代以前，世界各国均采取单式预算制，并认为，单式预算制符合"健全财政"的原则，在当时的历史条件下起到了监督与控制财政收支的作用。

（2）复式预算。把预算年度内的全部财政收支按收入来源和支出性质，分别编成两个或两个以上的预算，从而形成两个或两个以上的收支对照表，通常包括经常预算和资本预算。

经常预算是指财政经常性收支计划，由政府以社会管理者身份取得的收入（如一般公共收入）和用于维持政府机关活动、维护社会秩序、保障国家安全、发展文教科卫及社会公益事业的支出组成。资本预算是财政投资性收支计划，由政府投资性支出和各种专门收入来源组成。在资本预算中，经常预算结余和债务收入是其重要的收入来源。

（二）按预算编制的方法分类

（1）基数预算。以上一年度或基期的收支为基础，综合考虑预算年度的情况加以调整确定。

（2）零基预算。根据当年政府预算政策要求、财力状况和经济与社会事业发展需要重新核定，而不考虑该指标以前年度收支的状况或基数。

（三）按政府预算编制的政策导向分类

（1）投入预算。投入预算的政策重点在于如何控制资源的投入和使用。

（2）绩效预算。绩效预算要求政府每笔支出必须符合绩、预算、效三要素的要求。

（四）按政府预算编制的时间跨度划分

（1）年度预算。经法定程序认可而具有法律效力的预算计划组织收支实际经历的时间为一年，分为历年制和跨历年制。

（2）多年预算。一般是指在建立宏观经济预测的基础上多年期滚动的预算计划，通常为3~5年的滚动的、对年度预算具有约束力的预算规划。多年预算可增强预算的前瞻性。

第三节 部门预算的编制

一、部门预算的含义和性质

（一）部门预算的概念

部门预算制度是市场经济国家财政管理的基本形式，也是编制政府预算的一种制度和方法。部门预算由各部门所属单位预算组成，单位预算是指列入部门预算的机关、社会团体和其他单位的收支预算。部门预算可以反映部门所有收入和支出情况，也是综合的财政计划。由于部门预算是综合预算，它既包括了财政的拨款和补助，又包括了预算部门及单位按照规定组织的收支。鉴于此，部门预算是编制一级政府财政总预算的基础。需注意，在我国部门预算改革中所谓的"部门"具有特定含义，它是指那些与财政直接发生经费领拨关系的一级预算会计单位。具体而言，根据中央政府部门预算改革中有关基本支出和项目支出试行单位范围的说明，部门预算改革中所指的"部门"应包括三类：一是开支行政管理费的部门，包括了人民代表大会、政治协商会议、政府机关、共产党机关、民主党派机关、社团机关；二是公检法司部门；三是依照公务员管理的事业单位，如气象局、地震局等。

部门预算是现代政府预算管理制度的一种基础模式，也是市场经济国家中的常见手段。在发达国家，部门预算的实行非常普遍。部门预算集中反映了一定时期政府工作的重点以及各预算部门的工作任务，是预算管理的核心环节，也是立法机关审查监督的重点关注对象。

（二）我国部门预算的组成

按照法律规定，我国实行一级政府一级预算。按照编制主体，我国的部门预算是政府预算的重要组成部分，各部门预算又是由本部门预算及其各单位预算组成。因此，部门预算的编制主要包括单位预算编制和各部门预算编制。

（三）我国部门预算的特征

从编制主体来看，部门一般是指要求限定在与财政直接发生经费领拨关系的一级预算单位或主管预算单位。从编制范围来看，部门预算属于综合预算，涵盖了部门及所属单位所有的收入和支出，包括了一般公共预算收支、政府性基金收支、组织部门的事业收支和经营收支等；从编制程序来看，部门预算首先从基层预算单位开始进行逐级审核汇总；从支出角度来看，部门预算应该全面反映一个部门及所属单位各项资金的使用方法和具体使用内容。

二、我国部门预算编制原则

（一）合法性原则

预算部门的编制要符合《预算法》和国家其他法律法规，充分体现国家的有关方针、政策，还要在法律赋予部门的职能范围内编制。主要体现在：收入合法合规，政府性基金收入要符合国家法律法规，行政事业性收费按照财政部要求的标准进行核算；各项支出的安排也要符合国家法律法规，遵守各项财务规章制度和要求，即各项活动均是以遵守法律为基础。

（二）真实性原则

部门预算收支的预测必须以国家社会经济发展计划和履行部门职能需要为依据，对每一项收支都应该认真计算和复核，保证数据的真实性和准确性。

（三）完整性原则

部门预算是全面反映政府部门收支活动的预算。部门预算编制时要体现综合预算的思想，各部门要将所有收入和支出全部纳入部门预算，并全面、真实、准确反映各项收支情况。

（四）稳妥性原则

部门预算的编制要做到稳妥可靠，量入为出，收支平衡，不得编制赤字预算。

（五）重要性原则

部门预算编制要本着统筹兼顾、留有余地的方针，做到合理安排各项专用资金，在兼顾一般的同时，优先保证重点支出。在重要性原则的基础上，先考虑基本支出，后安排项目支出，把重点项目和急需项目放在优先位置。

（六）透明性原则

从预算管理本身来看，部门预算要体现公开、透明原则，需要通过建立科学严谨的预算支出标准体系，实现预算分配的标准化、科学化，使预算分配流程更加规范透明，同时减少预算分配中的主观性。从外部环境来看，预算管理要主动接受审计部门和社会监督，建立健全部门预算信息披露制度和公开反馈机制。

三、部门预算编制的绩效目标管理

（一）绩效目标管理的内涵

绩效目标指财政预算资金计划在一定期限内所达成的效果，也是项目建设、编制部门预算、编制和分配专项转移支付预算、开展绩效评价等的重要基础和依据，设定绩效目标是编制预算的第一步。绩效目标管理是以绩效目标的设定、审核、批复等为主要内容所展开的预算管理活动。

（二）绩效目标的分类

1. 按照支出的范围和内容划分

按照预算支出的范围和内容划分，绩效目标包括基本支出绩效目标、项目支出绩效目标和部门整体支出绩效目标。①基本支出绩效目标指部门预算中安排的基本支出在一定期限内对本部门正常运转的预期保障程度。②项目支出绩效目标指部门依据部门职责和事业发展要求，设立并通过预算安排的项目支出在一定期限内预期达到的产出和效果。③部门整体支出绩效目标指部门及其所属单位按照确定的职责，利用所有部门预算资金在一定期限内预期达到的总体产出和效果。

2. 按照支出的性质划分

专项转移支付绩效目标是指中央财政设立的专项转移支付资金在一定期限内预期达到的产出和效果。可分为整体绩效目标、区域绩效目标和项目绩效目标。①整体绩效目标指某项专项转移支付的全部资金在一定期限内预期达到的总体产出和效果。②区域绩效目标指在省级行政区域内,某项专项转移支付的全部资金在一定期限内预期达到的产出和效果。③项目绩效目标指通过专项转移支付预算安排的某个具体项目资金在一定期限内预期达到的产出和效果。

3. 按照预算资金时效性划分

按照时效性划分,绩效目标包括中长期绩效目标和年度绩效目标。①中长期绩效目标是指部门预算资金在横跨多年的计划期内预期达到的产出和效果。②年度绩效目标是指部门预算资金或某项专项转移支付资金在一个预算年度内预期达到的产出和效果。

(三)绩效目标的设定

绩效目标设定,是指各部门根据部门预算管理和绩效目标管理的要求,编制绩效目标并向财政部门报送绩效目标的流程。一般来说,绩效目标由各部门及所属单位设定。项目支出绩效目标,在该项目纳入中央部门项目库之前编制,并按要求随同中央部门项目库提交财政部;部门整体支出绩效目标,在申报部门预算时编制,并按要求提交财政部。

1. 绩效目标设定要求

绩效目标要能清晰反映预算资金的预期产出和效果,并以相应的绩效指标予以细化、量化描述。主要包括:①预期产出,指预算资金在一定期限内预期提供的公共产品和服务情况;②预期效果,指上述产出可能对经济、社会、环境等带来的影响情况,以及服务对象或项目受益人对该项产出和影响的满意程度等。

2. 绩效指标设定

绩效指标是绩效目标的细化和量化描述,主要包括产出指标、效益指标和满意度指标等。①产出指标。它是对预期产出的描述,包括数量指标、质量指标、时效指标、成本指标等。②效益指标。它是指对预期效果的描述,包括经济效益指标、社会效益指标、生态效益指标、可持续影响指标等。③满意度指标。它是反映服务对象或项目受益人的认可程度的指标。

3. 绩效标准设定

绩效标准是设定绩效指标时所依据或参考的标准。一般包括:①历史标准,指同类指标的历史数据等;②行业标准,指国家公布的行业指标数据等;③计划标准,指预先制定的目标、计划、预算、定额等数据;④财政部认可的其他标准。

4. 绩效目标设定的依据

绩效目标设定的依据包括:①国家相关法律、法规和规章制度,国民经济和社会发展规划;②部门职能、中长期发展规划、年度工作计划或项目规划;③中央部门中期财政规划;④财政部中期和年度预算管理要求;⑤相关历史数据、行业标准、计划标准等;⑥符合财政部要求的其他依据。

5. 设定的绩效目标应符合的要求

设定的绩效目标应当符合以下要求。①指向明确。绩效目标要符合国民经济和社会发展规划、部门职能及事业发展规划等要求,并与相应的预算支出内容、范围、方向、效果等紧密相关。②细化量化。绩效目标应当从数量、质量、成本、时效,以及经济效益、社会效益、生态效益、可持续影响、满意度等方面进行细化,尽量进行定量表述。不能以量化形式表述的,可采用定性表述,但应具有可衡量性。③合理可行。设定绩效目标时要经过调查研究和科学论证,符合客观实际,能够在一定期限内如期实现。④相应匹配。绩效目标要与计划期内的任务数或计划数相对应,与预算确定的投资额或资金量相匹配。

6. 绩效目标设定的方法

绩效目标设定的方法包括以下两点。①对项目支出绩效目标设定时,要对项目的功能进行梳理,包括资金性质、预期投入、支出范围、实施内容、工作任务、受益对象等,明确项目的功能特性;依据项目的功能特性,预计项目实施在一定时期内所要达到的总体产出和效果,确定项目所要实现的总体目标,并以定量和定性相结合的方式进行表述;对项目支出总体目标进行细化分解,从中概括、提炼出最能反映总体目标预期实现程度的关键性指标,并将其确定为相应的绩效指标;通过收集相关基准数据,确定绩效标准,并结合项目预期进展、预计投入等情况,确定绩效指标的具体数值。②在对部门(单位)整体支出绩效目标设定时,要对部门(单位)的职能进行梳理,确定部门(单位)的各项具体工作职责;结合部门(单位)中长期规划和年度工作计划,明确年度主要工作任务,预计部门(单位)在本年度内履职所要达到的总体产出和效果,将其确定为部门(单位)总体目标,并以定量和定性相结合的方式进行表述;依据部门(单位)总体目标,结合部门(单位)的各项具体工作职责和工作任务,确定每项工作任务预计要达到的产出和效果,从中概括、提炼出最能反映工作任务预期实现程度的关键性指标,并将其确定为相应的绩效指标;通过收集相关基准数据,确定绩效标准,并结合年度预算安排等情况,确定绩效指标的具体数值。

(四)绩效目标审核

1. 绩效目标审核的内涵

绩效目标审核指财政部或中央部门对相关部门或单位报送的绩效目标进行审查核实,并将审核意见反馈给相关单位,指导其修改、完善绩效目标的过程。按照"谁分配资金,谁审核目标"的原则,绩效目标由财政部或中央部门按照预算管理级次进行审核。根据工作需要,绩效目标可委托第三方予以审核。绩效目标审核是部门预算审核的有机组成部分。绩效目标不符合要求的,财政部或中央部门应要求报送单位及时修改、完善。审核符合要求后,方可进入项目库,并进入下一步预算编审流程。

2. 绩效目标审核的内容

绩效目标审核的主要内容包括以下几方面。①完整性审核。绩效目标的内容是否完整,绩效目标是否明确、清晰。②相关性审核。绩效目标的设定与部门职能、事业发展规划是否相关,是否对申报的绩效目标设定了相关联的绩效指标,绩效指标是否细化、量化。③适当性审核。资金规模与绩效目标之间是否匹配,在既定资金规模下,绩效目标是否过高或过低;或者要完成既定绩效目标,资金规模是否过大或过小。④可行性审核。绩效目标是否经过充分论证和合理测算;所采取的措施是否切实可行,并能确保绩效目标如期实现;综合考虑成本效益,是否有必要安排财政资金。

3. 绩效目标审核程序

绩效目标审核程序如下。①中央部门及其所属单位审核。中央部门及其所属单位对下级单位报送的绩效目标进行审核,提出审核意见并反馈给下级单位。下级单位根据审核意见对相关绩效目标进行修改完善,重新提交上级单位审核,审核通过后按程序报送财政部。②财政部审核。财政部对中央部门报送的绩效目标进行审核,提出审核意见并反馈给中央部门。中央部门根据财政部的审核意见对相关绩效目标进行修改、完善,重新报送财政部审核。财政部根据绩效目标审核情况提出预算安排意见,随预算资金一并下达中央部门。

4. 绩效目标审核结果

项目支出绩效目标审核结果分为"优""良""中""差"四个等级,作为项目预算安排的重要参考因素。

审核结果为"优"的,直接进入下一步预算安排流程;审核结果为"良"的,可与相关部门或单位进行协商,直接对其绩效目标进行完善后,进入下一步预算安排流程;审核结果为"中"的,由相关部门或单位对其绩效目标进行修改完善,按程序重新报送审核;审核结果为"差"的,不得进入下一步预算安排流程。

5. 绩效目标的批复、调整与应用

按照"谁批复预算,谁批复目标"的原则,财政部和中央部门在批复年初部门预算或调整预算时,一并批复绩效目标。原则上,中央部门的整体支出绩效目标,纳入绩效评价范围的项目支出绩效目标和一级项目绩效目标,由财政部批复;中央部门所属单位的整体支出绩效目标和二级项目绩效目标,由中央部门或所属单位按预算管理级次批复。

绩效目标确定后,一般不予调整。预算执行中因特殊原因确需调整的,应按照绩效目标管理要求和预算调整流程报批。中央部门及所属单位应按照批复的绩效目标组织预算执行,并根据设定的绩效目标开展绩效监控、绩效自评和绩效评价。绩效监控是指预算执行中,中央部门及所属单位应对资金运行状况和绩效目标预期实现程度开展绩效监控,及时发现并纠正绩效运行中存在的问题,力保绩效目标如期实现。绩效自评是指预算执行结束后,资金使用单位应对照确定的绩效目标开展绩效自评,分别填写"项目支出绩效自评表"和"部门(单位)整体支出绩效自评表",形成相应的自评结果,作为部门(单位)预决算的组成内容和以后年度预算申请、安排的重要基础。绩效评价是指财政部或中央部门要有针对地选择部分重点项目或部门(单位),在资金使用单位绩效自评的基础上,开展项目支出或部门(单位)整体支出绩效评价,并对部分重大专项资金或财政政策开展中期绩效评价试点,形成相应的评价结果。

四、部门收入预算的编制

(一)部门收入预算内容

部门收入预算是指,各部门在编制年度预算时,预计从各个渠道依法取得收入的总称,是部门履行职责、完成各项工作任务的保障。主要由以下七部分收入组成:①上年结转,是指以前年度安排、预计结转到本年度使用的资金，包括财政拨款结转资金、教育收费和其他资金的结转情况；②财政拨款收入，是指由财政拨款形成的部门收入，不包括非本级财政拨款收入，以及预计年度执行中从其他部门接收到的财政拨款收入；③上级补助收入，指预算单位从主管部门或上级单位取得的非财政拨款补助收入；④事业收入，指事业单位开展专业业务活动及辅助活动取得的收入，包括教育收费收入等；⑤事业单位经营收入，指事业单位在专业业务活动及辅助活动之外开展非独立核算经营活动取得的收入；⑥下级单位上缴收入，指本单位所属下级单位（包含独立核算和非独立核算的，相关支出纳入和未纳入部门预算的下级单位）上缴给本单位的（包括下级事业单位上缴的事业收入、其他收入和下级企业单位上缴的利润等）收入；⑦其他收入，指除上述收入以外的各项收入，主要包括非本级财政事业单位的投资收益等收入。

（二）部门收入预算编制要求

部门在编制收入预算时，应该遵循以下三点要求。①项目要求合法合规。即部门的各项收入必须是预计依法取得的各项收入。②内容必须全面完整。部门收入预算的项目很多，资金来源也各有不同，部门在报预算时应做到全面反映、及时完整填报，对单位预计取得的各项收入进行全面、整体、系统反映。③数字真实准确。部门预算收入的预测必须以国家社会经济发展计划和国家政策为依据，同时参考近几年实际取得的收入数据并考虑增收减收因素测算，不能随意夸大或隐瞒收入，保证各项收入项目预算数据真实准确。

五、部门支出预算的编制

部门支出预算主要分为基本支出预算和项目支出预算。

（一）部门基本支出预算编制

1. 基本支出内容

基本支出是指为了保证行政事业单位正常运转和完成日常工作任务所必需的开支而编制的年度支出计划。具体包括人员经费和日常公用经费。①人员经费。它主要是指维持机构正常运转且可归集到个人的各项支出，主要包括基本工资、津补贴及奖金、社会保险缴费、离退休费、助学金、医疗费、住房补贴和其他人员经费等项目。②日常公用经费。它主要是指维持机构正常运转但不能归集到个人的各项支出。日常公用经费主要包括办公及印刷费、水电费、办公用房取暖费、办公用房物业管理费、公务用车运行维护费、差旅费、日常维修费、会议费、专用材料费、一般购置费、福利费和其他费用等项目。

2. 基本支出项目预算编制原则

基本支出项目预算编制原则主要有三点。①综合预算原则，指在编制基本支出预算时，各部门首先要将以前年度结余资金、其他资金、当年财政拨款、补助收入、非税收入等进行综合考虑，再结合支出预算情况进行合理分配安排。②优先保障原则，指各部门根据财力大小情况，结合本单位的工作需要，合理安排各项资金。具体表现为首先保障单位基本支出的合理需要，在本单位的日常工作得到正常运转的情况下，再履行其后续职能。③定员定额管理原则，指基本支出预算实行以定员定额为主的管理方式，同时结合部门的资产占有情况，建立实务费用定额标准，以实现资产管理与定额管理相结合。

3. 基本支出预算的测算

基本支出预算的测算主要是财政部门在部门预算的"一上"到"一下"①之间进行的，具体包括定额标准制定、人员数据核实、控制数测算和控制数下达四个阶段。①定额标准制定。财政部门根据规范的程序和方法，分别制定行政、事业单位和参公基本支出定额标准。②人员数据核实。财政部门根据各单位报送的人员基本情况进行整理，提取出测算基本支出所需的人员数据，并对人员数据及有关情况进行审核。③控制数测算。财政部门根据定额标准和核实的单位人员情况，结合部门基本支出结转情况，测算形成各部门的基本支出预算控制数或财政拨款补助数。④控制数下达。财政部门按照预算编制规程，在规定时间内，将定额标准和按定额标准计算形成的基本支出预算控制数或财政拨款补助数下达给部门或单位。

4. 基本支出预算的编制

各部门在财政部门下达的基本支出控制数或财政拨款补助数内，根据本部门的实际情况和国家有关政策、制度规定的开支范围和开支标准，在人员经费和日常公用经费各自的支出经济分类之间，自主调整编制本部门的基本支出预算，并在规定时间内报送财政部门。

（二）部门项目支出预算编制

1. 项目支出概念及特点

项目支出是各个部门为完成其特定的行政工作任务或事业发展目标而安排的支出。主要包括基本建设、有关事业发展专项计划专项业务费、大型修缮项目、大型购置项目、大型会议项目等。其特征包括：①专项性，项目支出预算的专项性体现在预算与业务紧密结合，项目支出预算是为完成特定工作任务而编制的经费支出计划，那么针对不同的目标或任务应分别设立不同的项目；②独立性，每个项目支出预算应有其支出的明确范围，项目之间的支出不交叉不重叠，项目支出与基本支出之间也不能交叉；③完整性，项目支出预算应包括完成特定目标或任务所涉及的所有经费开支。

2. 项目的分类

项目具体分为一级项目和二级项目两个层次。①一级项目。一级项目是按照部门主要职责设立并由部门作为项目实施主体的项目。一级项目明细到支出功能分类的款级科目。按照使用范围，部门一级项目分为通用项目和专用项目。通用项目指根据部门的共性项目设立并由各部门共同使用的一级项目，由财政部门根据管理需要统一设立；专用项目指部门根据履行职能的需要自行设立和使用的一级项目，由部门提出建议，报财政部门核准后设立。每个一级项目都包含若干个二级项目。②二级项目。二级项目包括在现有项目的基

---

① 部门预算编制的两上"两下方式"："一上"为各部门预算单位向财政部门报送单位信息、人员信息、项目信息；"一下"为财政部门将审核无误的部门预算信息要素下发给各部门预算单位；"二上"为各部门预算单位在预算管理一体化系统中编制部门预算；"二下"为财政部门将人大常委会通过的部门预算批复至各预算单位。

础上规范整合而成的项目和新设立的项目，立项单位为项目实施主体。二级项目明细到支出功能分类的项级科目。按照项目的重要性，二级项目被划分为重大改革发展项目、专项业务费项目和其他项目三类。一是重大改革发展项目，指中央、国务院文件明确规定中央财政给予支持的改革发展项目，以及其他必须由中央财政保障的重大支出项目等；二是专项业务费项目，指部门为履行职能，开展专项业务而持续、长期发生的支出项目，如大型设施、大型设备运行费，执法办案费，经常性监管、审查经费，以及国际组织会费、捐款及维和支出等；三是其他项目，指除上述两类项目之外，部门为完成特定任务需要安排的支出项目。

3. 项目支出的预算管理

为了使政府预算从单纯控制收支的工具，向成为政府进行国家治理、实施宏观调控的重要手段转变，项目预算主要目标由传统的强调投入分配和支出保障功能，转向实现政府主要职能和中长期公共政策目标，突出预算的规划功能，发挥预算作为政策实施工具的作用。

（1）项目设置及管理方式。项目设置要规范合理，要反映部门主要职责并具备可执行性，在保障合理需要的前提下，突出重点，同时要有效避免项目间年度交叉重复。从项目管理方式来说，实施项目分级管理，是将部门的具体项目按照部门职责、行业或领域规划、项目内容等归集，形成若干个相对稳定的支出项目。

（2）项目库管理。项目库是对财政预算支出进行规范化、程序化管理的数据库系统，也是预算支出管理的一项极为重要的制度。项目库应当包含当前年度和未来年度的所有支出项目。理论上政府所有的预算项目都应被纳入项目库管理，列入预算安排的项目必须从项目库中选取。

（3）项目及预算的评审、评价。项目评审要嵌入预算编制流程，即进入项目库的项目在原则上要过评审，包括部门评审和财政部门评审。第一，部门审核和评审。审核和评审的内容主要包括完整性、必要性、可行性和合理性等方面。通过审核和评审，部门要对二级项目进行优先排序。排序将作为预算和规划安排的重要参考因素。第二，项目支出预算及项目库的申报。一是项目支出预算的申报。按照财政部门要求的分年度项目支出控制规模，部门根据项目的优先排序情况，将项目列入预算和规划中，再向财政部门申报预算。二是项目库的申报。按照财政部门要求的分年度项目库控制规模，部门根据项目的优先排序情况，向财政部门申报项目。第三，项目预算评审。预算评审是完善预算编制流程，提高预算精准性的重要措施。通过开展预算评审工作，建立健全预算评审机制，将预算评审实质性嵌入部门预算管理流程。第四，强化评审结果的运用，部门将评审结果作为项目入库、申报和调整的重要依据，财政部门将评审结果作为预算安排的重要依据。

六、部门预算的编制程序

（一）预算编制基本程序

部门预算的编制实行"两上两下"，即自下而上、自上而下的程序。具体来讲分为以下七点。①每年定期由财政向各部门布置预算编制工作，具体说明预算编制的有关事项。

②各部门在规定时间内将部门收支预算建议计划（含基层单位预算）上报财政主管部门。③财政主管部门根据资金性质（基本建设、科技三项费、离退休经费、公费医疗经费、住房基金、办案费、排污费、水资源费、城市维护费等专项支出），将部门预算建议计划分送各业务部门进行初审；业务部门审定后，报主管部门统一编制部门预算。④财政部门将汇总后的分预算科目、分部门的预算报主管政府综合平衡。⑤预算经政府平衡后，财政向各部门下达收支预算控制总额。⑥在规定时间内各部门（含基层单位预算）将调整后的预算计划报财政部门。⑦财政将汇总的预算建议计划报政府、党委审定，形成的政府预算草案提交人民代表大会审议。经人民代表大会批准的预算由财政部门向各部门（含基层单位预算）批复下达。

（二）我国部门预算编制的具体程序及要求

我国《预算法》第三十一条规定：国务院应当及时下达关于编制下一年预算草案的通知。编制预算草案的具体事项由国务院财政部门部署。即国务院每年都要在分析当年经济运行基本情况、对下年经济走势做出预测的基础上，下达编制下一年预算草案的指示，明确预算编制的指导思想、重要的收支政策、预算编制办法、报送程序、期限等重要事项。财政部负责部署编制预算草案的具体事项，如修订预算科目、预算报表等。财政部门还要在总结本级各部门、各单位预算执行情况，结合历年预算收支变化规律、当年经济发展趋势、相关收支安排措施落实情况等的基础上，对当年预算收支情况进行分析，做出全年收支执行情况预计。

《预算法》第三十二条第一款规定：各级预算应当根据年度经济社会发展目标、国家宏观调控总体要求和跨年度预算平衡的需要，参考上一年预算执行情况、有关支出绩效评价结果和本年度收支预测，按照规定程序征求各方面意见后，进行编制。第三十二条第三款规定：各部门、各单位应当按国务院财政部门制定的政府收支分类科目、预算支出标准和要求，以及绩效目标管理等预算编制规定，根据其依法履行职能和事业发展的需要以及存量资产情况，编制本部门、本单位预算草案。

1. 部门三年支出规划的编制程序及要求

部门编制预算，对一般公共预算和政府性基金预算拨款收入均应编制三年滚动支出规划，与预算年度的部门预算同步进行，基本程序如下。

（1）基本支出规划编制。"一上"时不编报基本支出规划。"二上"时，部门编制的基本支出规划分年数与预算年度基本支出预算数应保持一致。涉及三年滚动规划中的后两年基本支出的重大调整政策，由财政部门测算并编入规划。如因人员、编制或机构变化，需调整后两年规划的，待编制相关年度预算时调整。

（2）项目支出规划编制。一是做好项目储备，部门要提前启动项目研究论证、编制立项、审核评审等工作；二是完善项目填报，所有入库项目都要设置绩效目标，并细化、量化为具体的绩效指标；三是加强项目的评审；四是科学合理地测算，根据轻重缓急，对备选项目进行排序，择优编制落实项目支出规划。

（3）部门报送规划。部门在规划控制规模内报送"一上"支出规划，财政部门对项目进行审核：通过审核的纳入财政部门项目库；需要调整的，由部门调整后重新上报；不符合政策规定的，明确为不予安排的项目，不得列入规划和预算。

（4）财政部门根据中期财政规划、财政政策、部门需求等进行综合平衡，核定下达部门三年支出规划控制数，明确一级项目和部分重点二级项目的分年控制数。

（5）部门调整编制规划。部门根据控制数调整编制三年支出规划报财政部门，各年度支出总额不得调整。

（6）财政部门审核汇总部门的三年支出规划，按程序报批后，正式下达给部门。

2. 年度部门预算编制程序及要求

（1）编报"一上"预算。一是填报基础信息数据库。部门按要求填报基础信息数据库，对预算年度人员编制、实有人数、机构设置等情况较上年发生变化的，要说明原因并提供证明文件。二是填报规范津贴补贴经费测算相关数据。三是对备选项目进行排序，择优编报项目支出预算。四是充分预计项目支出结转资金。五是报送项目支出定额标准建设情况。六是项目绩效目标的编制，确定部分重大支出项目开展绩效评价。七是编制新增资产配置预算。八是填报部门职能和机构设置等材料。

（2）核定"一下"预算控制数。财政部门根据中期财政规划、部门三年滚动规划部门需求等综合平衡后，核定下达部门财政拨款预算控制数。其中，基本支出控制数明确到功能分类项级科目，项目支出控制数明确到一级项目和部分重点二级项目。

（3）编报"二上"预算。一是预测收入与填报绩效目标；二是编制包含财政拨款和非财政拨款在内的"全口径"基本支出预算，财政拨款安排的基本支出严格按照财政部门下达的"一下"控制数编制；三是编制项目预算；等等。

思 考 题

1. 简述预算限额控制的概念。
2. 简述绩效管理规定的内涵。
3. 简述一般公共预算。

即 测 即 练

扫描此码
自学自测

第五章

政府预算的审查批准

　　政府预算的审查批准可以确保国家财政政策的合法性与规范性。通过审查批准政府预算，可以确保财政资金的使用符合法律法规的规定，防止出现违法违规行为。这有助于维护国家的法制权威和公共利益，保障经济社会的正常运转。同时，审查批准政府预算还可以促进各级政府依法理财、规范管理，提高财政支出的效益和效率。政府预算的审查批准是保障国家财政安全、促进经济发展和社会稳定的重要程序之一，对我国的发展具有重要的影响。我们应该深入贯彻落实党的二十大精神，加强预算管理，完善监督机制，提高透明度，切实发挥政府预算在国家治理中的重要作用。

　　本章介绍了政府预算审查批准的相关理论与实践。通过本章的学习，理解预算审批的意义和主体，掌握预算审批的权限和类型，掌握预算审批的内容和流程，了解西方国家有关政府预算审批的流程和特点，思考我国预算审批中存在的问题和改进措施。

第一节　政府预算审查批准概述

　　预算审查批准（以下简称预算审批）是指预算在具有法律效力之前，相关部门（主要是财政部门）对预算草案进行的审查，并在此基础上立法机关对预算草案进行审查和批准的过程。通过立法机构的批准，使预算成为一项有法律效力的预算，并作为实施计划年度预算的基础。

一、预算审批的意义

（一）合理分配资源，增强统筹规划能力

　　政府财政的预算审批管理对政府各职能的实施及政府行政效率的提高具有非常重要的意义。预算管理能够根据活动的性质及各方面因素对活动进行合理的预测和筹划。但是国家财政资源是有限的，因此，在一定的财政年度内应该将资源进行最优配置。政府预算作为综合性的财政收支计划，必须从宏观上进行统筹规划。财政部门作为一国财政资金的管理者，其对财政政策和资金状况的信息掌握程度是相对比较全面、充分的。但在现实中由于存在一定的信息不对称的情况，管理者对各支出部门具体编报预算情况的信息掌握程度并不完整。同时，各支出部门在编制预算草案时会在某种程度上具有超出实际需要而多编预算的风险动机，但这并不影响财政部门对于整体财政资金的掌握程度。由于财政部门对各部门收入和支出都做出了详细安排，新的预算年度开始后，收入征管部门按照规定组

织收入，财政部门按照预算拨付资金，各支出部门得到资金后按照事先安排开展工作。这样就能有利于政府及其部门对所要做的工作早做准备，按计划开展，在很大程度上提高预算的统筹性，对资源进行合理分配，避免工作的盲目性。

（二）确保了政府预算的法律效力

政府预算的审查批准，是政府必须履行的法律程序。《中华人民共和国预算法》规定，国务院在全国人民代表大会举行会议时，向大会做关于中央和地方预算草案的报告；地方各级政府在本级人民代表大会举行时，向大会做关于本级总预算草案的报告。中央预算由全国人民代表大会审查和批准；地方各级政府预算由本级人民代表大会审查和批准。这表明政府预算编制完成以后，并不意味着真正形成了具有法律意义的当年年度预算，还必须经过人民代表大会的审查和批准后才能成为一个法律文件。经过人民代表大会审查、修改和批准后的政府预算具有了法律的严肃性，代表了人民对于政府预算安排的认可和信任，有利于政府预算的顺利实施。

政府预算是"取之于民，用之于民"的预算。对政府预算的讨论决定和对预算执行情况的监督，是人民群众参与国家事务管理的重要体现。国家权力机关对政府预算的审查批准过程，就是一个听取民意、汇聚民智的过程。保证政府所花费的经过预算审批的每一分钱，都能确实有效地作用在全体社会成员身上，有效促进社会经济的发展。

（三）促使政府预算更加透明化

预算公开是公共预算的重要特征，是人民基本知情权的前提保证。没有公开透明的预算，就没有人民的参政议政，也就没有法治、廉洁和责任政府。预算是公众了解、监督、约束政府行为最有效的工具。在预算审批阶段，预算草案的公开范围仅仅为立法机关或部分内容向人民群众公开，公开的内容和范围十分有限，透明度有待提高，而经过审批后的政府预算会面向全社会公开，让全体社会成员全面、准确地了解政府的预算方案，确保了全体民众的知情权和监督权，同时也提高了政府预算的透明度。

（四）规范政府行为，强化预算约束

（1）立法机关与政府之间。随着经济社会的快速发展，政府财政收支额度也在迅速增长。预算审批强化了预算约束，努力管好政府的"钱袋子"。从某种程度来讲，立法机关审批预算是一种改进整个政府行政管理组织的非常重要的手段。通过政府预算程序来批准政府开支，并为政府的各项计划筹集款项。由于财政资金的充裕程度会直接决定政府的决策和其执行效果，因此，一旦出现资金短缺，将出现难以支持政府决策执行的情况，而且这种情况一旦出现，任何权力都将无法获得行使。预算审批不仅是对财政资金的技术性审查，更是对国家行政机关治理事务的年度审批。也就是说，预算审批确保了任何权力行使的可行性。立法机关行使所掌握的权力，对行使权力的范围进行重新调整限制。当权力被限制在适当的范围，以及被公开分配在特定部门时，就产生权力限制的效果。

（2）政府与社会公众之间。预算审批不仅能够对政府权力进行约束，也保障了民众对于政府资金用途的知情权和监督权。预算审批执行的过程向全体社会成员提供了与政府执

行政策相关行为的可靠的、令人信赖的必要信息，使其可以通过预算文件来了解政府的执政状况。这不仅加强了民众与政府之间的联系，真实的、公开透明的信息也让社会公众可以更有效地对政府行为予以监督，促使政府在行使权力时更加负责，保证每笔资金都取之于民，用之于民。

预算审查与批准，可以划分为审查权与批准权两项权能。通常情况下，多数国家的审查与批准是融为一体的。但在某些情况下，二者又是可以分离的。例如，我国《预算法》第二十、二十一条规定：全国人民代表大会审查全国预算（全国预算由中央预算和地方预算组成），县级以上地方各级人民代表大会审查本级总预算草案（各级总预算由本级预算和汇总的下一级预算组成），但批准的是中央预算或地方政府本级预算。预算审查与批准对象的区分，避免了旧体制下的尴尬，即上级人大和本级人大对同一预算的重复审批。如果审批结果高度一致，其中之一的审批行为便是资源浪费；如果审批结果相互冲突，效力认定便会陷入两难。但是，审查却无批准后盾，其效用值得怀疑。另一种审查而不批准的主要情形是，在编制多年期预算的情况下，对多年期预算通常只审查而不进行批准，即只批准当年预算。

二、预算审批的主体

政府预算审查和批准的主体是立法机关。

（一）我国预算审批主体

人民代表大会制度坚持党的领导、人民当家作主、依法治国有机统一。《中华人民共和国宪法》赋予了各级人民代表大会及其常务委员会对各级政府预算审查、批准和监督的权利。全国人民代表大会行使审查和批准国家的预算和预算执行情况的报告职权。当预算经过全国人民代表大会的审批后，表明政府提交的预算经过了人民的同意和认可，代表了人民的意志，是人民行使国家权力的体现。

我国预算分为中央预算和地方预算。中央预算的审查和批准权来自最高权力机关——全国人民代表大会，地方各级政府预算由地方各级人民代表大会审批。《中华人民共和国预算法》第二十条规定：全国人民代表大会审查中央和地方预算草案及中央和地方预算执行情况的报告；批准中央预算和中央预算执行情况的报告；改变或者撤销全国人民代表大会常务委员会会关于预算、决算的不适当的决议。

全国人民代表大会常务委员会会监督中央和地方预算的执行；审查和批准中央预算的调整方案；审查和批准中央决算；撤销国务院制定的同宪法、法律相抵触的关于预算、决算的行政法规、决定和命令；撤销省、自治区、直辖市人民代表大会及其常务委员会制定的同宪法、法律和行政法规相抵触的关于预算、决算的地方性法规和决议。

《中华人民共和国预算法》第二十一条规定：县级以上地方各级人民代表大会审查本级总预算草案及本级总预算执行情况的报告；批准本级预算和本级预算执行情况的报告；改变或者撤销本级人民代表大会常务委员会关于预算、决算的不适当的决议；撤销本级政府关于预算、决算的不适当的决定和命令。

县级以上地方各级人民代表大会常务委员会监督本级总预算的执行；审查和批准本级

预算的调整方案；审查和批准本级决算；撤销本级政府和下一级人民代表大会及其常务委员会关于预算、决算的不适当的决定、命令和决议。

乡、民族乡、镇的人民代表大会审查和批准本级预算和本级预算执行情况的报告；监督本级预算的执行；审查和批准本级预算的调整方案；审查和批准本级决算；撤销本级政府关于预算、决算的不适当的决定和命令。

（二）国际视角的预算审批主体

在西方国家的预算审批程序中，预算的批准权力属于议会。由于各国政体不尽相同，他们的立法机关的结构和名称也各有不同，通常可将立法机关分为两种类型：一院制和两院制。

1. 一院制

在实行一院制的国家中，政府预算直接由其批准。例如，瑞典、荷兰、西班牙等就是这种类型。

2. 两院制

在实行两院制的国家中，大部分国家议会的两院都有批准政府预算的权力。一般来说，两院中的下议院（或众议院）在预算的批准上拥有比上议院（或参政院）更大的权力，往往拥有预算先议权和最后批准权，美国、法国、德国、日本就是这种类型的国家。但也有一些国家，只有下议院才有批准政府预算的权力，上议院仅限于提出建议。这种情况的典型代表就是英国。

（1）英国。英国议会实行两院制，但只有下议院对预算审批拥有决定权。当下议院认为预算不符合财政原则时可以拒绝做出决议。上议院没有否决权，若上议院在一个月内拒绝通过，下议院可将预算法案直接送交英国国王签署后成为正式法律。英国政府预算审批分两步进行，即先通过收入法案，后通过拨款法案。对于收入草案，下议院可以修改但不能拒绝；对于支出草案，下议院可以削减，也可以拒绝，但不能增加。

（2）法国。法国的预算草案必须先经国民议会通过，再经参议院通过才能生效。如果在两院通不过，就由两院成立一个联合委员会，与政府共同讨论一个相互妥协的方案。但国民议会对政府预算拥有最终裁决权，即如果联合委员会仍然不能与政府达成一致，最后就由国民议会决定政府预算。法国宪法还规定，政府向议会提交预算草案后，议会超过规定期限（12月的最后几天）仍未做出决定的，总统有权下达从下年1月1日起执行预算草案的命令。

（3）德国。德国联邦总理通常于9月1日前将通过的预算草案提交联邦议院和联邦参议院。联邦议院一般对预算草案进行三读通过。一读一般在9月初，由德国财政部做关于政府财政政策的报告，代表各个党派的议员对草案提出基本看法。一读以后，联邦议院预算委员会做出具体的书面结论，并且传达到专业委员会和联邦参议院。根据一读的结论，德国财政部做相应调整并提交二读。二读由联邦议院预算委员会提交议会，对各个预算计划进行逐个决议。三读由联邦参议院进行第二轮审议。如果联邦参议院对预算有异议，必须在3周之内向两院的协调委员会提出。对于协调委员会提出的修改建议，议会必须重新决议。联邦议院和联邦参议院通过以后，预算草案即产生法律效力。

（4）日本。日本国会负责预算审批管理。日本国会实行众议院和参议院两院制，其中众议院拥有对预算的最终审批权。在实际审批过程中，众议院预算委员会首先对预算草案进行审查，然后召开听证会，大藏省长官和各部门长官陈述预算的政府思想和功能，回答议员们的质询，最后由众议院全体大会投票表决，随后进行修改并将众议院通过的预算草案送交参议院审议。参议院预算委员会审查后，参议院全体大会投票表决，若投票通过，则完成审批过程。若参议院表决未通过，参议院、众议院两院成立协调委员会进行协调。如果国会在接受预算草案后的30天内不能达成一致，则众议院的批准就代表国会的批准。日本国会在审批中主要对预算支出规模进行压缩，不能增加支出。

（5）美国：美国国会负责预算审批管理。美国预算审批相关组织如下。

①预算委员会。预算委员会是一个国会常设委员会，对国会编制预算负全面责任，决定预算中的原则性问题。其主要任务是核对预算中的收入、支出、盈余、亏空、公债总额。国会根据其建议通过相关预算决定。

②国会预算局。国会预算局是由专家而不是国会议员组成的国会预算管理机构，是一个专业、非党派的机构，目的是帮助国会客观公正而有效率地编制预算并审查行政机关提出的预算，对国会的预算编制提供客观、专业、及时的信息，进行与预算有关的各种估计、分析、研究，给总统管理和预算局编制的预算挑毛病，为国会编制预算服务。

③国会参众两院拨款委员会。参众两院拨款委员会是国会中权力很大的委员会。国会通过的拨款法案主要根据两院由资历较高的议员组成的拨款委员会的建议和报告来制定。全员的讨论限于政策性问题，拨款的数额基本上由拨款委员会决定。由于行政机关众多，拨款委员会往往按照行政体系的分工对应设立若干个拨款小组委员会，负责一定行政机关的具体拨款审批。

④拨款小组委员会。拨款小组委员会是实际掌握预算拨款权力的机关，拨款委员会向全院提出建议和报告，报告主要是根据小组委员会的建议和报告来写的。为了决定拨款数额，小组委员会必须了解他所主管的部门的计划和需要。小组委员会在决定拨款数额以前，通常举行听证会，要求有关的行政部门对其预算要求进行说明、解释和辩护。小组委员会认为必要时可以派遣委员会的专职成员，甚至委托国会外的专业人员对某一项目进行调查，提出报告，作为委员会决定拨款的参考。

⑤总审计署。总审计署隶属于国会，向国会负责并报告工作，职能是审计联邦财政预算执行结果，审查联邦各部门和公共机构的内部财务状况及其合法性、合理性及其经济效果。为了强化总审计署协助国会对预算进行审计的功能，国会通过立法赋予总审计署主动审计的职权，总审计署可以定期检查政府各部门管理和使用国会拨款的结果，可以就联邦资金使用状况和效率发表独立评价，向国会报告预算执行结果和决算审计情况①。

在议会制（不论是一院制还是两院制）下，预算草案的具体审核由议员中的各种常设委员会与其所属的各种小组委员会进行。其一般程序通常是要将待决议的年度预算草案分

---

① 肖鹏. 美国政府预算制度[M]. 北京：经济科学出版社，2014: 21.

发给负责预算收入和支出审议的各小组委员会，由小组委员会研究以后向预算委员会提出意见和报告书，由预算委员会提出决议，最后由议院大会审议表决。

强硬而且有能力的委员会能够使立法机关发挥其专长，并且能在政府预算决策过程中发挥更大的作用。一般来说，不同的委员会审理公共支出管理的方面不同。例如，财政或预算委员会审查收入和支出，公共会计委员会确保法律监督，部门或常设委员会处理部门政策和审查部门预算。并且这些委员会的活动应当得到有效协调。

在现代政府预算日益复杂和专业的情况下，立法机关及其委员会应当在掌握专门的知识的同时，确保政府预算审查的合理性。很多国家立法机关都提供了较好的硬件和软件条件来提升其成员对于预算的审查能力。

三、预算审批的权限

预算审批权限是指各级政府编制的预算草案，应由哪级权力机关审批后才能成为执行的依据。实际上，这是预算审批级次的问题。各国政府的预算都是由权力机关审批的，但在预算审批级次方面的做法又不太一致。在实行单一政体的国家中，预算级次一般分为中央预算和地方预算。国家最高权力机关审批国家预算，既包括中央预算，也包括各级地方预算，但也有些国家（如英国）的联邦议会只审批中央预算。在实行联邦制政体的国家中，预算一般分为联邦预算、州预算和各级地方预算。在这类国家中，各级权力机关只负责审批本级政府的预算，不审批下级预算。

我国多年来的做法是，全国人民代表大会审查和批准包括中央预算和地方预算在内的国家预算，县级以上的地方各级人民代表大会审查和批准包括本级政府预算和汇总的下一级总预算在内的本级总预算。这就出现了人民代表大会重复审批预算的问题，使预算审批法律关系不清。为解决这一问题，1995年实施的《中华人民共和国预算法》规定：全国人民代表大会审查中央和地方预算草案，批准中央预算；县级以上地方各级人民代表大会审查本级总预算草案，批准本级预算。也就是说，全国人民代表大会只批准中央预算，不批准地方预算；县级以上地方各级人民代表大会只批准本级政府预算，不批准汇总的下一级总预算。这样规定，可以较好地解决预算审批中存在的问题，同时也有利于增强各级人民代表大会和政府的责任。

四、预算审批的类型

由于预算在很大程度上受本国政治体制的影响限制，因此，在不同的政治体制下，预算审批的做法和程序都不尽相同。目前大部分发达国家都实行代议制。代议制是以议会为国家政治活动中心，由少数代表通过讨论或辩论进行主要立法和行政决策的政治制度和政权组织形式，亦称国会制。因代议方式不同，代议制政体分为议会君主制和议会民主制两种。在代议制的作用下，行政、立法、司法三种权力既相互独立又相互制衡。

（一）根据立法机关权力大小及预算审批作用的强弱划分

可将发达国家的预算审批分为两类。

一是立法机关权力较大，预算审批在预算管理流程中发挥实质性作用。例如，在美国，由于国会拥有可以和总统相抗衡的政治权力，因此，国会在审批预算时不仅可以自由增加或减少支出计划与经费额度，而且还可以自行起草预算案。实践中，国会与总统也经常就预算进行争议和冲突。

二是立法机关权力较小，预算审批的形式意义大于实质性作用。例如，英国、德国、日本，由于这些国家实行内阁制，政府由议会产生并对它负责，因此，通常议会对于政府提交的预算草案都会无条件通过。因为如果出现否决或大幅度修改预算草案的情况，将会被视为是对政府不信任的表现，会对发出质疑者产生重大的政治影响。

（二）按照立法机关修改政府预算法律权限不同划分

可将预算审批分为三种情况。

一是不受限制的权力。这是指立法机关无须行政部门同意就可以调整政府预算收支。总统制适合这种模式，但立法机关拥有的财权会受到总统否决权的制约（如美国和菲律宾）。这说明权力很大的立法机构影响着公共支出管理的两个首要目标（财政纪律和支出分配），并对第三个目标（实际管理）在某种程度上有间接影响。

二是受限制的权力。这是指立法机关修改政府预算的权力被限制在了规定的框架中，通常指在增加支出或减少收入的最大幅度内进行调整。这种权力的受限制程度各国不尽相同，像英国、法国和英联邦国家，议会不能提出增加支出的修正案，因而权力十分有限。德国允许提出这样的法案，但只有在征得行政部门的同意时才可以被允许。这说明权力受限制的立法机关只能影响公共资源的分配，并间接地影响运行管理。

三是平衡预算的权力。这是指为了保持预算的平衡，立法机关有权提出可实现政府预算均衡的措施，包括增减支出或收入。这种权力适中的制度安排旨在将立法机关的影响力集中于公共资源的配置上。

五、我国人民代表大会预算审查批准的特点

我国的人民代表大会制度与西方国家的议会制度一样，同为代议制度，自然就具有一些共同的规律，面临一些相同的问题。但还是与西方国家的议会制度存在明显不同。西方国家的议会制度有着多党制、三权分立的特征。我国《宪法》明确规定，中国共产党是中国革命事业的领导核心，我国人民代表大会在行使宪法规定的国家权力时，要坚持党的领导、人民当家作主和依法治国的有机统一。因此，人民代表大会在行使预算审查批准权时，也应当充分体现这一原则。

党的领导主要是政治领导，包括政治路线、重大政策方针、重大战略部署等。因此，在对政府预算进行审查批准的过程中，坚持党的领导，就是要审查预算草案是否充分体现了党中央关于我国经济社会发展的一些重大战略思想和战略部署、重大方针政策和发展要求等。坚持人民当家作主，就是要坚持国家的权力属于人民，发展是为了人民，发展要依靠人民。在进行预算审批的过程中，坚持人民当家作主的原则，就要充分体现公共财政的基本要求，即取之于民，用之于民；预算审批的过程作为一个公共选择的过程，要充分发扬人民当家作主的制度优势，充分满足人民的需求和偏好，促进经济的发展，保障人民的

需求尽最大可能的得到满足。依法治国是我国的基本治国方略。简单地说，就是一切事情都要严格依照法律的规定进行。在行使预算审批权利时，坚持依法治国，就是不仅要在预算审批的程序上严格按照宪法和法律的规定进行，同时，对于预算草案的内容也要充分体现宪法和法律的原则性和具体的要求。

六、预算审查的总体要求

根据我国《预算法》、全国人民代表大会常务委员会关于加强中央预算审查监督的决定以及相关法律法规的规定，人民代表大会代表（简称"人大代表"）在审查政府预算草案时，要对政府预算草案的合法性、完整性和真实性、政策性、合理性、绩效性等进行审查。

（一）合法性审查

合法性审查，就是看政府预算的编制是否遵循了《预算法》等法律的要求。首先从形式和程序方面看，预算编制的形式、编制的内容、编制时间、编制的程序都要符合法律、法规的要求。收支项目的分类、收支项目的统一性等都要遵循国家法律法规的具体规定，不能随意增加或减少。同时，从预算草案的具体内容看，预算的收入和支出安排都应当符合《预算法》和其他法律法规的具体要求等。这些都是合法性审查的要点。

（二）完整性与真实性审查

完整性与真实性审查，就是审查政府预算是否全面、完整、真实地反映了政府和部门的一切财政收支活动。特别是随着我国政府预算体系的完善，政府预算逐步涵盖了一般公共预算、政府性基金预算、国有资本经营预算和社会保险基金预算等，政府预算收支的范围要实现全覆盖；还要审查收支数字是否有假定、估算或任意编造，是否造了假账等。

（三）政策性审查

政策性审查，就是看政府预算是否体现了当年国家经济社会发展的政策方针，是否体现了政府宏观调控目标和工作重点。政府预算主要是通过预算收支范围的调整和预算收支结构的变动来贯彻和实现党和国家的方针政策，体现政府的工作重点。

（四）合理性审查

合理性审查，就是看政府预算确定的收支总量与收支结构是否科学合理，是否与国民经济社会发展状况和发展要求相适应，是否有利于满足社会公共需求，是否促进国民经济协调健康、可持续发展，是否有利于改善民生，是否有利于社会的和谐稳定。

（五）绩效性审查

绩效性审查，就是对预算执行的结果和预算项目的安排，从产出及取得效果的角度进行审查，评价预算执行情况及预算项目的安排是否科学合理。

在这些总体要求的指导之下，人大代表可以从收入审查、支出审查两个大的方面入手。通过整体审查和结构性审查等方式，分别对政府预算草案和部门预算的具体相关内容再进行重点审查。

第二节　政府预算审批的内容和流程

一、我国预算审查的主要内容

（一）财政部门审查的内容

中央财政预算草案是由财政部起草的。国家预算草案的汇编需要在财政部进行。在制定中央预算、汇总预算前，财政部要对各部门上报的部门预算，省、自治区、直辖市上报的预算进行审核，确保预算与党和国家的方针政策相一致，指标要积极可靠，处理好各种平衡关系。这一阶段的审计工作主要包括：预算收支有无亏空、预算收支科目是否无误、预算收入计算是否精确、预算支出有无缺口、汇总的部门预算与财政部门下达的预算支出控制数是否相符等。具体包括以下内容。

（1）预算编制是否符合现行预算体制和规章制度要求。如预算草案是否符合现行预算体制下对于预算收支范围划分、收支基数、留解比例或补助等转移支付的相关管理规定。

（2）预算收支的安排是否符合当下国民经济和社会发展规划指标以及政府预算指标的相关财政经济政策。例如，各部门单位是否按照规定的人员编制、定额、开支标准编制；各地方预算的收入是否符合中央下达的任务指标，预算支出是否符合政府规定的各项事业计划等。

（3）编制预算的资料是否齐全，编制内容是否符合要求，与编制预算相关联的资料衔接是否准确，有无技术性和数字上的差错等。

（4）预算是否真实可靠，是否完整，是否隐瞒、少列按照规定必须列入预算的收入，有无细化预算。①在编制预算时，编制部门很可能为了维护本地区或本部门的利益而隐瞒其真实的家底状况，导致反映出的预算并不完整真实。因此在审查时要重点关注、着重审查其预算是否真实、完整。②《预算法》第四十六条规定：报送各级人民代表大会审查和批准的预算草案应当细化。这一规定为编制预算提供了明确的法律依据，同时也要求预算审查按照法律规定进行。一方面，细化预算审查使预算细化到部门、项目，有利于各级人民代表大会履行立法监督职能，有利于审计部门履行财政审计职能，社会各界也可以清晰地了解预算的编制与执行情况，发挥社会监督作用。另外，也可以更好地了解到各部门真实的实际需求，避免"虚报""谎报"预算现象的出现，明确实际预算数，使得每一笔财政支出都得到最有效的运用。

（二）收入审查

收入编制的审查内容具体如下。

（1）在遵守《预算法》的相关规定时：收入计划是否与当前经济社会发展水平相适应，与财政政策是否衔接；各级政府、各单位、各部门是否依照《预算法》的规定，将所有政府收入全部列入预算；收入是否存在隐瞒、少列。

（2）收入计划是否符合税收及收费的相关法律法规。

（3）收入计划构成是否合理。将各项收入计划与上年完成数进行对比，找出增减变化因素；计算各项收入计划占收入的比重，结合当地经济结构进行比较，编制最符合当地政府经济状况的收入计划。

(三) 支出审查

支出审查的主要内容包括：预算支出结构情况；是否贯彻勤俭节约方针；确保重点，统筹兼顾，在保证政府公共支出合理需要的前提下，优先安排国家确定的重点支出，妥善安排其他各类预算支出。

(四) 各级人民代表大会审查内容

根据《预算法》第四十八条规定：全国人民代表大会和地方各级人民代表大会对预算草案及其报告、预算执行情况的报告重点审查下列内容。

(1) 上一年预算执行情况是否符合本级人民代表大会预算决议的要求。

(2) 预算安排是否符合本法的规定。

(3) 预算安排是否贯彻国民经济和社会发展的方针政策，收支政策是否切实可行。

(4) 重点支出和重大投资项目的预算安排是否适当。

(5) 预算的编制是否完整，是否符合本法第四十六条的规定。

(6) 对下级政府的转移性支出预算是否规范、适当。

(7) 预算安排举借的债务是否合法、合理，是否有偿还计划和稳定的偿还资金来源。

(8) 与预算有关重要事项的说明是否清晰。

在现代国家治理中，政府预算是对一国公共财政收入、支出的全面预估、统筹和择优抉择，是"受民众之托、代民众理财"的公共选择行为，也是国家管理经济事务，实施宏观调控的主要手段之一。政府预算不仅关系到国家财政的稳健和宏观经济的稳定，更直接关系着社会的民生福祉和整个社会的和谐安定。由于预算的专业性、法律性和政策性等特点，人民代表大会在短时间内很难全面有效地对预算草案进行审查。因此，在进行预算审查时，应积极创造条件，实行预算分项审批，对预算有重要影响的内容要明确列示并重点审查，为各级人大代表加强对预算的审查批准创造有利条件。这也有助于在审查批准的过程中把握重点，迅速抓住要害，保证在不遗漏审查重点的同时，对预算进行深入细致的审查。不仅提高了预算审查批准的质量，也有利于财政部门在撰写政府预算文本时更有针对性和目标性。

(五) 预算收支平衡审查

在现实的实践中，很少存在收支绝对相等的情况。因此，收支平衡、略有结余是财政预算编制的基本要求，预算平衡审查的具体内容如下。

(1) 注意审查的两种倾向。一是地方赤字预算，不允许地方财政编制赤字预算；二是结余多，保守求稳。

(2) 有无虚假平衡。审查预算收支计划有无搞假平衡、真赤字，或假赤字、真结余的问题，还要注意有无隐蔽的不平衡因素。例如，安排基建"钓鱼"工程，从当年安排的支出看数额不大，但大宗的开支都在以后年度，给以后年度带来不平衡因素等。

(3) 是否根据现行规定按预算总额设置一定的预备费，以保证预算的可靠性和稳定性。

二、预算审批的流程

1. 我国传统的预算审批程序

在原来高度集中的计划经济体制下,我国基本实行统收统支的财政预算管理体制,即财权财力高度集中于中央一级,所以在预算审批管理方面也是实行集权式的审批程序。

在预算的编制过程中,各级政府财政机关首先应对本级的各部门、各单位预算和下级政府财政预算草案进行审查。

各级总预算经过层层审核汇编,最后由财政部汇编成国家预算草案,并附以简要的文字说明,上报国务院。经国务院审查批准后,提请全国人民代表大会审查批准。

全国人民代表大会审查批准国家预算草案的过程如下:首先由财政部长代表国务院向全国人民代表大会做关于上年国家预算执行情况和本年国家预算草案的报告。再由全国人民代表大会财政经济委员会(简称财政经济委员会)对国家预算和预算执行情况报告进行全面审查,并向全国人民代表大会主席团报告审查结果,做审查报告,提请大会讨论审议。经过大会讨论审查通过后,由全国人民代表大会做出审查批准决议。

国务院根据全国人民代表大会批准国家预算的决议,对国家预算进行必要的修订,并分别核定中央预算和地方预算。省(自治区、直辖市)人民政府根据国务院核定的预算修改地方预算,报请同级人民代表大会审查批准后,再分别核定本级主管部门的单位预算和所属市、县预算。

国家预算经过全国人民代表大会审查批准后,即具有法律效力。各地区、各部门、各单位都要贯彻执行。

2. 我国现行预算审查批准程序

审查和批准预算的过程分为各级政府财政部门对预算草案的初步审核、各级人民代表大会对预算草案的初步审核、各级人民代表大会对预算草案的审查和批准、批复及备案阶段。

(一)各级政府财政部门对预算草案的初步审核

各级政府及其财政部门对本级各部门、各单位预算草案的编制和下级政府预算草案的编制都要进行指导和监督。同时,各级政府财政部门在编制本级预算草案和汇总本级总预算草案之前,还要对本级各部门预算草案和下级政府预算草案进行初步的审核。以上内容反映在下列程序之中。

(1)每年11月10日前,国务院向省、自治区、直辖市政府和中央各部门下达编制下一年度预算草案的指示,提出编制预算草案的原则和要求。

(2)财政部根据国务院编制下一年度预算草案的指示,部署编制预算草案的具体事项,规定预算收支科目、报表格式、编报方式,并安排财政收支计划。

(3)中央各部门应当根据国务院的指示和财政部的部署,结合本部门的具体情况,提出编制本部门预算草案的要求,具体布置所属各单位编制预算草案。

(4)每年12月10日前,中央各部门负责本部门所属各单位预算草案的审核,并汇总编制本部门的预算草案,报财政部审核。

(5)省、自治区、直辖市政府根据国务院的指示和财政部的部署,结合本地区的具体情况，提出本行政区域编制预算草案的要求。

（6）按照规定期限，县级以上地方各级政府财政部门审核本级各部门的预算草案，编制本级政府预算草案，汇编本级总预算草案，经本级政府审定后，报上一级政府。

（7）县级以上各级政府财政部门审核本级各部门的预算草案时，发现不符合编制预算要求的，应当予以纠正；汇编本级总预算时，发现下级政府预算草案不符合国务院和本级政府编制预算要求的，应当及时向本级政府报告，由本级政府予以纠正。

（8）下一年1月10日前，省、自治区、直辖市政府财政部门汇总的本级总预算草案报财政部。

（9）财政部审核中央各部门的预算草案，编制中央预算草案；汇总地方预算草案；汇编中央和地方预算草案。

由于我国全面推行部门预算制度，要求预算从基础单位编制逐级上报，不允许上级部门替下属单位代编，因此预算编制汇总的时间相对延长。为适应这一变动，各级政府和财政部门把预算编制的时间作了提前：国务院下达编制预算的指示提前到9月初，提前了2个多月；下达预算控制数的时间在全国人民代表大会开会之前，提前了3个月；财政部批复预算的时间比以前提前了3～5个月。

（二）各级人民代表大会对预算草案的初步审核

各级人民代表大会对预算草案的初审是指在召开人民代表大会之前，由财政经济委员会或地方人民代表大会常务委员会有关的专门委员会对预算草案的主要内容进行初步审查。

1. 提交初步审查的时间

关于提交初步审查的时间，具体参考《中华人民共和国预算法》第四十四条规定：国务院财政部门应当在每年全国人民代表大会会议举行的四十五日前，将中央预算草案的初步方案提交全国人民代表大会财政经济委员会进行初步审查。

省、自治区、直辖市政府财政部门应当在本级人民代表大会会议举行的三十日前，将本级预算草案的初步方案提交本级人民代表大会有关专门委员会进行初步审查。

设区的市、自治州政府财政部门应当在本级人民代表大会会议举行的三十日前，将本级预算草案的初步方案提交本级人民代表大会有关专门委员会进行初步审查，或者送交本级人民代表大会常务委员会有关工作机构征求意见。

县、自治县、不设区的市、市辖区政府应当在本级人民代表大会会议举行的三十日前，将本级预算草案的初步方案提交本级人民代表大会常务委员会进行初步审查。

为了顺利开展对预算的实质性审查，立法机关及其专门委员会就必须对预算草案的初审时间有严格的保障。目前规定提交初审的时间由过去的一个月增加到四十五天，这给进行初步审查的相关工作机构提供了更加充足的审查时间，使政府预算更加合理、符合规定，同时也保证了政府预算的高效性。

2. 初步审查的程序

按照《中华人民共和国预算法》的规定，初步审查的程序包括以下内容。

（1）根据《中华人民共和国预算法》第四十五条规定：县、自治县、不设区的市、市辖区、乡、民族乡、镇的人民代表大会举行会议审查预算草案前,应当采用多种形式,组织本级人民代表大会代表,听取选民和社会各界的意见。这一规定大大提高了初审过程的民主性和公开性。

(2)各级人民代表大会财政经济委员会或专门委员会首先对政府预算草案进行初步审查。在初步审查时,设区的市、自治州以上各级人民代表大会有关专门委员会进行初步审查,常务委员会有关工作机构研究提出意见时,应当邀请本级人民代表大会代表参加。在对各级政府预算草案等进行初步审查后,要提出初步审查意见。

(3)对各级人民代表大会常务委员会、财政经济委员会(专门委员会、有关工作机构)提出的意见,本级政府财政部门应当将处理情况及时反馈。

(4)对各级人民代表大会常务委员、财政经济委员会(专门委员会、有关工作机构)提出的意见,以及本级政府财政部门反馈的处理情况报告,应当印发本级人民代表大会代表。

(三)各级人民代表大会对预算草案的审查和批准

按照《中华人民共和国预算法》的规定,各级人民代表大会对预算草案的审查和批准的具体程序如下。

1. 政府部门有关负责人向人民代表大会作关于预算草案的报告

根据《中华人民共和国预算法》第四十七条规定:国务院在全国人民代表大会举行会议时,向大会作关于中央和地方预算草案以及中央和地方预算执行情况的报告。

地方各级政府在本级人民代表大会举行会议时,向大会作关于总预算草案和总预算执行情况的报告。

政府向立法机构报告预算草案不仅保证了政府财政的透明性,还强化了政府的公共受托责任。近年来,随着我国经济的快速发展,我国财政支出不断增加,使得中央政府和地方各级政府所承担的公共受托责任的内容和范围不断扩大。另外,社会公民对于政府预算的监督意识也在不断提高。因此,政府向人民代表大会作关于预算草案的报告使各级人民代表大会能够了解确定预算收支目标的具体情况。

与此同时,《中华人民共和国预算法》第八十五条规定:各级人民代表大会和县级以上各级人民代表大会常务委员会举行会议时,人民代表大会代表或者常务委员会组成人员,依照法律规定程序就预算、决算中的有关问题提出询问或者质询,受询问或者受质询的有关的政府或者财政部门必须及时给予答复。

2. 财政经济委员会作关于对政府预算草案的审查结果报告

根据《中华人民共和国预算法》第四十九条规定:全国人民代表大会财政经济委员会向全国人民代表大会主席团提出关于中央和地方预算草案及中央和地方预算执行情况的审查结果报告。

省、自治区、直辖市、设区的市、自治州人民代表大会有关专门委员会,县、自治县、不设区的市、市辖区人民代表大会常务委员会,向本级人民代表大会主席团提出关于总预算草案及上一年总预算执行情况的审查结果报告。

审查结果报告应当包括下列内容:

（1）对上一年预算执行和落实本级人民代表大会预算决议的情况做出评价；

（2）对本年度预算草案是否符合本法的规定，是否可行做出评价；

（3）对本级人民代表大会批准预算草案和预算报告提出建议；

（4）对执行年度预算、改进预算管理、提高预算绩效、加强预算监督等提出意见和建议。

预算审查结果报告是财政经济委员会及地方各级相关委员会对预算草案、预算执行情况进行初步审查的结果。关于预算审查结果报告，全国人民代表大会常务委员会以及省、自治区、直辖市、设区的市、自治州人民代表大会要认真履行各自的职责，并在审查结果报告中对于上一年的预算执行情况进行全面的总结回顾和反思，并对于本年度的政府预算草案进行全面的评估和合理评价，更好地为计划年度的预算奠定良好的基础。

3. 大会批准

经过人民代表大会审查并通过报告以后，大会做出批准本级预算草案的决议，并应当在批准后的二十日内由本级政府财政部门向社会公开。政府预算草案经过人民代表大会审查批准后，就成为具有法律效力的文件，各地区、各部门、各单位都要据此来严格贯彻执行。

（四）预算的批复

预算批复指政府预算经同级人民代表大会批准成为具有法律效力的文件之后，财政部门将预算批复给各个职能部门，再由各部门批复给各个预算单位，以便各个部门依据此批复执行预算。

按照《中华人民共和国预算法》第五十二条规定：各级预算经本级人民代表大会批准后，本级政府财政部门应当在二十日内向本级各部门批复预算。各部门应当在接到本级政府财政部门批复的本部门预算后十五日内向所属各单位批复预算。

中央对地方的一般性转移支付应当在全国人民代表大会批准预算后三十日内正式下达。中央对地方的专项转移支付应当在全国人民代表大会批准预算后九十日内正式下达。

省、自治区、直辖市政府接到中央一般性转移支付和专项转移支付后，应当在三十日内正式下达到本行政区域县级以上各级政府。

县级以上地方各级预算安排对下级政府的一般性转移支付和专项转移支付，应当分别在本级人民代表大会批准预算后的三十日和六十日内正式下达。

对自然灾害等突发事件处理的转移支付，应当及时下达预算；对据实结算等特殊项目的转移支付，可以分期下达预算，或者先预付后结算。

县级以上各级政府财政部门应当将批复本级各部门的预算和批复下级政府的转移支付预算，抄送本级人民代表大会财政经济委员会、有关专门委员会和常务委员会有关工作机构。

各级预算草案批准后，财政部门及时办理批复预算手续，能够保证各级预算的执行。但是在人民代表大会批准预算草案后，还要经过一段协商过程才能将预算细化到部门、项目。一方面，如果财政部门、相关主管部门未及时批复预算，使得批复预算的日期超过法定时限，会使预算缺乏透明度，失去严肃性。另一方面，当项目资金没有在规定的时间分配下达，会导致无法进一步执行项目，影响预算执行的进度，降低了财政资金的使用效益，弱化了预算约束力。因此，通过对各个环节规定预算批复的期限，可以保证预算的执行效率，推动政府预算管理的进程。

在法定预算批复期限内还应该注意预算批复的精细化。预算批复不够精细化会导致预算执行的不规范。因此，在进行预算批复时应该注意以下两方面。

（1）精细化批复重点预算支出项目。

（2）精细化批复社会关注度高的经费预算项目。

（五）预算的备案

为加强上一级政府和本级人民代表大会常务委员会对下一级预算的监督，我国建立政府预算备案制度。

据《中华人民共和国预算法》第五十条规定：乡、民族乡、镇政府应当及时将经本级人民代表大会批准的本级预算报上一级政府备案。县级以上地方各级政府应当及时将经本级人民代表大会批准的本级预算及下一级政府报送备案的预算汇总，报上一级政府备案。

县级以上地方各级政府将下一级政府依照前款规定报送备案的预算汇总后，报本级人民代表大会常务委员会备案。国务院将省、自治区、直辖市政府依照前款规定报送备案的预算汇总后，报全国人民代表大会常务委员会备案。

《中华人民共和国预算法》第五十一条规定：国务院和县级以上地方各级政府对下一级政府依照本法第五十条规定报送备案的预算，认为有同法律、行政法规相抵触或者有其他不适当之处，需要撤销批准预算的决议的，应当提请本级人民代表大会常务委员会审议决定。

这些规定加强了上一级政府和本级人民代表大会常务委员会对下一级预算的监督。

三、政府预算报告

（一）政府预算报告的框架体系

政府预算报告，全称是政府财政预算执行情况和预算草案报告，是政府财政部门的行政负责人受本级人民政府的委托，向同级人民代表大会报告上一年度财政预算执行情况和本年度预算安排草案的书面文字材料。政府预算报告的框架结构通常采取三段连体式报告，主要内容的构成包括标题、报告时间、会议名称、报告人职务、姓名和正文等。从总体结构来看，政府预算报告分为三个部分。

第一部分，主要报告上一年度的财政预算执行情况，包括：财政收支总额及主要项目实际完成情况，完成预算的百分比，比上年实际完成数增减的百分比，造成变化的主要原因，为完成年度预算任务所做的主要工作，以及当前工作中存在的困难和问题。

第二部分，主要报告本年度预算草案，包括：预算安排的政策依据、指导思想、基本原则、主要增减因素、财政收支总额和各主要项目的安排意见，以及实现财政预算的有利条件和不利因素。县级以上地方政府财政部门在报告本级预算安排情况的同时，还需汇总下级财政预算，报告总预算情况。

第三部分，主要报告确保完成全年财政预算的主要思路及具体工作措施。

（二）政府预算报告的特点

按照相关法律、法规和人民代表大会的监督审议要求，我国的政府预算报告具有以下特点。

1. 预算报告程序的合法性

审查和批准财政预算草案是全国及地方人民代表大会的重要职权之一。预算报告通篇贯穿《中华人民共和国预算法》及其实施的具体条例要求，全面、准确报告政府预算执行及安排情况，报告新增项目支出、债务等重点审查内容，支持配合人民代表大会预算审查重点向支出预算和政策拓展，实现重大事项应报必报。

2. 预算报告数据的准确性

任何国家的政府预算都必须经过立法机关的审查和批准，并接受立法机关的监督和审计部门的审计。因此，向立法机关和审计部门提交的与政府预算报告相关的数据必须真实准确，与预算相关的会计账务处理要严格按照相关规定进行，预算会计报表必须依法、依规如实反映，且要有证据证明其真实可靠。

3. 预算报告内容的完整性

完整的政府预算报告应该包括完整的预算收支项目，全面反映政府的财政收支活动。近年来，随着预算编制制度的不断革新和对预算审查监督力度的持续加大，政府预算报告的内容也在持续完善，内容相较于之前也更加细化。同时，部门预算和财政专项资金预算也一并随同预算草案提请人民代表大会进行审议，预算草案的完整性在不断增强。

4. 公开透明的政府预算报告

政府预算报告是经过各级人民代表大会审议批准的、具有法律效力的正式文件，是重要的法律文本。根据政府信息公开的要求，政府预算报告需要采取一定形式对外公开。公开的政府预算报告，提高了财政透明度，推动权力在阳光下运行，强化对权力运行的制约和监督。公开透明的政府预算报告也给社会民众提供了合理的监督途径，社会民众能够通过公开的政府预算报告切实监督关注政府的工作进度，也能提高政府工作的效率。

政府预算报告是政府财政预算总体情况的说明。但它对审查预算草案也非常重要。因为它提供了上年度预算的执行情况，作为本年度预算的基础，可以通过比较判断本年度预算安排及相关政策是否适当；它明确了本年度财政预算的指导思想和支出重点，可以作为审查具体项目支出的主要依据。

四、政府预算草案

政府预算草案分为全国预算草案和部门预算草案两种。

（一）全国预算草案

全国预算草案是按照目前提请全国人民代表大会审议的各类预算编制的，包括公共财政预算、政府性基金预算、国有资本经营预算等。全国预算草案每一部分都以预算报表及说明的形式出现，由上一年中央、地方及全国预算执行情况表及说明和本年度中央、地方和全国预算收入、支出预算表及说明组成。预算审查的重点应当是本年度中央政府（地方本级政府）预算收入和支出表及说明。作为全国人大代表，应当重点审查以下内容：全国公共财政收入、支出预算表，中央公共财政收入、支出预算表，以及关于预算收入、支出预算（草案）的说明；中央对地方税收返还和转移支付预算表，以及关于对地方税收返还和转移支付预算（草案）的说明；全国政府性基金收入、支出预算表，中央本级政府性基金收入、支出预算表，以及关于中央本级政府性基金收入预算（草案）的说明；全国国有资本经营收入、支出预算表，中央国有资本经营收入、支出预算表，以及关于中央国有资本经营预算（草案）的说明等。

此外，全国预算草案还提供了一些汇总表和其他报表，有助于人大代表全面了解预算执行和安排的总体情况。同时，在其他报表中还包含提供利用国外政府和国际金融组织贷款统借自还项目收支执行情况和预算表，国际金融组织贷款还贷准备金收支情况表等。

（二）部门预算草案

虽然我国《预算法》中没有明确规定人民代表大会要单独审查和批准部门预算。但根据《预算法》的规定，部门预算是一般公共预算的组成部分。由于部门预算是政府预算的重要组成部分，政府预算报告和政府预算收支表通常比较简略，只细化到"类"或者"款"，即使细化到"项"，也很难反映政府支出的详细情况。因此，从实践中来看，人民代表大会对部门预算的审查非常重要。只有通过部门预算才能完整反映出财政资金的收入和支出的全貌；只有落实到部门，才能全面了解财政资金的来源和用于哪些方面，才能对政府预算进行深入的实质性审查。

五、政府预算审查报告

预算审查报告是各级人民代表大会会议的重要文件之一。它是各级人民代表大会财政经济委员会向本级人民代表大会汇报审查本行政区域本年度预算草案的基本看法、提出建议和意见的书面报告。预算审查结果报告内容反映着人民的要求和期盼。

（一）预算审查报告的内容

预算审查报告是人民代表大会专门委员会通过审查预算草案，向大会主席团提出的关于预算草案审查意见的报告。各级人民代表大会在实践中不断探索和总结，逐步形成了审查报告的基本格式。一般包括四个部分：一是对上一年预算执行情况的评价；二是对当年预算报告和预算草案的评价；三是对是否批准当年预算报告和预算草案提出建议；四是对完成当年预算情况提出的意见和建议。

（1）当年预算安排情况。首先，简要列述当年预算收入的安排情况，预算支出的安排情况，能否做到收支平衡。其次，简要概述当年预算安排是否符合实际，完成预算的各项措施是否积极可靠。

（2）根据以上审查，是否建议本次人民代表大会批准预算草案的报告。

（3）综合大会代表和有关预算审查委员会的意见和建议，根据党的方针和政策，结合分析当年国民经济和社会发展所面临的任务、有利条件和存在的问题，向政府提出若干可操作性强的具体建议，以便提高工作效率和保证工作的顺利完成。

（二）预算审查报告的特点

（1）行文的陈述性兼有评论性。预算审查报告与其他种类报告的共同点是，全文都是陈述性的语言；而不同点在于，报告的主体部分在各个层次上基本是先摆出观点，但不展开议论，然后列举相关的数据或事实来予以详细说明，叙述要于情于理，客观正确。

（2）评价观点的正确性和政策性。预算的安排反映政府执行国家方针、政策的情况。因此，对于政府预算的分析评价，以及对于财政经济工作的建议和意见，都必须体现政策的精神，对于政府预算内容的评价也要保持正确性，对于有关专业性的评价不能出现偏差。

（3）数据、材料的真实性和可靠性。对政府预算的评价主要是靠数据、材料和政府财政工作的事实来说明，因此所引用的数据、材料都必须真实、可靠，要有一定的依据和证据证明数据的真实性。未经过调查落实的材料不能作为依据向人民代表大会报告。

（4）建议、意见的科学性和可行性。对于预算草案的修正意见必须是从经济工作全局和政府预算整体结构出发，提出科学、合理的建议和意见，防止顾此失彼的片面性意见；所提出的意见和建议对于财政经济工作方面应该是切实可行的，是要有一定的效益产生的。

（5）语言的简明性和明确性。预算审查报告中的语言应该简洁明了，措辞要注意分寸，指出问题要客观公正，对于重要的方面要给予重点说明，其他方面不可费太多笔墨进行赘述。

人大代表们在审议时所关注的是预算报告本身、预算工作以及财政体制方面存在的问题。对于代表在审查下一年度预算时，需要进一步关注的问题，以及一些多年来一直关注仍然没有解决的问题等，可以从体制机制、工作等多方面分析存在问题的原因，从而提出有针对性的建设性意见和建议。

（三）预算审查报告的常见撰写格式

预算审查报告的撰写是根据法律规定进行的程序性工作，并没有固定的方法。常见的写法包括：标题、开头语、正文和结束语四个部分。

（1）标题。标题有三个要件：①审查的主体与审查的客体的名称与文种名称组成标题，点明了报告的性质和内容；②标题下面括号里的文字表明，审查报告是依照法定的程序提交人民代表大会主席团审查的；③报告人的身份、职务、姓名。

（2）开头语。开头语简要交代预算审查工作的经过。一般涉及三个方面的内容：①在大会之前，财政经济委员会是否做过初审工作，是否就初审的意见与政府部门做过商议；②政府根据初审的意见对预算草案是否做过修改；③大会期间，财政经济委员会根据人民代表大会的审议意见，做过几次讨论和审查。

（3）正文。正文是预算审查报告的主要内容。正文部分的写作一般有两种结构方式。第一种方式是将财政经济委员会和人民代表大会审查的各种意见归纳为问题，或者按预算支出的几个重要方面来陈述审查的意见。第二种方式是各级人民代表大会自20世纪80年代以来普遍采用的，一般将正文部分分为三大段来写。

第一段的内容是对本年度预算草案的评价。也可分为三个层次：首先，列举预算总收入、总支出指标和平衡结果；其次，对预算收支结构进行分析，评价预算安排的合理性及不甚妥当之处；最后，对预算草案是否符合预算编制的原则做出总体评价。

第二段的内容是财政经济委员会向人民代表大会提出的建议，也可以看作审查的结论。建议的内容包括：建议大会批准财政部门负责人受政府委托所做的关于预算草案的报告和建议大会批准预算。

第三段的内容是对政府的财政经济工作和组织实施预算的措施提出建议和意见。

（4）结束语。用"以上意见，请予审议。"结束全文。

六、预算审查方法

在实践中预算审查的方法有很多，本章主要阐述以下几种方法。

（一）听取汇报

人民代表大会常务委员会、财政经济委员会及相关专业委员会可以就预算编制和草案以及大会修改后的预算等有关情况，听取政府及财政等预算部门的汇报，了解预算编制的情况和存在的问题及建议与意见等。参加听取汇报的人员通常是人大代表、常委会委员、财政经济委员会委员等，也可以邀请常委会有关委员会的人员、专家顾问、党委和政府有关部门的人员参加。这是在实践中比较普遍采用的预算审查方法，这种方法既省时又省力，更容易获得书面资料。

（二）视察调研

在预算草案提交人民代表大会表决前，人大常委会、财政经济委员通常会组织部分常委会委员和财政经济委员会委员进行视察调研。视察调研的对象是本级政府的预算部门和单位、下级政府及预算部门和单位及本级政府财政收入范围内的企业单位等。视察调研时可以邀请上级和本级人大代表、常委会其他委员会的领导同志、专家顾问等有关人员参加。这种方法也相对来说运用比较普遍，不仅有助于代表和委员们更好地了解预算的实际情况，还能够及时发现实践中的一些问题，并能与相关业务部门进行及时、有效的沟通。

（三）集中审查

预算草案提交人大常委会后，常委会或财政经济委员会可组织对政府及部门的预算草案进行集中审查。既可以采取会议的形式，也可将预算草案文本分到责任人手上，按照上述预算草案审查的内容进行审查，然后集体汇总研究定性审查的情况。审查时可延伸到二、三级预算单位。对专项资金可调阅可行性报告、项目批准书等有关说明资料。

（四）召开听证会和座谈会

常委会或财政经济委员会可以就政府的总的预算安排情况，或某个部门、某个项目资金预算草案召开听证会或座谈会，邀请熟悉财政预算工作的专家、社会人士对预算草案进行进一步论证和座谈，广泛听取各界人士对于预算安排的看法和意见，积极调整预算方案。

(五) 询问和质询

《中华人民共和国预算法》第八十五条规定：各级人民代表大会和县级以上各级人民代表大会常务委员会举行会议时，人民代表大会代表或者常务委员会组成人员，依照法律规定程序就预算、决算中的有关问题提出询问或者质询，受询问或者受质询的有关的政府或者财政部门必须及时给予答复。

询问和质询是人大代表及常委会组成的人员对预算、决算中不清楚、不理解、不满意的方面提出问题，要求有关机关做出说明、解释的一种活动。询问和质询，是人大常委会组成人员的个人行为，不是人大常委会的集体行为。常委会组成人员享有询问和质询权的基础，人大常委会对政府预算的总体情况依法享有监督权。询问和质询，是为了获知对总的预算的情况，并对预算中存在的一些问题提出批评，以督促相关人员改进工作中的缺点和错误，提高依法办事水平和工作效率。所以，询问和质询虽然是常委会组成人员的个人行为，但其性质是人大常委会行使监督职权的方式之一，也是人大常委会监督权的一种独特运行方式。

询问，是各级人大代表或人大常委会组成的人员，在人民代表大会或人大常委会会议上审议工作报告或议案时，向有关国家机关打听了解有关情况。质询，是各级人大代表或人大常委会组成人员，按照法律规定的程序，对本级国家行政机关提出质问的议事原案。

询问和质询有其自身的特点。

一是简便性。询问和质询都是常委会组成人员的个人行为，提出和处理程序都比较简单。一般情况下，当次会议提出，当次会议就可以由有关机关答复；询问可以个人或者几个人联合口头提出，或者书面提出；询问和质询都可以口头答复，也可以书面答复，简便易行。

二是经常性。询问和质询可以经常、反复运用，没有次数限制。对同一个机关，不同常委会组成人员可以分别提出询问或者质询；一个常委会组成人员可以对不同机关同时提出询问或者质询；询问和质询两种形式可以单独使用，也可以配合使用，直至达到了解情况、督促改进工作之目的。因此，询问和质询有利于监督工作收到实效。

三是针对性。询问和质询都是针对特定问题提出的，有关机关的答复也必须针对常委会组成人员所提出的问题，因此，询问和质询具有很强的针对性，有利于监督更加深入。

四是互动性。询问和质询是常委会组成人员提出问题，由有关机关答复。在预算审查中，通过一问一答，常委会组成人员可以加深对编制预算草案情况的了解，充分了解预算的实际情况，政府和财政预算部门也可以更清楚地了解常委会组成人员所关心的问题和意见，有利于促进常委会组成人员与政府和财政预算部门的相互沟通和理解，具有很强的互动性。

询问和质询是人大常委会行使监督权的重要形式，是一种具有法律效力的知情权实现途径和方式，具有很强的针对性和时效性。但在我国的具体实践中，专门对预算进行质询的情况并不多见。主要是因为缺乏具体配套与可操作性的措施。比如，质询实施的门槛偏高，质询要经过主席团才能够提交给质询机关等。同时，对于怎么发起质询，适用范围有多大，召开质询会议的具体流程等都没有详细的规定，这些都在无形中增加了质询的操作难度。因此，要想行使质询权，还需要进一步完善质询流程和相应的程序。

（六）借助审计力量审查

要善于借助审计之力。审计部门是专门的财务监督部门，依法对有关单位执行国家财会政策、会计制度和预算收支的情况进行监督，拥有一批专门的熟悉财会审计业务的专业人员，有利于弥补人民代表大会人员力量不足、业务能力不高、审查不严不细之弊端。人民代表大会借助审计部门的力量对预算草案进行审查，审计人员发挥其专业职能作用，对政府财政预决算、有关部门及其人员执行国家财经政策、会计制度的情况进行审计。通过审计查明财政预算执行情况，了解财经政策和会计制度落实、单位财务管理情况，发现存在的具体问题，为人民代表大会实施财政监督提供依据；尤其是在对政府债权债务、国有资产管理、重大项目投资、财政预算支出实施审查监督，以及对经济部门有关人员离任财务监督时，充分利用审计查清真相，借用审计的力量，善于发现问题，出具的审查报告比较翔实全面，反映的问题客观存在，提出的意见建议切实可行；同时善于运用审计部门的审计成果，针对审计出的问题，在跟踪中促使整改，使人民代表大会监督的法律性与审计监督的专业性合为一力，借用审计成果借势发力，抓好问题整改，强化财政监督，有效地增强人民代表大会监督的权威性，推动政府预算改革。

思 考 题

1. 简要说明我国政府预算审批的内容和程序。
2. 我国预算收入审查的内容有哪些？
3. 我国预算支出审查的内容有哪些？
4. 简述我国政府预算审批的关系。

即 测 即 练

自学自测　扫描此码

第六章

政府预算的执行

政府预算的执行是政府履行其政治责任和公共职责的重要体现。政府在执行预算过程中,需要始终坚持为人民服务的宗旨,以人民为中心的发展思想,切实保障人民群众的利益。同时,执行过程中保持公开透明的原则,向公众公开预算方案和执行情况,接受公众的监督和审查。这体现了公开透明的思想,也体现了政府对公众知情权和监督权的尊重和保障。政府预算的执行过程体现了政治担当、依法治国、科学管理、民主决策和公开透明。这些思想的贯彻和执行有助于保障财政资金的合法、合规和有效使用,促进政府的科学决策和民主治理。

政府预算执行是预算周期中的重要一环,也是预算管理工作的中心环节。在政府预算管理的过程中,如果政府预算的编制主要是解决关于对公共资源管理配置进行预测和决策的相关问题,那么,政府预算执行所解决的问题是将政府的预测和决策变成现实。通过本章的学习:要掌握政府预算执行的目标和任务,了解政府预算执行的组织系统,掌握政府预算收入执行的具体内容,熟记政府预算收入缴库方式与缴款程序;掌握政府预算支出执行的具体内容,把握政府预算支出的支付方式与程序;掌握政府预算调整的内容。本章介绍了我国政府预算执行组织体系,并依次对这些机构从不同层次、不同角度和不同方面参与、负责政府预算的执行活动进行了介绍。

第一节 政府预算执行概述

政府预算经过立法机构审查批准后就具有了法律效力,并进入执行阶段。政府预算执行是指经过法定程序批准的预算进入具体实施阶段,是各级财政部门实现预算收入、预算支出、预算平衡和预算监督过程的总称,是将政府预算收支计划从可能变为现实过程中具体实施的必经阶段,也是政府预算管理工作过程中的中心环节。政府预算执行一般包括预算收入执行、预算支出执行和预算调整。政府预算执行的过程通常涉及许多方面,如各级政府、各级财政、收入征管部门、国库、银行及各有关单位和部门等。政府预算执行的过程十分复杂,是一项复杂、细致、艰巨的任务,政府预算执行工作的好坏直接关系到能否体现政府预算的高质量。

一、政府预算执行的目标和任务

政府预算执行是组织政府预算收支实现,并对其进行平衡和监督的过程。在中国,政府预算在经过全国人民代表大会批准后就具备了法律效力,并进入了执行阶段。这是把国家预算的收支计划由可能性变成现实的必经阶段。由于它涉及政府预算的每一笔收支活动，因此预算执行工作相当复杂，任务艰巨。

（一）为什么要确定预算执行的目标

政府预算执行的目标与政府预算建立之初所确定的目标密切相关，但也存在差异。其主要联系表现在以下两个方面。

（1）政府预算执行的目标是政府预算编制目标的具体化。政府预算执行是政府预算中的一个阶段，政府预算编制、政府预算审批为制定和实施政府预算执行的目标的基本依据。政府预算编制与成立的各项目标是根据过去一段时间内已发生的财政经济活动所确认的，运用特定的方法对未来财政年度的预算收支进行预测和决策，它指的是有这种发生的可能性。而对于政府预算执行，是将这一可能性变为现实，通过对年度预算进行制定和实施分月度、季度、半年甚至年度的预算执行目标，将政府预算编制所确认的总体目标分解为具体的执行目标，通过政府预算执行最终将政府预算的总体目标落到实处。

（2）政府预算编制目标是制定和实施政府预算执行目标的基本依据。一方面，政府预算通过长时间的科学预测、反复协调平衡及充分论证确定，并经过权力机关审查批准成立，是一个具有法律效力的计划。在具备法律强制效力的同时，精细化和可靠性也是它的特征。因此，在确定政府预算执行目标时，必须以政府预算编制目标作为基本依据。另一方面，政府预算执行目标并不是完全照搬政府预算编制阶段所设定的目标，会在过程中根据具体情形进行适当调整。在实际操作中，即使已经提前进行了良好的预测和编制，但在进入预算执行阶段后，由于预算编制时所处的经济环境与政府预算执行阶段的经济环境不可能完全相同，如经济增长、就业率降低、物价增长、天灾人祸等，这些不可预料的种种变化，会引起预算收支的增减，从而使在原来假定的各种条件下准备的政府预算可能会发生脱离实际的可能。因此，从客观角度来说，在政府预算执行过程中需要对这些变化予以适当调整，使其与最初确定的公共政策目标和预算目标相协调，依据预算编制时所确定的目标，根据实际情况的变动来调整政府预算执行的具体目标。

在政府预算执行过程中要从实际出发，对预算成立时所确定的目标实施修正，但并不是说在预算执行过程中随意更改预算，也不是说要坚定地执行事先所确定的目标，而是说在政府预算执行过程中，要按照以下方式来执行：当存在客观情况的变化或者有新的需要考虑的因素出现时，且在现有的预算范围内这些变化或因素又不能加以调和，那么就有必要在预算执行过程中，按照法定程序对其进行适当调整，防止因简单地执行预算而导致公共政策目标不能实现。

（二）应该确定什么为政府预算执行的目标

在政府预算执行过程中，要确保政府各项公共政策的意图能够及时、准确地传达给政府预算执行的有关参与者和广大社会公众。同时，又要把在政府预算执行过程中所发生的新的、没有预测到的情况与问题，及时、确切地反馈给政府预算的决策者或管理者。

在市场经济条件下，政府及其各个公共部门承担着通过收入预算和支出预算为社会公众提供令人满意的各种公共商品的必要责任。各个公共部门在输出各种公共商品这一过程中存在着一条因果链。即"政府通过公共预算筹集资金"到"对预算资金进行配置决策",然后再到"将预算资金分配到各个公共部门",到"各个公共部门的运作",到"由各个公共部门提供公共商品",最后是"政府公共经济活动对社会经济和社会公众生活的影响"。简单来说,就是从筹集资金,到配置决策,到投入,到过程,到产出,至最终效果。同时,在产出与效果之间,会受到来自政治、经济、社会环境等多方面因素的干扰。该理论假设:投入必然会导致产出,通过政府预算的执行,保证各个公共部门在已分配的公共资源的限制下,尽可能多地产出令人满意的公共商品。

综上所述,政府预算执行的基本目标可以确定为以下内容。

1. 确保政府预算的执行与法定授权相一致

在政府预算执行系统中,存在着层层授权的制度安排,根据国家的授权,从实际情况出发,在各自的职权范围内制定与政府预算执行相关的具体政策、法令条款。在我国,全国人民代表大会授权国务院负责中央预算的执行,并监督、协调地方政府预算的执行工作。财政部在国务院的领导下具体负责中央预算的执行工作。同时,国务院向一级预算单位授权,一级预算单位再向二级预算单位授权。为了确保公共财政的协调性和一致性,实现中央政府的既定目标,中央政府的预算执行必须与法定授权相一致。各个层级的预算执行既不能越权办事,也不能在法定授权的范围内推卸责任、不作为或乱作为。

2. 支出控制

长期稳定的政府预算需要相关财经纪律的约束,支出控制问题是政府预算支出执行过程中遵守财经纪律的问题。一个健全有效的政府预算支出体系应该包括以下方面。

(1)完整的预算和拨款会计体系。政府会计和单位预算会计的工作,能够真实有效地反映出预算支出执行的每一个阶段以及每一笔预算拨款项目的活动是如何进行的。

(2)对支出预算活动中的每个阶段都要进行有效控制。不仅要对预算的支出形式进行控制,如拨款、财政贴息、税式支出等。还要对支出的组织进行控制,如政府、一级预算单位、二级预算单位、报账单位等。

(3)建立健全、有效的管理长期交易和远期事项的系统。根据预算收支变化和国民经济的发展趋势,建立长期交易和远期事项系统,有利于及时掌握各项生产建设事业的进度和预算收支计划,及时分析研究出现的新问题、新情况,尽快解决出现的问题,并提出对预算执行工作的建议和意见,不断完善预算执行过程中的不足,努力增收节支,确保预算收支任务的顺利进行。

(4)建立健全的人事管理系统。政府各个公共部门在产出公共商品时,投入了巨大的人力资源。在公共商品生产成本的构成中,各类人员的津贴、工资、薪金所占比重很大。同时,政府在有关部门输出的安全、行政管理、法律秩序等方面也投入了大量的人力,产生了很大一笔费用。因此,建立严格的定员定额制度,以及国家公务员数量的最高限额制度是必不可少的,这样可以有效控制这类支出的增长。当然,即使有了严格的制度规定,却没有规范、透明、严格地去执行该制度的相关要求,那么必然也达不到控制支出增长的目的。

（5）建立健全、透明的竞争性政府采购制度。在政府预算支出总额中，购买性支出占总预算支出的一半以上。政府在市场上使用预算资金购买所需商品、劳务或者工程，在这一政府购买性预算支出执行的过程中，完整而透明的竞争性政府采购制度，能够有效避免在采购程序，或者是采购和承包公共工程的过程中所衍生出的种种腐败问题，也保证了在这一过程中预算支出的效益。

3. 收入控制

（1）建立健全的税收征收管理法和征收管理程序。例如，为了加强税收征收管理，规范税收征收和缴纳行为，保障国家税收收入，保护纳税人的合法权益，促进经济和社会发展，制定《中华人民共和国税收征收管理法》；制定政府定价制度，进一步明确政府制定价格的权限范围，规定国家实行并完善主要由市场决定价格的机制，将政府制定价格的范围进一步缩小为"重要公用事业、公益性服务和自然垄断经营的商品和服务"。

（2）遵从税收与非税实体法律法规。税收收入预算是建立在对现行劳务商品课税的各种税以及所得税等基础上的。换句话说，政府的年度收入预算是建立在对各个税种、既定税率以及纳税人或缴费人的基础上的。因此，在税与非税收入预算执行的过程中，必须按照现行税收制度或者政府收费制度严格执行、控制。

政府预算是具有法律效力的，那么政府预算执行的是一个具有法律效力的计划，在执行过程中要做到依法征收、依法减免、收足收实，既要防止偷税、漏税行为的发生，又要避免乱收费或对税收漫天要价、过度收费行为的出现。在年度预算执行过程中，若因为经济和社会环境发生变化，有尚未预测到的情况出现，可能就需要采取结构性的减免税政策。例如，对某个税种开始征收税费或者停止征收税费，对某个旧税种实行减税政策，增加或者减少政府所征收的费用等。在实际操作中，应该先制定或者修改有关的法律法规，并在变动的法律法规确定了生效日期后，根据相关的变动，按照程序编制政府预算收入调整方案，经过权力机关批准后再生效并实施。

4. 加强对政府预算执行的监督

在预算执行过程中，要按照有关的法律法规以及相关的制度规定，对预算资金的集中、分配和使用过程中发生的一系列活动加以控制、监督，及时监督检查各个预算执行单位执行预算的情况，检查监督是否遵守财经纪律，有无出现违反纪律的状况，纠正预算执行中出现的各种偏差。落到实处的监督行为是保障政府预算顺利执行的有效举措。

5. 调整预算执行的平衡

预算的执行是一个从不平衡到平衡的过程。在预算执行过程中，可能由于主观或者客观的各种原因导致预算与实际状况出现偏差。因此，要根据国家或者地区经济形式的变化、政策的调整，针对预算执行过程中出现的问题，采取有效措施，对预算进行必要的调整，不断组织新的预算收支平衡。

二、政府预算执行的基本要求

一个健全有效的政府预算执行系统应该具备以下几个基本要求。

1. 认识到预算执行的重要性并支持预算部门的工作

管理高层应该认识到预算执行的重要性并支持预算部门的工作。各级政府本级预算的执行是在同级政府的直接领导下进行的。比如，一个县级政府的本级预算，是由县财政部门直接负责领导组织的，并由县财政部门具体负责执行。

一个政府组成部门的部门预算则是在同级财政部门的监督下，由该部门的行政主管负责执行；一个单位预算则是由本单位的执行负责人执行。例如，一所公办学校的预算则由该校校长负责执行。在这样的预算执行制度安排下，如果机构主管的意图是使预算超支或拒绝遵循预算制度，那么，预算执行必将陷入混乱，失去控制。机构主管并不需要开发预算执行的程序，也不需要事必躬亲，但机构主管必须支持那些开发程序的具体负责预算管理的人员。

2. 拥有一支合格的具备公共责任感的预算管理队伍

预算管理者如果做不好预算管理工作，就可能会发生严重的管理问题。在预算管理工作中，如果人手不够就可能因为迫使他们去解决主要问题而使得某些例行预算管理事务转化成大的问题，在预算的执行过程中出现偏差。预算管理层特别是机构高层，如果缺乏公共责任感，将自己的预算管理权看作谋取个人利益的途径或者是利用所偏好的某个部门来谋取个人利益的手段，那么，预算执行过程中就会增加不顾全局利益和长远利益的可能性。具备公共责任感的管理层会更加关注公共活动的经济效率，特别是公共项目的有效性。因为政府预算行为本身具有推动支出最大化的倾向，注重效率的行为导向有助于克服这种预算的自然倾向。

3. 严格的预算执行制度

严格的预算执行制度有利于监督预算执行过程中公共活动的合法性、正确性，因此设计严格的预算执行制度对于预算执行来说非常重要。在设计和使用预算执行制度时，应该综合考虑以下几个因素。

（1）使用政府预算执行制度的组织规模和结构是怎样的。例如，在行政区域、政府机关、公共领域等，其中公共领域又要根据其承担的公共商品的供给职能加以具体的区分，如教育领域、卫生领域等。

（2）对于使用政府预算执行制度的组织来说，哪些财务概念是专用的，哪些是属于政府预算管理通用的。

（3）资金的来源渠道有哪些，各项目资金的来源性质是什么，以及对该组织预算执行有怎样程度的影响。

（4）应该采用怎样的方法去收集财务数据，明确应该收集哪些量化的财务数据和绩效评价指标等。

（5）如何在预算执行制度中反映人员的限制，以及人员编制的上限情况。

（6）政府预算报告的执行制度应该采用什么样的方式去编制，采用什么标准的评价机制等。

对于无论是一级政府预算，还是一个部门预算或是一个单位预算来说，它们都需要根据自身实际情况，如各自所承担的职能或者是各自所处的环境，认真考虑这些问题，综合各个方面的信息，认真思考并回答所出现的每个问题，更好地为预算决策者或管理者设计和运作预算执行制度。

4. 健全的预算会计制度

预算会计制度指以预算管理为中心，是国家财政和行政、事业单位进行会计核算的规范。会计对象主要是预算资金的收支活动。与预算会计相比，政府预算执行是在一个更为广阔的背景下进行的，政府预算执行对于预算收支，尤其是购买性交易活动应该真实记录反映。这样才能将实际操作与政府预算中规定的计划操作进行比较，分析预算在实际执行中与预算计划存在的差异，并寻找原因，针对性地为所出现的问题寻找解决办法。

5. 完备的预算管理信息系统

预算信息可以是预算管理信息系统的一部分，也可以是一个独立的系统。预算管理信息系统，旨在帮助企业建立、完善、优化预算管理体制。不同类型、不同管理形式的预算管理部门或单位应根据其实际情况和自身需求来确定预算管理信息系统的解决方案。预算管理信息系统采取复杂的计算机化的步骤和程序，将系统计算机化的优点在于：可以在处理大量预算管理信息时加快速度，并且保证操作的可靠性。预算管理信息系统的主要作用是：①保证实际发生的操作行为与预算计划相一致，资金的支出不超过可得到的收入；②选择准确、可靠的信息对政府的运作效率进行评价；③保证以正确合理的方式筹集资金，合理分配资金的使用，对所有交易都留有可审计的记录。政府预算执行的复杂程度决定了预算管理信息系统的构成，完备的预算管理信息系统有利于政府预算执行的有效运作。

三、政府预算执行的意义

政府预算执行是按照批准后的预算计划进行每一步操作的，在这个过程中，不仅需要每天进行复杂的组织活动，也需要随时根据情况的变化调整执行计划，不断组织预算新的平衡。年度预算的执行，其效力以本年度为限。预算执行的内容为各级执行预算的机关和单位对预算收入、预算支出和预算平衡的组织工作。

在整个预算管理过程中，政府预算的编制固然重要，但它仅仅是预算管理工作的开始阶段，要把政府预算的收支任务由可能变为现实，还需要进行大量的组织工作，并要根据执行当中的情况及时进行调整，不断组织新的预算平衡，努力促进既定的预算收支任务圆满完成。这种复杂的工作在整个执行年度是每天都要进行的一项经常性工作，因此，政府预算的执行工作是完成政府预算收支任务的关键步骤，也是整个预算管理工作的中心环节。做好政府预算的执行工作，对贯彻党和国家的方针、政策，以及促进国民经济计划的顺利实现，有着重要的意义。

1. 确保政府预算收支任务由可能性变为现实

有关部门根据当年的市场环境、国民经济形式以及有关的财政收支定额等确定政府预算的各项收支任务。各个预算单位或预算部门严格按照国家核定的预算收入，依照制订的预算计划，积极拨付资金推进各项事业的进度发展。政府预算收支任务需要靠全国各地方、各部门、各单位付出艰苦的努力去变为现实。

2. 促进政府预算收支平衡的实现

在政府预算执行的过程中难免会出现难以预计的情况,这些难以预计的突发性事件都有可能导致原有的预算收支计划发生偏离。只有在预算执行的实践过程中,及时根据实际状况采取不同的应对措施去解决预算执行中出现的问题,才能在短时间内组织新的平衡,保证政府预算收支的动态平衡。

3. 有利于社会经济正常运行和进一步培养财源

当政府预算收入计划按照原预算计划顺利达成时,政府预算支出就有了可靠的资金保证。预算资金合理分配使用可以有效调节社会经济的正常运行,稳步提高社会发展的经济效益。同时,经济效益的正常运行保证了财源的稳定,雄厚的物质基础增加了财政预算增长的可能性。

第二节 政府预算执行的组织系统

政府预算的执行需要各个地区、单位或部门之间相互分工、协调配合,各自完成所承担的职责,共同完成预算执行的任务。政府预算执行的组织系统由国家行政领导机构和职能机构组成,包括领导机构、管理机构、执行机构、监督机构等,按照政权级次、行政区划和行政管理体制实行"统一领导,分级管理,分工负责"。

一、领导机构

国务院及各级地方人民政府是预算执行的领导机构。它们分别担任着不同的职责。

国务院负责执行国家预算和中央预算,其职责主要是:①制定和执行国家预算的法律法规,制定预算管理方针;②核定政府预算、决算草案;③组织、领导政府预算的执行;④颁发全国性的、重要的财政预算规章制度;⑤审查、批准总预备费用的动用;各级政府应当加强对预算工作的领导,定期听取财政部门有关预算执行情况的汇报,及时寻找在预算执行过程中出现问题的解决办法。

各级地方人民政府领导地方政府预算的执行,其主要职责为:①颁发与本级政府预算执行有关的法律法规;②批准本级政府预算的动用;③按照规定执行预算的调剂权,按照规定使用本级预算的结余;④审查本级预算的执行和决算。

二、管理机构

各级政府的财政部门是具体负责国家预算执行的管理机构,也是执行预算收支的主管机构。财政部门在国务院的领导下具体负责组织政府预算的执行工作,执行中央预算并指导检查地方预算的执行工作;提出中央预算预备费的动用方案;具体编制中央预算的调整方案;定期向国务院报告中央和地方预算的执行情况;负责制定与预算执行有关的财务会计制度。

地方各级政府财政部门的主要职责包括以下方面。

（1）贯彻执行国家和省有关财政、税收工作的方针政策和法律法规，组织起草财政、税收、政府采购、国有资产管理、资产评估、财务会计、政府债务管理等方面的规范性文件，制定行政事业单位资金管理、会计核算、资产管理、政府采购等财政管理制度并监督执行。

（2）拟订财政发展战略、中长期财政规划，参与分析预测宏观经济形势，参与制定各项宏观经济政策，提出运用财税政策实施宏观调控、综合平衡社会财力和推进基本公共服务均等化的建议，执行中央与地方、国家与企业的分配政策。

（3）承担本级各项财政收支管理的责任。负责编制本级年度预算、决算草案并组织执行，受政府委托，向人民代表大会报告预算及其执行情况，向人大常委会报告决算；制定行政事业单位开支标准、定额，审核批复本级部门（单位）的年度预算、决算。

（4）制订本级财政和预算收入计划，管理和监督各项财政收入。督促各预算收入征收部门、各预算缴款单位完成预算收入任务。

（5）负责本级财政资金调度和财政总预算会计工作，监管政府采购工作，监管本级行政事业单位会计核算工作，按照规定使用预算资金。

（6）根据年度支出预算和季度用款计划，合理调度、拨付预算资金，监督各个部门、单位按照规定合理使用预算资金，节减开支，提高资金的使用效率。

（7）负责本级各项财政专项资金的安排和监督管理，管理本级财政社会保障支出，监管社会保障资金。

（8）监督检查财税等方面法律法规和政策的执行情况，查处和反映财政预算收支管理中的重大问题，定期向本级政府和上一级政府财政部门汇报预算收支的执行情况，并向他们提出增收节支的建议。

（9）协调预算收入征收部门、国家金库（简称"国库"）和其他有关部门的业务工作。

三、执行机构

（一）政府预算收入的执行机构

预算收入的执行是预算收入的实现过程。各预算收入征收机构是执行主体，包括税务机关、财政机关、海关及其他收入征收机构。在收入征收的过程中：征收机构必须依据国家相关法律法规及时、足额地完成财政收入计划，不得随意增收或减收；征收的收入要直接上缴国库，不得截留、挪用；国库部门对组织的财政收入要及时收纳、划分和报解，按规定办理收入退库；征收机构、国库和预算管理机构之间要实时传递会计信息。

税务机关主要负责征收和管理各项税收，负责办理国家交办的与预算收入有关的征收管理事项。国家税务总局的具体职责如下。

（1）具体起草税收法律法规草案及实施细则并提出税收政策建议，与财政部共同上报和下发，制定贯彻落实的措施。负责对税收法律法规执行过程中的征管和一般性税政问题进行解释，事后向财政部备案。

（2）承担组织实施税收及社会保险费、有关非税收入的征收管理责任，力争税费应收尽收。

（3）参与研究宏观经济政策、中央与地方的税权划分并提出完善分税制的建议，研究税负总水平并提出运用税收手段进行宏观调控的建议。

（4）负责组织实施税收征收管理体制改革，起草税收征收管理法律法规草案并制定实施细则，制定和监督执行税收业务、征收管理的规章制度，监督检查税收法律法规、政策的贯彻执行。

（5）负责规划和组织实施纳税服务体系建设，制定纳税服务管理制度，规范纳税服务行为，制定和监督执行纳税人权益保障制度，保护纳税人合法权益，履行提供便捷、优质、高效纳税服务的义务，组织实施税收宣传，拟订税务师管理政策并监督实施。

（6）组织实施对纳税人进行分类管理和专业化服务，组织实施对大型企业的纳税服务和税源管理。

（7）负责编报税收收入中长期规划和年度计划，开展税源调查，加强税收收入的分析预测，组织办理税收减免等具体事项。

（8）负责制定税收管理信息化制度，拟订税收管理信息化建设中长期规划，组织实施金税工程建设。

（9）开展税收领域的国际交流与合作，参加国家（地区）间税收关系谈判，草签和执行有关的协议、协定。

（10）办理进出口商品的税收及出口退税业务。

（11）以国家税务总局为主，与省区市党委和政府对全国税务系统实行双重领导。

（12）承办党中央、国务院交办的其他事项。

海关主要负责进出口关税及其他税费（进口环节的增值税、消费税、船舶吨税）的征收管理。①准许进出口的货物、进出境物品，由海关依法征收关税；②进口货物的增值税由海关代征；③进口的应税消费品的消费税由海关代征；④船舶吨税由海关负责征收。海关征收船舶吨税应当制发缴款凭证。应税船舶负责人缴纳吨税或者提供担保后，海关按照其申领的执照期限填发吨税执照。海关还负责拟订征管制度，制定进出口商品分类目录并组织实施和解释。牵头开展多双边原产地规则对外谈判，拟订进出口商品原产地规则并依法负责签证管理等组织实施工作。依法执行反倾销和反补贴措施、保障措施及其他关税措施。

各项纳入预算管理的政府性基金主要由税务机关或财政部门负责征收管理，其余各项基金由财政部驻各地专员办事机构与同级财政部门或经同级财政部门委托的部门负责征收管理。

（二）政府预算支出的执行机构

（1）金融机构，主要包括中央银行、商业银行、国家政策性银行。银行是资金结算中心，也是政府资金的清算系统，以银行存款为切入点能够联动绝大部分社会资金的结算业务，这关系到政府资金的安全和效率。中央银行是国家中居主导地位的金融中心机构，是国家干预和调控国民经济发展的重要工具。主要以制定、执行货币政策，对金融机构活动进行领导、管理和监督。商业银行是储蓄机构而不是投资机构，是通过存款、贷款、汇兑、储蓄等业务，承担信用中介的金融机构。政策性银行不以营利为目的，专门为贯彻、配合政府社会经济政策或意图，在特定的业务领域内，直接或间接地从事政策性融资活动，充当政府发展经济、促进社会进步、进行宏观经济管理的工具。它是以贯彻政府的经济政策为目标，在特定领域开展金融业务的不以营利为目的的专业性金融机构。

（2）各部门、单位。各个支出预算部门和单位具体负责执行预算支出和使用预算资金。预算收入来自国民经济的各个部门，预算支出是通过各个部门、各个单位进行合理分配使用预算资金的。各部门、单位在预算执行中的主要职责包括：①各部门、各单位加强对预算收入与预算支出的管理，不得私自动用预算收入，不能不按照预算计划擅自使用预算收入，不能将应该上交的预算收入私藏或支配使用；②按照相关的法律、行政法规以及国家的有关规定，应该对各单位的预算执行情况严格监督检查；③各部门、各单位应按照本级政府财政部门的规定，在一定期限内及时向本级政府财政部门报告预算收支的执行情况。

（三）国库

国库是国家财政收支的保管出纳机构。国家既可以在财政机关内部设立独立国库，又可委托国家银行代理。我国实行由中国人民银行经理国库制。根据《国家金库条例》的规定，国库的基本职责有：①办理国家预算收入的收纳、划分和留解；②办理国家预算支出的拨付；③向上级国库和同级财政机关反映预算收支执行情况；④协助财政、税务机关督促企业和其他有经济收入的单位及时向国家缴纳应缴款项，对于屡催不缴的，应依照税法协助扣收入库；⑤组织管理和检查指导下级国库工作；⑥办理国家交办的同国库有关的其他工作。

根据《预算法》第四十八条规定：①县级以上各级预算必须设立国库；具备条件的乡、民族乡、镇也应当设立国库；②中央国库业务由中国人民银行经理，地方国库业务依据国务院的有关规定办理；③各级国库必须按照国家有关规定，及时、准确地办理收入的收纳、划分、留解、退付和预算支出的拨付；④各级国库库款的支配权属于本级政府财政部门；⑤各级政府应当加强对本级国库的管理和监督。

我国国库体系由五级国库组成：总库、分库、中心支库、支库和乡镇国库。中央国库和地方国库应按照有关规定向财政部门编报预算收入入库、解库及库款拨付情况的日报、旬报、月报和年报。各级国库和有关银行都必须遵守与国家预算收入缴库有关的规定，不得延解、占压应当缴入国库的预算收入和国库库款。各级国库必须凭本级政府财政部门签发的拨款凭证于当日办理库款拨付，并将款项及时转入用款单位的存款账户。中央国库业务应当接受财政部的指导和监督，对中央财政负责。同样，地方国库业务应当接受本级政府财政部门的指导和监督，对地方财政负责。

四、监督机构

预算执行监督是指国家财政对各级政府预算编制、执行、调整乃至决算等活动的合法性和有效性进行的监督。它是财政监督的重要组成部分，是预算管理的重要内容。由于预算是国家财政的主体，因而预算监督在财政监督体系中起着主导作用。监督机构主要包括：各级人民代表大会及其常务委员会、各级政府、各个部门或各个单位、各级审计机关等。预算执行监督是国家通过国家预算参与国民收入分配的过程，是对社会经济活动各环节、各方面进行的监察、监督和制约。通过这个阶段的监督，保证预算收支活动在国家政策允许的范围内进行，在不影响生产建设的同时增收节支，保证财政收支的平衡和经济生活的稳定。

《中华人民共和国预算法》有关监督问题的法律规定如下。

第八十三条　全国人民代表大会及其常务委员会对中央和地方预算、决算进行监督。

县级以上地方各级人民代表大会及其常务委员会对本级和下级预算、决算进行监督。

乡、民族乡、镇人民代表大会对本级预算、决算进行监督。

第八十四条　各级人民代表大会和县级以上各级人民代表大会常务委员会有权就预算、决算中的重大事项或者特定问题组织调查，有关的政府、部门、单位和个人应当如实反映情况和提供必要的材料。

第八十五条　各级人民代表大会和县级以上各级人民代表大会常务委员会举行会议时，人民代表大会代表或者常务委员会组成人员，依照法律规定程序就预算、决算中的有关问题提出询问或者质询，受询问或者受质询的有关的政府或者财政部门必须及时给予答复。

第八十六条　国务院和县级以上地方各级政府应当在每年六月至九月期间向本级人民代表大会常务委员会报告预算执行情况。

第八十七条　各级政府监督下级政府的预算执行；下级政府应当定期向上一级政府报告预算执行情况。

第八十八条　各级政府财政部门负责监督本级各部门及其所属各单位预算管理有关工作，并向本级政府和上一级政府财政部门报告预算执行情况。

第八十九条　县级以上政府审计部门依法对预算执行、决算实行审计监督。

对预算执行和其他财政收支的审计工作报告应当向社会公开。

第九十条　政府各部门负责监督检查所属各单位的预算执行，及时向本级政府财政部门反映本部门预算执行情况，依法纠正违反预算的行为。

综合《中华人民共和国预算法》关于监督政府预算执行的有关法律法规，各级政府应该加强对下级政府关于预算执行的监督力度，对下级政府在预算执行过程中出现的违法行政法规或有关的国家政策的行为，及时制止并纠正。各级政府对于本级政府在预算执行过程中出现的问题，应该及时解决。同时，下级政府应该配合上级政府的监督工作，积极配合，根据要求按时提交必要材料和相关文件，如实反映政府预算的执行情况，不得瞒报或虚报。另外，社会公众对于政府预算执行的监督也必不可缺，有利于推进预算工作的顺利进行。

综上所述，以上各个机构从各个方面构成了一个有机整体，从组织系统上保证了政府预算的顺利执行。政府预算执行这一过程与国家经济发展有着密切关联，在各级政府的领导下，各个部门、各个单位共同努力，共同促进政府预算执行任务圆满结束。

第三节　政府预算收入的执行

政府预算收入执行是指按照年度预算确定的收入任务，在预算执行中组织实现，是预算执行的首要任务。包括预算收入的组织征收和管理、收纳入库、划分报解和退库等各项业务工作。只有及时完成收入任务，才能保证预算收入支出的资金供应从而顺利完成整个预算执行的任务。按照新的政府收入分类划分，政府预算收入包括税收收入、社会保险基金收入、非税收入、贷款转贷回收本金收入、债务收入和转移收入六类。

一、政府预算收入的执行机构

根据国家预算收入的性质和征收方法对预算收入的执行机构进行分类，分别为财政机关、税务机关和海关，它们负责组织征收和管理政府预算收入。其中税务机关主要负责征收流转税和企业所得税，同时也负责国有企业利润上缴的监督和国家制定的负责征收的其他预算收入；财政机关负责征收农业税、牧业税和不由税务机关监缴的国有企业上缴利润及其他收入，如罚没收入等，海关负责征收关税，以及代征进出口产品的增值税、消费税等。若不在以上说明的征收范围内，则以国家规定的负责征收管理的单位为其征收机构。

二、政府预算收入执行的基本任务和基本要求

（一）政府预算收入执行的基本任务

预算收入执行的机构一般由财政部门统一负责。财政部门根据政府预算收入的执行计划和需要，制定有关预算收入执行的各种制度和方法。根据政府预算计划中确定的收入任务，监督并督促有关预算收入部门或单位及时完成预算收入的任务，并根据政府预算收入的执行情况提出合理意见或建议，帮助执行部门提高工作效率，以防造成预算收入的流失。

《中华人民共和国预算法》规定：各级财政、税务、海关等预算收入征收部门，必须依照有关法律、行政法规和财政部的有关规定，积极组织预算收入，按照财政管理体制的规定及时将预算收入缴入中央国库和地方国库，未经财政部批准，不得将预算收入存入在国库外设立的过渡账户。

（二）政府预算收入执行的基本要求

1. 预算收入的执行与社会发展相结合

高速发展的国民经济有效促进了政府预算收入任务的顺利完成。企业在生产发展时期，政府的各预算机构要帮助企业增收节支，减少亏损，避免浪费。将社会的经济发展与政府预算收入相结合，有利于提高社会经济效益。

2. 预算收入执行要与政策相结合

政府预算收入执行与国家、社会、集体和个人的经济利益密切相关。在预算收入执行的过程中，应该严格遵守国家政策规定，做到收入合法合规，使用有理有据，合理的分配方式能够正确处理好国家、社会和个人三者之间的关系。一方面，在预算收入执行中要时刻谨记国家政策，防止出现因过分注重国家利益而做出有损企业和个人利益的事件发生，这样会有损企业和社会公众生产的积极性；另一方面，要严格遵守国家政策制度，不得擅自越权做出有损国家利益的行为。

3. 组织预算收入要遵守法律法规

在政府预算收入执行过程中，一切有预算收入上缴任务的部门和单位，必须按照有关法律法规、国务院和财政部的要求及时足额上缴预算收入，不得占用、截留、挪用或者无故拖欠。同样，所有预算收入的征收部门也必须按照法律法规，及时、足额地征收应征的预算收入，不得擅自减征、免征或缓征，不得截留或挪用、占用。各预算执行机关不得违反法律法规进行执行操作，将预算收入擅自转变为预算外收入，也不得将预算收入随意退库。有关预算收入执行的各预算机构都必须严格遵守法律法规，对于有违反法律法规、损害政府预算收入的行为要严肃处理，显示国家法律法规的严肃性，保证预算收入任务的圆满完成。

4. 加强对国家预算收入执行的日常管理，保证预算收入的真实性

在政府预算收入执行的日常管理中，管理人员要严格记录政府预算收入每日的执行进度，每月或按照一定周期按时检查预算收入的完成进度。监督机构也要按时向各预算部门或单位要求其提供与预算收入执行进度的有关材料，检查其材料的真实性。严禁出现弄虚作假的行为，防止虚收，有利于及时发现问题并研究其解决办法。

三、政府预算收入的缴库

（一）政府预算收入的缴库依据

各个单位按照缴款计划向国家上缴各项预算收入，缴款计划是预算收入的缴款依据，预算收入缴款计划主要有两种形式：国有企业利润缴款计划和税收计划。

1. 国有企业利润缴款计划

国有企业每年都要编制财务收支计划，如利润计划、产品成本计划、流动资金计划、固定资产折旧计划、专用基金计划等。其中利润计划中向国家缴款的数字为国有企业的年度利润缴款计划。为了组织好年度预算的执行，各个企业还要根据核定的年度缴款计划编制季度分月的利润缴款计划，这是财税机关监督企业预算执行的依据。另外。对于出现亏损的企业，还要求编制年度、季度分月亏损计划。

2. 税收计划

各级税务机关根据每年的政府预算确定年度税收任务，按季编制分月的税务执行计划。税务机关按照税务执行计划组织工商税收收入。它也是考核税收工作的基本指标。税务机关严格依据税收计划按旬掌握税收收入的进度，按月进行分析，按季做出收入执行情况的分析检查报告，并逐级汇总上报。这强有力地保证了各项税收及时、足额入库。

（二）政府预算收入的缴库方式

政府预算收入缴库的方式指国家将一部分国民收入资金转化为预算资金的程序、手续和过程，主要包括了各类不同性质的企业、个体经营者和个人在向政府预算上缴各种款项时，如何上缴预算收入款项，向哪一级国库缴纳预算款项等。无论是国有企业、集体企业，还是外商投资的企业及个体经营者和个人，在缴纳国家预算款项时，都应该严格遵守国家

的法律法规。在确定预算收入缴款方式时必须严格遵守以下三个原则：一是方便各个缴款单位或纳税人向国库缴款，即缴款的便利性；二是符合企业财务管理和财务核算的体制，即合理性；三是有利于核算收入及时入库。

我国预算收入的缴库方式目前主要采取就地缴库、集中缴库和自收汇缴三种方式。

1. 就地缴库

就地缴库是由基层缴款单位或缴款人直接向当地国库或国库经收处缴纳，指无论企业的隶属关系如何，企业向政府预算缴纳的各种款项一律在企业的所在地，由开户银行以转账的方式向国库缴款。由于我国国有企业的行政隶属关系分为中央、省、地区（市）、县四级，而县以上各级所属企业一般分布在企业主管部门所在地以外，采取就地缴库不仅可以避免层层汇解，节省人力、财力、物力，有利于国家财政税收及时入库，而且也便于发挥税务部门就地监督缴纳的作用。目前就地缴库方式是中国预算收入缴库的主要方式，国有企业缴纳的利润、资金占用费、国有企业所得税，以及各项税收款项等一般采用就地缴库的方式。

2. 集中缴库

集中缴库指基层缴款单位和企业将应缴预算收入通过银行汇解到上级主管部门，由主管部门汇总向国库或国库经收处缴纳。此方式适用于由主管部门实行统一预算的单位，如铁道、邮电、银行总行及其他零星收入等。集中缴款的方式在具体执行中也可以采取部门结算、各单位分散缴纳的方式。缴款单位采用集中缴款方式的，要经同级财政部门同意，对擅自变更缴款方式的，国库应予制止。

3. 自收汇缴

缴款人或缴款单位直接向基层税务机关、海关缴纳税款，由税务机关、海关将所收款项汇总缴入国库或国库经收处。本着既方便群众，又有利于税款入库的原则，对农村集贸市场、个体商贩及农民缴纳的小额税款和入境旅客、船员行李物件、邮运物件、边境小额贸易征收的进口税等，由税务机关自收汇缴。城镇居民和个体工商业户缴纳的小额税款，原则上凡在银行开有存款账户和有固定门面，并按月缴纳税款的个体工商业户，可直接缴入国库，其余（包括固定摊贩）一律由税务机关自收汇款。有的地区税务部门和银行已有协商的做法，暂可维持不变。

征收机关应该注意及时结报缴库和税款安全，税务机关应当与自收到税款的当日将自收税款存于银行或者信用社，并严格按照限期限额结报办理。税务局或者税务所也应该在收到下级结报的自收汇款的当日进行缴库。

（三）政府预算收入的划分

政府预算收入缴库按照结算形式可以分为转账结算和现金结算两种。随着中国银行支付制度的日益完善，目前的预算收入缴库方式主要以转账结算为主。根据收入性质和缴库单位的不同，政府预算收入按照计算依据划分为按计划数缴库和按实际利润缴库两种。

（1）按计划数缴库，即按照国家规定的税目、计税依据和税率计征，按照上级核定的年度缴库利润计划数和季度分缴款计划，在纳税期限内，按月一次或分次缴库。目前，工业、交通企业一般都采取这种方法，缴款期限根据应缴税数额大小，分别按 1 日、5 日、10 日或按月缴库，在次月 10 日前按企业上月会计报表进行结算，少缴的部分在本期补缴，多缴的部分可抵扣本期缴款计划。但在年终，则应将多缴的利润退还企业。按计划利润缴库有利于国家及时、均衡地得到预算收入，同时也有利于促使企业加强计划管理。

（2）按实际利润缴库，即按照缴款单位实际实现的利润数额和相关缴款规定定额缴库。目前，商业、粮食供销、外贸和物资供应企业，一般都采取这种方法，这些企业在各个时期的销售额变化较大，流动资金占用多，利润实现不均衡。缴库期限一般为月终后 10 日内一次缴库，个别特殊情况，届时计算不出实际数额时，可先参照上月实际数，结合本期变化情况估计缴库，待会计报表编成后再按实际数额结算，多退少补。

（四）政府预算收入的缴款程序

国库收纳预算收入是国库工作的起点，也是政府预算收入保管环节管理的起点。国库在办理预算收入业务时一律凭统一规定的缴款书办理。缴款书是办理预算收入缴库的唯一凭证，缴款书应由缴款单位或征收机关按政府预算收入科目"一税一票"（一种税收填制一份缴款书），按预算科目的"款"级科目填制，个别科目填制到"项"。

收入缴款书分为三种，即工商税收专用缴款书、一般缴款书和其他专用缴款书。一般缴款书适用于国有企业上缴利润、资金占用费，以及各机关事业单位缴纳的其他收入；工、商各税，农（牧）业税、关税、资源税等各项税收，以及企业所得税等使用工商税收专用缴款书。缴款书是办理国库收款业务的主要依据，会直接影响国库会计核算的工作质量。因此，填写完整的缴库书必须经过仔细审核，确认其真实性、合法性和完整性。例如：账号、户名是否相符；是否应属本行办理的凭证；资金的款项来源是否符合有关资金管理的规定；存款是否透支；是否在有效期内缴款；有关凭证种类的使用是否正确；凭证的联数及凭证的内容是否填写正确、完整、清晰，附件张数是否齐全等。

国库缴款书的基本内容：一是年、月、日；二是人民币大小写金额；三是凭证号码和银行会计分录；四是银行有关经办人员印章；五是缴款单位（人）的户名、开户行和账号；六是缴款单位（人）的银行转账印章；七是收款单位财政机关名称及收款国库名称；八是预算（收入）级次；九是预算科目"款""项"的名称；十是缴款的所属预算计划年度、月份；十一是滞纳金的计算；十二是纳税的计算依据。

如果缴款书内容填写不清楚、计算错误或签章不全，国库或者国库经收处应该将其退还给缴款单位或者征收单位更正后再办理。超过缴款限期的缴款书就退回缴款单位，责其到征收机关办理完计算加收滞纳金事宜后，再予办理入库手续。

（五）我国政府预算收入收缴方式的改革

我国现行预算收入收缴入库制度尚存在着一些问题，主要表现在收入征管不严、退库不规范、入库时间延滞、收入流失等现象。为此，2001 年 2 月国务院总理办公会议原则通过了财政部会同中国人民银行报送的《财政国库管理制度改革方案》。同年 3 月，财政部、中国人民银行印发了《财政国库管理制度改革试点方案》（以下简称《方案》），这为我国财政国库管理制度改革提供了行动指南，推动了这项改革的进展。该《方案》对预算收入收缴管理做了以下两方面的改革。

1. 改变收入收缴方式，取消收入过渡账户

该《方案》规定将现行三种收入收缴方式改变为两种收入收缴方式，即直接缴库和集中汇缴。现行预算收入的缴库方式是 1989 年出台的《国家金库条例实施细则》中规定的，分为就地缴库、集中缴库和自收汇缴三种。其中集中缴库和自收汇缴方式，一般都通过设立过渡账户进行，如待结算账户、待结算财政款项、待解税金账户、纳税保证金账户、银行解征税款账户等。在预算收入管理过程中，又有"误征退库""超缴退库"等退库形式，成为延迟预算收入入库时间、收入退库不规范的主要原因。为此该《方案》取消了设立过渡账户的做法，简化了入库缴款方式。

2. 直接缴库和集中汇缴

（1）直接缴库是由预算单位或缴款人按法律法规规定，直接将应缴收入缴入国库单一账户（属预算内的）或预算外资金财政专户（属预算外的）的预算收入缴库方式。直接缴库方式不设立各类过渡账户。实行这种收缴方式的收入，包括税收收入、社会保险缴款、非税收入、转移和捐赠收入、贷款回收本金和产权处置收入、债务收入。

直接缴库的程序是：直接缴库的税收收入由纳税人或税务代理人提出纳税申报，经征收机关审核无误后，由纳税人通过开户银行将税款缴入国库单一账户。社会保险缴款、非税收入、转移和捐赠收入、贷款回收本金、产权处置收入、债务收入，比照上述程序缴入国库单一账户或预算外资金财政专户。

（2）集中汇缴是由征收机关和依法享有征收权限的单位，按法律法规规定将所收取的应缴收入，汇总直接缴入国库单一账户（属预算内的）或预算外资金财政专户（属预算外的）的预算收入收缴方式。集中汇缴方式也不须使用过渡账户。实行这种缴库方式的收入，包括小额零散税收和非税收入中的现金缴款。

集中汇缴的程序是：小额零散税收和法律另有规定的应缴收入，由征收机关在收缴收入的当日汇总缴入国库单一账户。非税收入中的现金缴款，比照本程序缴入国库单一账户或预算外资金财政专户。

3. 扩大了收入收缴管理范围

该《方案》将财政性收入划分为六类：即税收收入、社会保险缴款、非税收入，转移和捐赠收入、贷款回收本金和产权处置收入、债务收入。上述收入中，既包括预算内收入，也包括预算外收入。在收缴程序中，既对预算内资金收缴做了规范，也对预算外资金收缴做了规范。

四、政府预算收入库款的划分和报解

预算收入的划分和报解，是指各级国库对已收纳入库的预算收入，根据预算管理体制关于收入级次的划分和分成比例的规定，向上级国库和各级财政机关报告预算收入执行情况和划解财政库款的工作。

预算收入的划分是指国库对于收纳入库的预算收入，根据预算管理体制规定的各级预

算固定收入的划分范围，以及中央与地方、地方上下级之间分成收入的留解比例，划分并计算中央预算收入和地方各级预算收入。

国库预算收入的报解，即在划分收入的基础上，按照规定的程序将各级预算收入的库款分别报解各级国库，相应地增加各级预算在各级财政金库的存款，以保证各级预算及时取得预算收入。具体来说，"报"就是国库通过编报"预算收入统计表"，向各级财政机关报告预算收入的情况、数字，以便各级财政机关掌握预算收入进度和情况；"解"是指各级国库在对各级预算收入进行划分之后，要将库款按其所属关系逐级上解到所属财政机关在银行的金库存款账户，增加其存款数额，以保证各级财政供应资金的需要。

（一）预算收入库款划分和报解的程序

预算收入的划分和报解是由基层国库（支库）自下而上逐级分别进行的。其具体操作过程如下。

（1）国库对每天收纳入库的预算收入，首先按照中央、省（自治区、直辖市）、市（自治州）、县（市）四个级次，分清预算级次。及时办理预算收入和库款的划分、报解工作。

（2）国库凭借预算收入缴款书，经审核无误后，按照预算收入科目分"款"进行统计，编制预算收入日报表，同时根据预算收入日报表中属于分成收入项目的合计数，按确定的分成比例编制分成收入日报表，作为分成收入报解的依据。

（3）按照国家《中华人民共和国预算法》的规定，国家预算收入分为中央预算固定收入、地方预算固定收入、中央预算与地方预算共享收入三种。凡属中央预算固定收入的，按照中央预算收入统计表的数额逐级全部报解到中央总金库，增加中央财政国库存款；属于地方预算固定收入的，按照地方预算收入统计表的数额，全部报解同级地方国库，增加同级地方财政国库存款；中央预算和地方预算的分成收入，根据分成收入统计表的数额，按照财政部规定的收入留解比例，分别报解中央总金库和地方各级金库，相应增加中央财政国库存款和地方各级财政国库存款。

在各级国库办理预算收入划分和报解时，国库应将预算收入日报表、分成收入日报表连同缴款书回执联，及时报送同级财政部门和征收机关，财政部门和税务部门等收入机关根据报表按照预算科目或缴款单位登记入账，并检查收入任务完成情况。此外，国库还要编制库存日报表，报送同级财政机关，以便掌握库存资金。

（二）预算收入划分和报解的要求

（1）各级金库办理库款的划分报解，原则上应在当日办理，最迟不得超过次日上午，不得随意拖延、积压库款。个别边远地区的基层金库由于每日收入较少，报解期限可以适当延长，但最长不得超过五天，但月终日收纳的预算收入必须当日结清报解，不得拖延至下月。

（2）库解报表一般选择邮寄，但支库月终日收入库款在邮寄无法按时报解的情况下采用电报报解。分库平时向总库报解预算收入一般采用邮寄，旬报、月报采用电报。目前，全国基层县支库基本实现了电脑联网，改用电脑报解库款缩短了报解时间。但是银行系统各专业银行之间自成核算体系，而乡（镇）一级金库尚未普遍建立，传统的邮寄报单方式使上解环节增多，时间延长，乡镇一级在途资金额大量积压。

（3）每当月终和年度决算，各级国库要分预算级次编制收入对账单，与财政机关、征收机关互相核对。上级国库和同级国库主管收入机关要进行汇总对账，确保收入数字的完整准确。

随着我国分税制财政体制的日趋完善，在合理划分中央与地方事权范围的基础上，各级预算收入的划分已经比较明确，税务机关也分设国税和地税两套系统各自独立征税，再加上税收返还和转移支付可以采用银行汇兑的方法，因此国库的划分、留解和调拨的职能正在逐渐消失。从长远趋势来看，地方国库的收纳、支拨和监督反映作用将逐渐强化。

五、政府预算收入退库的管理

预算收入退库指将已经入库的预算收入退还给原缴款单位或缴款人。入库的预算资金即构成国家财政收入，一般情况下不得退回。如果是由于特殊原因需要退库，将减少国家财政收入，需要认真审核、严肃对待。

（一）预算收入退库的范围

预算资金的退库必须在国家规定的范围之内，对不符合规定范围的收入退库，各级国库有权拒绝办理。属于下列范围的可以办理退库。

（1）由于工作疏忽，发生技术性差错需要办理退库。

（2）企业改变隶属关系，上划下划收入级次转移，交接双方办理财务结算需要办理退库。

（3）企业单位按计划利润上缴的税利超过应缴数额，又不宜在下期抵缴而需要办理退库。

（4）根据批准的企业亏损弥补计划需要办理退库。

（5）地方财政已从入库的税款中提取税收附加和从工商各税中提取代征手续费，需要办理退库。

（6）财政部明文规定和专项批准的其他退库项目。

（二）预算收入退库的审批

1. 预算收入退库的审批权限

属于中央预算收入的退库必须经财政部或其授权的征收机关批准；属于地方预算固定收入及分成收入的退库，由地方财政机关或其授权的征收机关，在规定的退库范围内审查批准；超过规定范围的退库事项，应当报财政部专案批准。

2. 预算收入退库的审批程序

审批预算收入退库的一般程序视具体情况而定，有以下几种情况。①属于一般性错缴、多缴和企业收入超额缴纳部分需要退库的，由各级财政机关或征收机关审查批准。②工业、交通、商业企业的计划亏损需要退库弥补的，应由企业提出申请，按企业隶属关系报主管部门和财政部门审查批准。③亏损企业的超计划亏损和赢利企业变为亏损企业的亏损需要退库弥补的，必须提交检查报告，分析亏损情况和原因，并提出扭亏转盈的措施，由征收机关提出意见后报经上级机关批准，才能给予弥补。其中，中央企业报主管部门批准，地方企业按隶属关系经主管部门和财政部门审查后，分别报省、市、县人民政府批准。④属于政策法令规定和自然灾害影响等特殊原因需要退库的，按当时有关规定办理。⑤地方财政从已入库的税款中提取税收附加，按规定比例从征税中退库提取。

各级财政部门和其授权的机关作为退库的审批机构，在履行审批职责时特别要注意做到严格审核弥补企业亏损和补贴的收入退库，防止弄虚作假、人为搞亏损的现象；财政部门原则上不应自行退库，必须要自行退库时须报上级财政部门审查批准，并由上级部门签发收入退还书；严格管理批准退库的印鉴，划清退付库款的级次，严格执行收入退库报告制度。

（三）预算收入退库的办理程序

（1）办理预算收入退库必须由申请退库的单位和个人向财政部门及其征收机关填报书面退库申请书。退库申请书的基本内容包括：单位名称或个人姓名、主管部门、预算级次、征收机关、原缴款书日期及编号、预算科目、缴款金额、申请退库原因、申请退库金额等。各级财政机关和征收机关对退库申请书应当严格审查，在退库申请书上填写审查机关意见和核定的退库金额，填发收入退还书，并加盖填发机关印章，交国库单位或退库人办理退库手续。退库原则上通过转账办理，不得支付现金，但特殊情况必须支付现金时，财政和征收机关应严格审核，并在收入退还书上加盖"退库现金"的戳记，由国库划转指定银行后，由收款人领取。

（2）各级预算收入退库应从当日库款中退付，由各级国库负责办理。中央预算收入和地方预算收入的退库分别从中央和地方预算收入科目中退付，同级预算收入的退库，在各收入系统之间可以相互抵付。当日收入不足抵付的，可在报解库款时将待报解户的借方余额转入同级财政存款户，若地方财政存款余额不足，不得退付。国库退付上级财政的预算收入，当日收入不足抵付的，应划付上级国库。国库经收处所收款项具有代收性质，不是正式入库，因此也就无所谓收入退库。但在当日预算未上划之前，若征收机关发现错误，予以纠正。

第四节 政府预算支出的执行

政府预算支出就是预算资金分配和使用的过程。政府预算支出执行工作在国家统一领导下由财政部门负责组织指导和监督，各个支出预算部门和单位具体负责执行。财政机关在预算执行中主管资金的分配和供应，并负责组织、指导和监督；各支出预算部门和单位按照预算规定的用途具体负责资金的运用。

一、政府预算支出执行的基本任务和基本要求

各个支出预算单位和部门具体负责实行政府预算支出的执行，各支出预算部门的共同

任务是按照政府预算的支出执行计划，将有限预算资金价值发挥到最大化，提高资金的使用效益。其中财政部门的基本任务是：根据预算支出执行管理工作的需要，制定有关的各种制度和方法；根据年度支出预算和季度计划，在有效期限内将预算资金拨付给用款单位，保证用款单位的生产任务和事业计划的资金需要；监督和帮助用款单位正确使用预算资金，提高用款单位资金的使用效率，使资金效益最大化。实时掌握预算支出执行的具体情况和执行进度，及时发现并切实解决预算支出执行过程中出现的各种问题，保证预算支出执行的顺利完成。

为保证国家预算支出的正确贯彻执行，及时、合理地供应和使用资金，保证各项生产建设事业的资金需要，促进国民经济和社会发展规划的完成，对国家预算支出执行的基本要求如下：

（一）坚持按支出预算执行

政府的各级预算是经过各级人民代表大会审查批准的，具有法律效力，因此经过批准的各项预算支出必须严格按支出预算执行，从严控制，严格按计划、按预算办事，这是预算支出执行的最基本要求。预算支出执行过程中，对于预算规定的各项开支，要保证及时供应资金，但各项预算支出必须严格控制，不应突破预算。如果由于生产建设和事业计划的变更，或其他特殊原因，原定支出预算确实满足不了需要的，则应按规定程序办理追加预算，非经批准不得自行突破预算扩大开支。

（二）严格管理预算支出

严格管理预算支出，直接关系到国民经济和社会发展规划及政府预算的正确执行。严格管理预算支出：首先，要划清各类资金的界限，包括预算资金与预算外资金，基本建设投资与流动资金，行政管理费与事业费等，这些资金都应该划清界限，分别管理和使用，不得相互挤占，乱拉乱用。各类预算支出之间的经费流用，要经过一定批准程序，按照有关使用规定进行操作。其次，严格按照支出预算和财政制度执行，不得擅自扩大支出范围、提高开支标准。再次，要建立预算资金使用责任制，对各项支出的经济效益和社会效益进行分析，对于只花钱而不讲效益，从而造成损失浪费的，要追究经济责任。从而达到提高预算资金的使用效益的目的。

（三）讲求资金的使用效益

预算支出执行要贯彻勤俭节约的精神，坚持少花钱多办事，讲求资金的使用效益。为此对各项资金都要精打细算，杜绝浪费。除充分动员和挖掘各用款单位的潜力，保证预算资金的使用发挥最大的效用外，要建立健全严格的财务会计核算体系，按规定的考核标准进行考核，提高资金的使用效益。

二、政府预算支出循环

支出循环从立法通过政府预算的那一刻起就开始了。支出循环由下列四个阶段组成。

（一）分配拨款额度给支出单位阶段

通过有现金限额的支出通知单、颁发付款凭证及资金划入预付款账户等形式进行资金的分配。在一些国家中,资金的分配有两个步骤:①由管理预算的机构进行分配预算,决定各有关部门和有支出决定权的单位可获得的、可支配的资金份额;②由部委和有支出决定权的单位分配资金,分配给所属的支出单位。

(二)承诺阶段

承诺阶段是产生未来支付义务的阶段,一项接受公共服务的承诺包括发出的订单、签订合同等。它是在只有第三方履行了合同的条款之后,才负有支出的义务。但如果从预算的角度去确切地定义"承诺"的含义,则会因支出的经济类别的不同,而在不同预算体系之间有所差异。

若用政府预算的语言讲,政府和预算支出的本质决定了承诺的定义。一项承诺(或者一种义务)或者在承诺阶段,或者在获得、确认阶段,或者在资金预期使用行政性保留阶段中相应产生。例如,美国等一些国家,资金存储的行政性承诺与一项因发出指令、签订合同、得到公共服务或相似交易而要求支付的义务是各不相同的。

承诺阶段与确认阶段的区别主要涉及投资支出和商品采购。至于债务、人员开支、转移支付以及一些商品和服务的开支(如电力消费等),从政府预算的意义上来讲,这些支出在承诺阶段和确认阶段是一致的(月工资、支付到期利息等),支付的义务在承诺阶段就产生了(分配贷款、征募新兵等)。

在预算系统中,对多年合同而言,在预算意义上的承诺可以等同于对整个合同的承诺,或等同于年度合同,或者实际开支。在本书中,当需要区别多年合同和年度合同时,就会使用未来承诺和年度承诺的表达方式。合法的承诺等同于合同,而不是年度承诺。

(三)获得、确认(或证实)阶段

获得、确认(或证实)阶段是提交货物或提供服务的阶段,同时也是证实是否按合同或订单条款履行义务的阶段。如果实行权责发生制会计制度,此时,政府的资产负债就会增加并登记入账。在一些国家(如美国)确认阶段的支出被称为应计支出,应计支出不能与采用权责发生预算系统发生的某些拨款的完全成本或支出相混淆。在确认阶段产生的支出是一种负债,拖欠是在确认阶段发生的支出和实际支付金额之间的差额。

(四)支付

实际支付在此阶段产生。可以通过各种金融工具进行支付:支票、现金支付、电子划转、债务手段、易货合同、税收减除、现金券等形式。采用易货、税收减除和现金券的支付形式是有问题的:易货协议阻碍了供应商之间的竞争;现金券总的来说,是被看作支出循环的一个行政管理阶段,而不是一种支付手段,特别是在不直接付款的情况下。此外,支出单位应定期与银行对账,当银行未达项下已签未付支票很多时,支出的登记应以签发的支票为基础。

三、政府预算支出执行中的内部控制

(1)在承诺阶段需要核实的:①支出计划由有权限的批准人批准;②预算单位或部门

使用的预算资金按照政府预算计划中规定的使用用途进行拨付，且在适当的支出类型中保留足够的资金；③将拨付的资金列入正确的科目，便于日后进行核算。

（2）在提供了商品或劳务时，必须核实已收到的相关商品和已提供某项劳务时的相关单据证据证明。

（3）在支付之前需要确认的：①存在有效的支出义务；②有关专业人员证明所提供的商品和所收到的服务能够满足预期的标准；③发票和其他有关支付票据是正确的和适合支付的；④验明收款人。

（4）在最终支付后，需要对每一笔支出都进行检查和核实，向上级汇报任何一笔存在问题和违反规定的支出。总而言之，无论在哪一个预算单位或者部门，在授权支出，批准合同，发出购买的指令，确认收到的商品和服务，履行支付等方面都要有明确的职责分工。其中的一些活动可以由同一人负责，但是，在多数情况下，已有负责事项的人不会既负责支付，又负责其他活动或负责控制支出。对人员进行分工管理的安排有助于更好地进行内部控制。

在政府部门之内，这些职责分工支配着支出单位和核心部门（财政部门、财务控制部门等）之间职权的分配。在不同的国家，这种控制可以是相关各部委的内部控制，也可以由中央部门如财政部、财务控制办公室来完成。

四、政府预算的拨款原则和拨款方法

（一）政府预算拨款原则

预算拨款是预算支出执行中的一个重要环节。各级财政部门根据核定的预算办理预算支出的拨付，通过各级国库拨款给各用款单位和拨付给中国建设银行、国家开发银行、中国农业银行、中国农业发展银行，是在政府预算支出执行中对预算资金的分配。为了保证预算支出的顺利执行，预算拨款应坚持以下原则。

1. 按预算计划拨款

各级财政部门的预算拨款，必须控制在年度预算和季度用款计划范围内，不能办理无预算、无计划、超预算、超计划的拨款。如遇有特殊情况需要超过预算，必须经过办理追加支出预算手续后才能拨款。

2. 按事业进度拨款

各级财政部门按照用款单位的基本建设工程进度、生产和事业发展的实际进度办理拨款，既要保证资金需要，又要防止积压浪费，保证预算资金的统一安排和灵活调度。按生产和建设事业进度进行拨款时，不仅要考虑本期资金需要，还要考虑上期资金的使用和结余情况，以促进各单位节约、有效地使用预算资金。

3. 按核定的资金用途拨款

预算支出的各种资金，都是根据一定的需要安排的，所以只有按计划、按规定的用途使用资金，才能保证各项生产和建设事业发展的资金需要。因此，在办理预算拨款时，应根据预算规定的用途拨款，不能改变支出用途。

4. 按预算级次拨款

各支出部门和单位都应按国家规定的预算级次，逐级办理预算款项的领拨。各级主管部门一般不准向没有支出预算关系的单位垂直拨款；主管单位之间也不能发生支出预算的拨款关系。如有需要，应当通过同级财政部门办理划转手续，以减少预算拨款渠道，加强预算拨款的管理。

（二）政府预算拨款方法

政府预算拨款方法有两种：划拨资金和限额拨款。

1. 划拨资金

这是财政部门用拨款凭证通过国库向用款单位直接拨付预算资金的方式。首先由主管单位根据国家下达的支出预算和季度分月用款计划填写经费拨款申请书，经财政部门审核同意后，开出拨款凭证（一般用委托付款书），通知国库办理库款支拨手续，将预算资金直接拨付到各主管单位开户银行的存款账户上，由主管单位按照预算所规定的用途，办理转拨或他用。

划拨资金拨款一般每月一次或分几次拨付，手续简便，能满足用款单位的需要，但容易造成预算资金分散积压的现象，影响财政部门统一调度资金。目前适用于各级财政对行政事业经费、经营性基本建设资金、有偿使用基建资金、委托经办基建支出的专业基建银行的资本金和基建贷款财政贴息资金的预算拨款。

2. 限额拨款

限额拨款是由财政部门根据主管部门申请，在核定的年度支出预算之内，按季或按月开出限额通知书，核定用款额度，通过国库通知申请单位的开户银行执行的方式。其程序是：先由财政部门根据主管部门的限额申请书，在核定的年度预算内，分期（一般是每季一次）向用款单位下达用款限额，通知主管部门及其开户银行。主管部门据此向开户银行申请开立限额用款账户（居于银行的表外科目），在下达限额内，主管部门可以动用或向下属单位转拨限额。按期由银行向财政部门办理结算，结算方式：一是 1985 年前实行银行代垫，月终银行与财政部门结算，财政归还；二是自 1985 年起实行财政预拨，限额结余自动注销，即财政按下达的限额拨足资金给银行，不由银行垫款，限额拨款以"暂存资金"户头存入银行。用款单位动用限额，银行在限额内付款，相应减少财政暂存资金。年终，未用完的限额注销，银行将存款余额退还财政。

限额拨款金额以避免资金的分散积压，简化拨款程序，便于年终结算，加强银行监督。但由于限额拨款是由银行先垫付单位用款，月份终了后财政部门才同银行结算，这就会造成财政占用银行信贷资金。但银行要掌握限额资金的使用情况就要进行会计核算，这势必会增加一定的工作量。

第五节 政府预算执行中的调整

一、政府预算调整的基本概念

政府预算在执行过程中，由于客观政治、经济情况的变化，常常会使预算的某些部分超过或达不到原定计划。为了使年度预算符合客观实际，保证各级预算在执行中的平衡，除编制季度收支计划外，有必要根据实际情况的变化对预算及时进行调整，以避免收支脱节，达到新的平衡。

预算调整指经全国人民代表大会批准的中央预算和经地方各级人民代表大会批准的地方本级预算。在执行中需要增加支出或减少收入，使原批准的收支平衡的预算的总支出超过总收入，或者使原批准预算中举借债务的数额增加，因此发生预算收支指标的增减变化。这种调整必须经同级人民代表大会常务委员会审查批准。因上级政府返还或者给予补助而引起的预算收支变化不属于预算调整。

（一）政府总预算的调整

预算调整必须符合法律规定，关于《中华人民共和国预算法》有政府预算调整的法律规定如下。

第六十七条 经全国人民代表大会批准的中央预算和经地方各级人民代表大会批准的地方各级预算，在执行中出现下列情况之一的，应当进行预算调整：

（1）需要增加或者减少预算总支出的；

（2）需要调入预算稳定调节基金的；

（3）需要调减预算安排的重点支出数额的；

（4）需要增加举借债务数额的。

第六十八条 在预算执行中，各级政府一般不制定新的增加财政收入或者支出的政策和措施，也不制定减少财政收入的政策和措施；必须作出并需要进行预算调整的，应当在预算调整方案中做出安排。

第六十九条 在预算执行中，各级政府对于必须进行的预算调整，应当编制预算调整方案。预算调整方案应当说明预算调整的理由、项目和数额。

在预算执行中，由于发生自然灾害等突发事件，必须及时增加预算支出的，应当先动支预备费；预备费不足支出的，各级政府可以先安排支出，属于预算调整的，列入预算调整方案。

国务院财政部门应当在全国人民代表大会常务委员会举行会议审查和批准预算调整方案的三十日前，将预算调整初步方案送交全国人民代表大会财政经济委员会进行初步审查。

省、自治区、直辖市政府财政部门应当在本级人民代表大会常务委员会举行会议审查和批准预算调整方案的三十日前，将预算调整初步方案送交本级人民代表大会有关专门委员会进行初步审查。

设区的市、自治州政府财政部门应当在本级人民代表大会常务委员会举行会议审查和批准预算调整方案的三十日前,将预算调整初步方案送交本级人民代表大会有关专门委员会进行初步审查,或者送交本级人民代表大会常务委员会有关工作机构征求意见。

县、自治县、不设区的市、市辖区政府财政部门应当在本级人民代表大会常务委员会举行会议审查和批准预算调整方案的三十日前,将预算调整初步方案送交本级人民代表大会常务委员会有关工作机构征求意见。

中央预算的调整方案应当提请全国人民代表大会常务委员会审查和批准。县级以上地方各级预算的调整方案应当提请本级人民代表大会常务委员会审查和批准;乡、民族乡、镇预算的调整方案应当提请本级人民代表大会审查和批准。未经批准,不得调整预算。

第七十条 经批准的预算调整方案,各级政府应当严格执行。未经本法第六十九条规定的程序,各级政府不得做出预算调整的决定。

对违反前款规定做出的决定,本级人民代表大会、本级人民代表大会常务委员会或者上级政府应当责令其改变或者撤销。

(二)部门预算调整

对于中央部门预算基本支出的调整,《中央本级基本支出预算管理办法》规定:中央部门要严格执行批准的基本支出预算。执行中发生的非财政补助收入的超出部分,原则上不再安排当年的基本支出,可报经财政部批准后,安排项目支出或结转下年使用;发生的短收,中央部门应当报经财政部门批准后调减当年预算,当年的财政补助数不予调整。如国家出台的有关政策,对预算执行的影响较大,确需调整基本支出预算的,由中央部门报经财政部批准后再进行调整。

定额标准的执行期限与预算年度相一致;定额标准的调整在预算年度开始前进行;定额标准一经下达,在年度预算执行中不作调整,影响预算执行的有关因素,在确定下一年度定额标准时,由财政部统一考虑。

对于中央部门预算项目支出预算的调整,《中央本级项目支出预算管理办法》规定:

中央部门应当按照批复的项目支出预算组织项目的实施,并责成项目单位严格执行项目计划和项目支出预算。

项目支出预算一经批复,中央部门和项目单位不得自行调整。预算执行过程中,如发生项目变更、终止的,必须按照规定的程序报批,并进行预算调整。

《中华人民共和国预算法实施条例》规定:政府有关部门以本级预算安排的资金拨付给下级政府有关部门的专款,必须经本级政府财政部门同意并办理预算划转手续。

(三)单位预算调整

《中华人民共和国预算法实施条例》有如下规定。

各部门、各单位的预算支出,必须按照本级政府财政部门批复的预算科目和数额执行,不得挪用;确实需要做出调整的,必须经本级政府财政部门同意。

各部门、各单位的预算支出不同,预算科目间的预算资金需要调剂使用的,必须按照国务院财政部门的规定报经批准。

年度预算确定后，企业、事业单位改变隶属关系，引起预算级次和关系变化的，应当在改变财务关系的同时，相应办理预算划转。

（四）国有资本经营预算调整

对于国有资本经营预算的调整，《国务院关于试行国有资本经营预算的意见》有如下规定。

国有资本经营预算资金支出，由企业在经批准的预算范围内提出申请，报经财政部门审核后，按照财政国库管理制度的有关规定，直接拨付使用单位。使用单位应当按照规定用途使用、管理预算资金，并依法接受监督。

国有资本经营预算执行中如需调整，须按规定程序报批。年度预算确定后，企业改变财务隶属关系引起预算级次和关系变化的，应当同时办理预算划转。

（五）社会保险基金预算调整

《国务院关于试行社会保险基金预算的意见》有如下规定。

社会保险基金预算不得随意调整。在执行中因特殊情况需要增加支出或减少收入，应当编制社会保险基金预算调整方案。社会保险基金预算调整由统筹地区社会保险经办机构提出调整方案，经人力资源社会保障部门审核汇总，财政部门审核后，由财政和人力资源社会保障部门联合报本级人民政府批准。社会保险费由税务机关征收的，社会保险费收入预算调整方案由社会保险经办机构会同税务机关提出。

二、政府预算调整的程序

各国对于预算调整的法律规定，大致有以下两种情况。

一是预算调整权集中在议会，政府如果需要追加预算或临时拨款，需要提出预算调整方案，经由议会审查批准（如法国、英国、日本、印度等国）。例如，英国规定，政府如需追加预算开支或临时拨款，必须向议会提交议案，经议会审查批准。我国的预算调整也大体采用了这种模式。

二是除议会拥有预算调整权外，政府部门也有部分预算调整权限（如美国、德国、西班牙等国）。例如，德国法律规定，一般情况下，追加支出必须经议会批准，但在联邦政府面临重大威胁或者遇到有重大危害的突发事件时，联邦政府可以按照《促进经济稳定和增长法》的规定，追加预算。西班牙规定，政府如果需要支拨临时款项，财政大臣应建议政府讨论通过并向议会提交一份法律草案，由议会批准。法案中应说明扩大公共支出的财力来源，政府根据财政大臣的建议，也可以在特殊情况下，例外地批准拨付不可拖延的支出（但每个预算年度的最高限额为总预算拨款的1%）。

我国现行政府预算调整的程序是：各级政府对于必须进行的预算调整，应当编制预算调整方案。中央预算的调整方案必须提请全国人民代表大会常务委员会审查和批准；县级以上各级政府预算的调整方案必须提请本级人民代表大会常务委员会审查和批准；乡、民族乡、镇政府预算的调整方案必须提请本级人民代表大会审查和批准。未经批准的，不得调整预算。不允许政府在批准的预算之外自行做出总支出超过总收入或者增加债务数额的决定。

三、政府预算调整的类型

预算调整指经批准的各级预算，在执行中因特殊情况需要增加支出或者减少收入，使原批准的收支平衡的预算的总支出超过总收入，或者使原批准的预算中举借债务的数额增加的部分变更。按照其调整的幅度和影响范围不同，分为局部调整和全面调整两种情况。

（一）局部调整

局部调整又称为小调整，它是对政府预算做的局部变动。在政府预算执行中，为了适应客观情况的变化，重新组织预算收支平衡，局部调整是经常发生的，其措施主要有四种。

第一，动用预备费。各级总预算的预备费，一般是为了解决预算执行中某些临时急需和事先难以预料的重大开支而设置的备用资金。例如，发生重大自然灾害，实行重大经济变革时，就可以动用预备费。由于预备费是用做急需的资金，各级预备费的动用，应从严掌握，一般应控制在下半年使用，并应经过一定的批准程序。中央预备费的动用，须经国务院批准；地方预备费的动用，应经同级人民政府批准。

第二，预算的追加、追减。在原核定预算总额以外，增加预算收入或支出数额，称为追加预算；减少收入或支出数额，称为追减预算。各部门、各单位由于国家政策、计划、制度发生重大变化以及事前难以预料的特殊原因，需要追加追减收支预算时，均应编制追加、追减预算。办理追加、追减预算时，必须经各级人民代表大会常务委员会批准，方可执行。

预算的追加与追减需要考虑以下问题：追加收入必须建立在发展经济的基础上；追减收入必须制定抵补办法或紧缩开支；追加支出必须有确定的资金来源；追减支出要相应地调整建设事业计划。此外，在审定追加、追减预算时，还需要考虑政府预算与银行信贷、物资供求以及外汇收支各方面的综合平衡。

第三，经费流用。亦称"科目流用"或"预算支出科目之间经费流用"，指在保证完成各项建设事业计划，又不超过原定预算支出总额的情况下，由于预算科目之间调入、调出和改变资金使用用途而形成的预算资金的再分配。

在预算执行中，各预算支出科目之间，往往会发生有的资金多余，有的资金不足的情况。为了保证各项建设事业的完成，并充分发挥预算资金的使用效果，在不超过原定预算支出总额的前提下，可按规定在一些科目之间进行必要的调整，以达到预算资金的以多补少，以余补缺。

因为不同的预算科目表明了资金的不同用途，同时资金的用途是和物资的计划供应情况密切结合的。因此，预算经费的流用必须遵循一定的原则，包括：不影响政府预算总规模和收支平衡，不影响各项建设事业的完成；遵循国家规定的流用范围，做到基本建设资金不与流动资金相互流用、人员经费不与公用经费相互流用、各项专款不与一般经费相互流用。

第四，预算划转。由于行政区划或企业、事业单位隶属关系的改变，使其预算的隶属关系发生改变，从而将全部预算划归新的领导部门或接管单位的调整方法，称为预算划转。预算划转有三种情况，即中央预算与地方预算之间的划转、地方之间的划转和部门之间的划转。

企业、事业单位隶属关系改变后，其应缴的各项预算收入及应领的各项预算拨款和经费，一律按照预算年度划转全年预算。年度预算执行中，已经缴入国库的收入和已经实现的支出，也要同时划转，由划出和划入的双方进行结算。

（二）全面调整

全面调整又称为大调整。政府预算在执行过程中，如果遇到特大自然灾害、战争等特殊情况，或者遇到国民经济发展过分高涨或过分低落，以及对原定国民经济和社会发展规划进行较大调整，就有必要对政府预算进行全面调整。这种全局调整并非经常发生，只有在出现上述情况时才进行。

政府预算的全面调整，涉及面广、工作量大，实际上等于要重新编制一次政府预算，在预算执行过程中应该要慎重考虑是否进行政府预算的全面调整。如果要进行全面调整，则首先由财政部提出全面调整计划，再经由国务院审核，报经全国人民代表大会常务委员会批准后，下达各地区、各部门进行执行。各级财政部门根据国民经济和社会发展规划的变动情况，以及国家人力、物力、财力的增长变化和国家各项生产建设的要求，人民物质文化生活的需要，测算政府预算各项收入和支出的增减数额。各主管部门也要根据各自的具体情况进行某些收支项目的调整。财政部门和主管部门，经过上下协商、反复平衡，最后确定政府预算收支的新规模，以适应经济发展的需要。

政府预算的全面调整，首先由国务院提出调整预算计划，上报全国人民代表大会审查批准，然后下达各地区、各部门执行。

思 考 题

1. 政府预算执行有什么重要意义？
2. 简述政府预算执行的组织体系。各执行机构的基本任务和基本职责是什么？
3. 我国政府预算收入库款是怎样划分和报解的？
4. 什么是预算调整？说明预算调整的类型和程序。

即 测 即 练

第七章

政府决算和财务报告

  政府决算和财务报告是反映政府财政收支状况和管理水平的重要文件。在政府决算和财务报告中，必须始终坚持以习近平新时代中国特色社会主义思想为指导，贯彻落实党中央的决策部署，确保财政工作的正确方向。政府决算和财务报告以人民为中心，关注人民群众的利益和福祉，注重保障和改善民生，体现了新发展理念，即创新、协调、绿色、开放、共享的发展理念，在财政工作中要注重创新驱动发展、协调均衡发展、生态环境保护、扩大对外开放以及促进社会公平正义。

  本章介绍政府决算和财务报告，让读者对政府决算和财务报告的填制内容和程序有初步的了解。本章结构如下：第一节政府决算概述，主要包含政府决算的概念和特点、意义及组成等；第二节政府决算的审查与批准，主要包含决算草案的审查与审批等；第三节介绍政府财务报告，主要包含政府部门财务报告，综合财务报告、以及财务报表的表现形式等。

第一节 政府决算概述

一、政府决算的概念和特点

  政府决算是按照法定程序编制的用来反映政府预算执行结果的会计报告，由决算报表和文字说明两部分构成。政府决算负责将每年的政府预算执行情况进行总结，反映了预算年度内政府预算收入和支出的最终执行结果。

  政府决算是政府预算管理的最终环节，决定着预算管理整个过程的成与败，因此它的地位显得特别重要，它具有以下特点。

  （1）政府决算对政府预算会计进行总结。政府决算是在政府预算会计执行过程中将发生的各种收支情况进行汇总而形成的，也就是说政府决算是政府会计的一个汇总报告。

  （2）政府决算对政府预算会计进行审查。政府预算在执行的过程中，会受到许多的因素影响。例如，当年我们因预算不足在后期增加的预算，由上一年度遗留到今年的预算，这些都大大地影响了政府预算的准确性，所以必要时还是要通过政府决算来将它完成，它对政府预算的合规性进行了保障。

  （3）政府决算负责政府预算会计的批准。政府预算是在年初时根据政府接下来一年的工作计划进行的一个科学性预测，由于实际事件的突然性，很多事情在一开始时是无法预测的，这也就导致了预测的数据和实际的数据有不吻合的地方，需要依靠年终的政府决算最终确定和批准，对政府预算加以完善。

二、政府决算的意义

（一）政府决算反映了政府预算执行的结果

政府决算是政府预算执行的最后一个步骤，它的数据通常都是通过实际发生的事件所形成的数据，因此它具有一定的准确性。而它的决算收入反映了政府这一年的资金来源情况，资金数额多少的情况，以及资金结构的组成；通过这些可以知道产业结构的变化情况和居民收入的波动情况；政府决算支出反映政府这一年的开销情况，从而体现了政府在社会经济建设事业发展中的投入力度，政府决算的结果是否平衡决定了国民经济体系是否成熟，反映了社会总供给和总需求平衡与否，然后再以此做出相应的调整，政府决算对政府政策的执行有着相当大的影响。

（二）政府决算是国家经济状况的集中体现

政府决算不仅是政府预算的最终步骤，它还在一定程度上反映了一个国家的经济建设程度。根据政府决算可以知道这一年来国家在什么方面有了重大的投入，总结这一年各项经济活动的情况，然后再分析在预算年度内国家财政资金的结构，为下一年的预算做小结，使下一年的预算能够更精确。同时也可以通过政府决算为国家的宏观经济决策提供一些重要的数据，让决策更加有效果。

（三）政府决算是政府财政和数理统计的主要来源

国家政府预算通过一系列的审批程序和执行过程，最终可以获得一个实际真实的数据，恰巧政府决算正是预算的最后一个步骤，这也就说明政府决算的数据可靠性，而且政府的财政数据是以此为基础的，体现了政府决算对财政的重要性；同时也为下一年的预算收支指标、对经济的宏观调控、对下一年度的预算管理体系的优化起到相当大的作用。

（四）政府决算让财政信息变得更加透明

政府通过税收为产品提供融资时，要求在政府决算的报告中做到信息透明，其中包括：对政府性支出的来源、取得以及使用结果做出解释，并对做出的解释承担一定的法律责任，纳税人对此有一定的知情权。为了能够有效地起到监督作用，政府的预算编制和执行结果应该需要受到纳税人的监督，这在一定程度上增加了财政信息的透明度，解决了纳税人所接收信息不完整的情况，保证了政府与纳税人之间信息的公平性。

三、政府决算的组成

（一）按照政府决算的级次划分

政府决算的编制体制一般都是按级划分，每一级都有它自己的一个编制基础，按照由低级数向高级数的级别顺序逐级编写而成，它分为中央决算和地方决算两大类。

（1）中央决算。中央决算是最核心的一个决算，它能够反映出中央政府各个部门的资金流向、行政单位的决算、事业单位财务决算、国有企业财务决算、国库年报、税收年报，最终再由中央财政部门审核汇总而成。

（2）地方决算。地方决算又分为四级预算，从高到低分别是省、市、县、乡。它是由本级的行政单位决算、事业单位财务决算、企业财务决算、国库年报、税收年报以及所属下级的相同的决算所构成的。

（二）按照政府决算内容划分

决算内容分为决算报表和文字说明两部分：决算报表是用一些数字进行的表格的填列，这些数字往往具有不同的意义；文字说明是配合表格中的数字进行分析，更多的是对这一级的预算执行情况进行书面文字的小结。

（三）按照政府决算报送单位划分

政府决算包括各个级别自己的一个单位决算，以及将各自级别的决算汇总得出的一个总决算，因此分为总决算和单位决算。

（1）总决算。总决算除了包含自己这一级别的决算，还包含下级财政部门的年度收支预算。它反映的是中央主管部门的决算加上各个省、市、县、乡四级预算的一个总和。

（2）单位决算。单位决算是以每一个部门为一个单位体，指政府各部门所属的行政、企业、事业单位，根据本单位的主管部门提出的意见做出草案，并附加决算说明书，然后再上报给同级财政部门，最终汇入到中央财政级别汇总成为总决算。

四、编制决算草案的基本原则

（一）编制的决算草案需要符合国家的法律、法规

编制的决算草案是由国务院财政部门部署的，它是以国家颁布的法律法规作为标杆，编制的每一条决算都需要符合行政法规，让各级相关部门和中央主管部门都能做到以法为本的编制原则。

（二）编制决算草案需要满足真实性、准确性、完整性、及时性

各级单位做出的决算草案需要对其编制内容的真实性负责，这不仅关系到决算草案本身的质量，还会影响后面的中央主管部门做出最终的一个决算。同时，编制的内容需要具备及时性的特点，很多内容都需要根据现在发生的事件所编制，不能跨越太大的时间界限，这不利于决算草案的实施。中央政府编制的最终决算草案，一定是要完整的、全面的，不能单单反映大部分或者部分现象，这不利于国家经济的全面发展。

（三）决算草案应当按预算数、调整预算数、决算数分别列出

政府收支分类科目，收入分为类、款、项、目；支出按其功能分类分为类、款、项；按其经济性质分类分为类、款。根据我国《中华人民共和国预算法》第四十六条规定：报送各级人民代表大会审查和批准的预算草案应当细化。本级一般公共预算支出，按其功能分类应当编列到项；按其经济性质分类，基本支出应当编列到款。本级政府性基金预算、国有资本经营预算、社会保险基金预算支出，按其功能分类应当编列到项。

（四）政府决算草案要先审计后批准

为了确保草案的真实性，提高草案的质量，中央政府编制的草案一般都是需要先经过

全国人民代表大会审计，审计无误之后再确认批准实施的。根据我国《中华人民共和国预算法》第七十七条规定：国务院财政部门编制中央决算草案，经国务院审计部门审计后，报国务院审定，由国务院提请全国人民代表大会常务委员会审查和批准。

县级以上地方各级政府财政部门编制本级决算草案，经本级政府审计部门审计后，报本级政府审定，由本级政府提请本级人民代表大会常务委员会审查和批准。

乡、民族乡、镇政府编制本级决算草案，提请本级人民代表大会审查和批准。

五、编制政府决算草案的具体事项

（一）确定和传达政府决算的编审方法

因为政府决算草案涉及国家的法律、法规，又是由不同层次的主体编制而成，并且涉及的数字内容十分广泛，所以急需编制统一的制度，确保能在执行的时候不会因为内容涉及广泛而带来不便。我国政府决算的编审方法是在财政部总结了上一年度的编制工作后，结合本年的经济政策，以及在预算过程中遇到的问题编制而成的决算方法，然后传达给中央部门和各个不同层次的单位。四级单位根据下达的决算编审的方法和原则，再结合实际情况制定出本部门决算的具体编审方法。

决算的编审方法如下。

（1）根据国家的经济情况和财政制度，为解决在预算过程中遇到的问题，提出了增加收入、节约支出、完成预算任务和平衡预算的具体措施。

（2）建立良好的组织结构。一个良好的组织结构，能够使消息的传达更有效，这满足了政府决算的及时性和准确性。

（3）审查行政单位。为了确保决算的质量，需要对相关的建设单位和企业进行审查。

（4）建立年终收支清理工作的基本要求。在完成编审之后要求认真组织年终清理，同时需要财政与税务的积极配合，做好对账工作。

（5）收入与支出的数据编制需要明确规定。数据的填写对于政府决算的编制尤为重要，数据的编写错误将会导致后面预算的偏差，制定明确的规定可以让填写的数据得到保障。

（6）年终结余的处理。对于可以年终结余的部分，应当做出处理意见。

（7）确定编审报送的截止日期。

（二）进行年终清理

年终清理要求各级的财政部门对本级编制的预算数据的准确性、真实性负责，即对有关的财务活动进行清查与核对。年终清理的具体事项如下。

1. 核实预算数与调整预算数

核实预算数要求各级的财政部门自己要将所在级别的预算数据进行核查，核查之后再汇报给上级，与上级的预算数进行归总，确保全年数据的准确。

调整预算数要求各级别的财政部门要以是否已经完成预算调整程序为依据对填报的收支数据进行调整。如果是按照规定完成了预算调整程序的，调整预算数 = 年初预算批复数 + 预算调增数 − 预算调减数；如果是未按照规定完成预算调整程序的，调整预算数 = 年初预算批复数。对于年初结转和结余调整预算数，年初结转和结余的调整预算数＝上年度决算批复年末结转和结余数＋经预算批复的结转和结余调增数－经预算批复的结转和结余调减数。

2. 清查预算的应收应支款项

年度内需要缴纳的预算收入要在年终前及时、足额的缴入，亏损的金额需要及时止损，政府各级单位多余的资金应当及时收回。

3. 结清结算拨借款

同级单位的财政部门之间，下级单位和上级单位之间的财政部门所处理的拨借款需要在年底 12 月 31 日前结算清楚。

4. 清理往来款项

往来款项需要及时处理，长时间放置不仅会产生虚假数据的现象，对后期的预算数据产生影响，还会引发收不回的坏账风险，造成沉没成本。

5. 清理财产物资

库存现金和固定资产需要每年进行一次盘点，保证资产的完整性，在编制预算数据时要做到账账相符、账实相符、账证相符。

6. 人员数数字的核对

不同工作性质、不同工作岗位的员工需要被区分开来，避免混淆而给人们一种数据虚增的现象，同时还要注意与上一年的员工资金数据的合理连接，保证数据预算编制的可靠性。

（三）结转资金与结余资金的管理

1. 结转资金管理

中央部门结转资金包括两部分，分别是：基本支出结转资金和项目支出结转资金。基本支出结转资金的原则是上一年结转有余的可以结转至下一年继续使用，日常公用性的支出是不能够随意挪动和变更的，而且也不能变更公共人员的经费标准。对于突发事件，需要调整资金项目的，要向财政部报备。

2. 结余资金的管理

结余资金指对于一年或两年连续未使用的资金，我们称它为结余资金管理。结余资金包括基本建设项目的结余资金和中央部门的结余资金。基本项目的结余资金指政府在上一年对某个项目的投入过多溢出的资金，或者是企业某一个项目完成之后所留下来的资金。按照基本建设财务管理的有关规定，基本项目竣工之后，应当马上做决算资金的评估，如果资金有多途，应当由财政部收回。根据资金的去向不同我们将清理的情况也分为了两种：国库集中支付结余资金和非国库集中结余资金。

（四）决算说明书的编写

决算说明书是预算管理的执行以及数据填报的一个纲要，对于决算数据如何填写起到了主导作用。各级财政部门对于编制决算的问题可以由决算说明书来帮忙解决，除此之外，决算说明书还是分析财政经济情况和社会研究政策的重要参考资料，为数据填写的完整性提供了保障。

六、政府决算编制方法

政府决算的编制方法是从下至上的，先由各乡、县的财政部门对本级进行编制，编制好以后再传给省级单位，省级单位再传给国家的中央财政部门，最后再由中央财政部门对所收集到的信息进行整理和分析，最终得到一个较完整的决算报告。

（一）单位决算的编制方法

预算年度终了后，各基层的预算单位在搞好年终清理后，需要及时、完整地将决算报表给编制好，对数据要进行审查，确保无误后连同决算说明书一起传交给上级单位，这也是作为汇编总决算的依据。

（二）总决算的编制方法

总决算的编制方法就是对各级的财政部门进行一个汇总，对各级上交的决算数据进行筛选和审核，然后再结合接下来一年将发生的实际活动进行预测分析，最终编制成决算报告。除此之外，还要编制成一个总的决算说明书，能够使不同地方的财政部门得到统一，使预算编制得更加精确。

七、政府决算表格

决算表格可以说是编制决算的一个工具，也是数据填写的地方。因此，决算表格的形式对于数据的编写有一定的影响力。我们应当做好不同类型的决算表格的编制。

（一）决算表格按其适用范围划分

1. 政府总决算表格

它是四级财政部门的一个总体表现形式，反映的是各级年度财政总预算收支情况和资金活动情况。

2. 预算单位决算表格

它适用于各级别预算单位和主管部门的数据填写，主要反映各个行政事业单位执行年度经费支出预算的情况和单位资金活动的结果。

（二）决算表格按其内容划分

1. 资产负债表和决算收支表

（1）资产负债表，编算的原则是资产=负债+所有者权益，它将各个科目大致划分为了资产、负债、权益三种结构，于每一年的12月31日反映这一年来政府的资产与负债的增减变动关系。

（2）决算收支表又称为资金流量表，用于反映该级预算单位各项资金收支情况，具体包括以下七部分。

①决算收支总表，是预算单位收支和结余的一个汇总。

②决算收入明细表，是决算收入总表的具体化，反映本预算年度内预算单位的每一款项的具体金额。

③决算支出明细表，是决算支出总表的具体表现，反映各单位预算支出的表。

④民族自治地区决算收支表，是反映民族地区的收入和支出的表。

⑤往来款项明细表，是对各种往来账项的一个填写表，反映了每项资金的交易双方和资金的流向，方便发现数据问题的原因。

⑥预算支出变动明细表，是关于调整数据后的预算支出变动情况的表格，反映的是各级预算支出的变动情况。

⑦预算收入变动明细表，是关于调整数据后的预算收入变动情况的表格，反映的是各级预算收入的变动情况。

2. 其他附表

这是对上述数据表格的一个补充，是用来记录本年发生但并不属于上述表格的活动内容，主要包括：财政部门预算外资金收支决算表、城市维护建设资金收支表、救灾经费支出决算表、财政基金预算收支情况表、税收年报和国库年报等。

第二节　政府决算的审查与批准

一、决算审查的意义

决算草案的审核是对决算质量的一个保障，为了能够提高决算质量，需要加强各级的审核，由下至上，每层都尽心尽力地负责，确保将失误降至最低。上级对下级的审查包括两种方式：一种是上级的行政部门对下级行政部门的审查，另外一种是立法机关对所有的决算进行审查。

二、决算审查的分类

（一）行政部门对决算草案的审查

1. 行政部门对决算草案审查流程

首先是由预算部门进行审核。各级别所属的预算单位对自己所在级别进行决算审核，对于一些数据的变动，需要及时地填列在收支变动明细表上并且标注，在审核无误之后需要汇总编制本部门的决算草案，然后传递给本级的财政部门进行审核。其次是由财政部门对本级所上交的各部门的决算草案进行审核，查看是不是存在数据不完善，不符合法律、行政法规的内容。如果存在，财政部门有权利将其打回让负责的部门进行修改。最后，是由本级的审计部门进行审定，审计部门负责审计财政部门传递过来的决算草案，主要审核资金的流向和是否存在数据造假和重大错报的风险。如果无任何问题，县级和乡级以及市级的审计部门将决算草案报本级政府审定，国务院财政部门编制的中央决算草案经国务院审计部门审计无误后报国务院审定。

2. 决算草案的主要审核方法与审查形式

（1）决算草案的主要审核方法。主要审核方法包括三种：就地审核、书面审核、派人到上级机关汇报审核。就地审核是指由所在级别的相关部门进行审核；书面审核是指将决算草案报告给上级，然后再由上级进行审核；派人到上级机关汇报审核是指由下级负责审核本部门的单位负责人出一个代表去上级汇报自己所在级的审核结果。

（2）决算草案的审查形式。决算草案的审查形式大致可以分为三种：单位自查、联审互查、重点审查。

①单位自查，是指决算编制单位对本单位的决算进行审查。这种方式不仅可以提高单位预算管理水平，还可以让单位的员工们养成良好的自觉性。

②联审互查，是指本级的主管部门允许下级的主管部门参与本级的一个决算草案说明书的审查，也允许财政部门对本级所属单位的决算和上级部门的单位决算进行审查。这种方式不仅强调了公平性还能够让上下级对所在部门进行双重审核，在互相监督的同时保障了决算草案的质量。

③重点审查，是指上级财政部门对所属地方决算或者是单位决算中由自审或联审互查中发现的问题进行审查，该种方式有利于减少在审查过程中发现的数量问题。

3. 决算草案分析的内容

（1）预算收入审查。本年度的收入是否按照国家的相关政策进行缴纳，各级的财政收入是否清算准确且及时缴入各级国库，根据财政资金用途不同所划入的收入科目是否准确，应当上解上级收入和本级收入之间是不是存在混淆的情况，各级多余的资金是否缴入了国库，收入数是否等于全年的收入数。

（2）预算支出审查。列在决算中的预算支出数是不是等于上级财政部门核定的支出数，支出数的金额有没有计算错误，有没有将不属于预算支出内容的金额给算进来，是否存在预算支出数科目混淆的情况，是否存在遗漏的预算支出数没有填入预算支出明细表中，地方预算调整数与上级核定的预算数之间的差额与调入资金是否等同于上年结余的金额。

（3）预算结余审核。结余的金额有没有存在数据虚假的情况，结余资金是否符合决算草案的编制情况。

（4）资产负债审查。库存现金的金额是否还有未入账的款项，是不是存在材料损失带来的坏账，是否清理完应付而未付的款项，对于应收而未收的款项是否已做资产处理，对于可能收不回的款项是否做坏账处理，暂付等其他各种往来款项是不是符合决算的规定。

（5）数字关系审查。决算报表与决算表格的数据是否一致，本年度由上一年度多余资金的转入金额是否准确，本级财政部门与所在单位、上下级财政部门之间的补助、上解、暂收、暂付款项的数字金额是否相等，税收年报的有关数据是否等于国库年报。

（6）决算完整性和及时性审查。编制的数据是否完整，编制的科目是否笼盖了所有的金额，决算报表的项目和栏次是否划分准确，决算表格的数据存没存在漏填的现象，计算的方法是否符合规定，有没有编制决算说明书，审核的程序是否符合法定的程序，报送时间是否及时。

（二）立法机关对政府决算草案的审查批准

1. 立法机关审查批准政府决算的必要性

我国是一个法治国家，在很多层面上体现出法律的效力。当然，在政府决算上也需要法律的约束，这样才能让政府决算草案变得更加规范、合理。政府决算部门应当主动、自觉的接受同级人民代表大会及其常务委员会的监督，立法机关应当重点检查单位部门的资金流动和资金管理的情况，防止高层管理人员滥用资金财务造假的情况发生。因此，各级人民代表大会应当加强对本级别政府决算草案的审查批准，对本级决算草案的合法性负责。

2. 我国立法机关对政府决算草案的审查批准

全国人民代表大会的审查批准大致可以分为三个阶段。

①预先审查：全国人民代表大会对财政部上交的预算草案进行检查、分析，对于一些不足的地方加以改正，将修改好的决算草案上交给预算工作委员会。

②初步审查：全国人民代表大会对于上交的决算草案编制成一个简单的报告，然后由财经委员会对上交的决算草案进一步审核。如果发现有不足的地方就加以改正，改好以后就上交给国务院批准。

③大会会议审查：国务院、中央、地方的代表人物对上交的决算草案进行审查，预算工作委员会根据各级人民代表大会专门委员会对预算及预算审查监督工作的意见和要求再上交财务报告和一些决算草案分析意见，确保决算审查监督的质量。

3. 决算审查的主要内容

各级人民代表大会常务委员会对各级的决算草案重点审查内容包括：预算收入情况，重大投资项目资金的使用及绩效情况，资金结余情况，本级预算调整及执行情况，本级预算周转金规模和使用情况，预算支出情况，本级人民代表大会批准的预算决议落实情况，其他与决算有关的事项。

4. 政府决算草案的批准

各级别的决算草案经过以上审查程序后，上交给各级的人民代表大会进行批准，确保无误就可以正式对外公开。

第三节　政府财务报告

一、政府财务报告的含义

政府财务报告编制的目的是将政府预算当中的数据以报告的形式传递给使用者，是以政府的资产负债表、收入费用表作为财务报告的核心，全面反映了政府预算数据信息。政府财务报告是单位进行审计的一个依据，同时也反映了政府这一年来资金流动的情况及负债的情况。

二、政府财务报告的构成

政府财务报告是由政府部门报告和政府综合财务报告共同构成的。

（一）政府部门财务报告

政府部门财务报告是由各级的财务部门负责的，编制的基础是权责发生制，是以实际收到货款的那一天登记在财务数据表上的。它反映的是各级各个部门之间财务的利用状况，同时还必须对填列在财务报告中数据的真实性、完整性负责。对于财务报告中出现的一些不太乐观的数据要加以重视，分析它的原因：是不是因为内部原因导致的，如果是要加以改正，改正好以后按照规定向社会公开，同时做好预算管理与资产负债管理的连接。

（二）政府综合财务报告

政府综合财务报告指由各级的财务部门将自己编制的财务报告与其他级别编制的财务报告汇总起来，以资产负债表和收入费用表作为反映政府整体的财务状况的财务报告。政府综合财务报告也要保证报告的真实性、完整性，在各级的人民代表大会和中央政府的人民代表大会的审计部门审计无误后，可以向社会公布，让更多的人了解政府财务状况，有利于政府为下一年的财政计划提供信息。

三、政府财务报告的信息需求者和表现形式

政府财务报告涉及的范围广阔，所以政府决算报告的准确性显得非常重要，它直接关系到政府未来的资金状况走向。它的信息需求者类型比较多，有政府内部人员、国家相关部门人员、各类机构的投资者、社会公众，以及一些由政府扶持的企业董事等。具体信息需求者类型如下。

（一）社会公众

政府部门的财务信息对于社会公众来说要体现它的公平性。社会公众应当享受和政府部门同等的权利，绝对不能不报信息或者是故意隐藏。

（二）权力机关

权力机关需要政府机构的财务信息，更多的是出于一种监督和评价政府行为的作用，权力机关需要查看财务信息的真假，以及是否存在员工徇私舞弊的情况，权力机关在这里充当了法律治理标杆的作用。

（三）资金的投资者

政府的财务信息对于投资者来说极其重要，投资者会根据财务状况决定该不该投资它，根据它的偿债能力判断是否在接下来的几年里会存在重大的财务风险，该不该撤资，这些都会影响投资者的决策分析，所以资金的投资者也是政府财务报告需求者重要的一员。

（四）评估机构和评估者

政府的财务报告是评估机构和评估者对企业进行评估的重要依据，他们将依据政府给

出的财务报告分析哪些数据是处于一个恶性的阶段,这些不好的数据是否会给政府带来财务风险,如果存在财务风险,评估机构应当给予政府提示,让他们做出相应的预防措施。所以,财务数据对于评估机构而言很重要,它直接关系到政府财务的存亡。

(五)各级行政管理部门

每一级别的行政管理部门对于它们彼此都是互相监督的作用,政府财务报告能够让各级的行政管理部门监督该级别的管理人员,根据财务报表的数据显示,查看该级别的管理人员是否存在贪污、数据造假的行为。行政管理部门对于政府来说是进行自我监督的重要依据。

四、政府财务报表的表现形式

(一)政府财务报表是政府财务报告的重要内容

政府财务报表是政府财务信息的一个重要表现形式,政府的财务报告除了拥有各自部门的一个报表,还拥有一个综合的报表,即整个政府的合并财务报表。通过财务报表政府可以知道哪些部门今年的运营状况不太好,哪些部门的运营状况值得借鉴和学习;通过合并财务报表可以知道政府这一年的整体运营状况,哪些地方存在不足,哪些地方需要加以改进。

(二)政府财务报表反映了政府财务受托状况

政府需要占用一定的公共财力,然后将这些财力用于公共产品和公共服务,让公众能够拥有资金支配的权利。受托责任指信息的提供方(政府)与权利拥有方(公民)之间的一种委托—受理关系,政府需要给居民提供一个平等的权利,同时应当保护公民的合法权益,让公民的权益不受到伤害。同时,传递给公民的信息要和权力部门一样迅速、准确、完整,政府也应当尽可能地服务于公民,给公民提供自己最大的帮助。

五、政府财务报告的目标

(一)政府财务报告的一般目标

政府财务报告的一般目标又分为最高目标和具体目标。其中,最高目标是政府财务报告的根本目标,它是具体目标的一个总体概括;具体目标又是总体目标的一个重要表现。两者是相辅相成、相互衬托的关系。

(1)最高目标。最高目标最主要的形式体现在两个方面:①评价受托责任,要求将政府财务报告向公众公示的时候也需要向公众说明受托责任,由于政府财务报告需求的广泛性,所以政府财务报告就更有必要向公众解释受托责任;②提供决策参考,根据目前已经得到的消息对未来经济走向的一个预测分析。

(2)具体目标。具体目标涉及的范围比较广阔,具体如下:①说明资源是否按照法定预算和取得的;②资源是否属于法律和合同的要求;③提供资源的信息情况(包括来源信息、使用信息、分配信息);④提供资金的运筹情况和对资金的需求信息;⑤提供履行承诺的信息能力；⑥提供财务变动情况信息。

因此，具体目标是政府的全面财务信息，政府的具体目标不仅需要提供预算执行情况，还要提供各部门的详细活动状况，对于政府的每一个部门财务状况都要有所涉及。

（二）政府财务报告的总体目标

总体目标是以权责发生制为主要的会计准则，它反映的是政府应当收到资金的那一天确认为收入，并且用这种方法建立了健全的政府财务报告编制信息。它改善了政府绩效监督考核，对防范财政风险等提供支持，促进了财务的经济增长状况和更有效的财务管理水平。

（三）政府财务报告特点

（1）全面性。即政府的财务报告反映的信息不能只反映一个片面，而是既要反映管理部门管理者需要的管理信息、内容控制机构需要的内控信息，以及财务部门需要的财务信息，还要对于政府不同方向的信息需要有所涉及。

（2）合法性。财务报告的内容信息要符合法律法规的规定，编写的形式需要符合我国法律的规定，并且与社会公认的标准要一致，不能存在弄虚作假的现象。

（3）可理解性。编制的信息要能够让使用者明白它的意思，编写得不需要过于复杂，越简洁越好，最好是能够做到通俗易懂。这样才能够让使用者理解起来更加迅速，能够提高工作的效率。

（4）可靠性。要求编制的信息是正确的、完整的、可检验的，要如实地反映出政府财务预算的内容。数据要做到精确不要留有错误，一旦存在错误很有可能会让使用者进行错误的分析，给后期政府预算的执行带来极大的不便。

（5）相关性。要求编制的信息确实是能够给使用者带来帮助的，不要编制一些用不到而且毫无价值的信息，确保每种类型的信息使用者都能够在财务报告上找到自己需要的信息。

（6）一致性。要求在编制的过程中确保财务数据的一致性、会计使用方法的一致性、内容涉及范围的一致性、主体的一致性，除非有特别情况，否则不能够随意改变，而且改变后需要在旁说明。

（7）及时性。报表的信息要及时，不能是现在的财务报表，其信息、数据都是很久之前的，因为这些信息对于使用者来说没有一点参考价值，不利于信息使用者做出正确的判断。

（8）可比性。编制的信息不能只着力在某个点上，而应该更关注在某个面上，通过一个财务数据能够横向和纵向对比，让其变得更具有参考价值，更加具有依据性。

（9）有用性。政府的信息对于内部和外部的使用者都是有用的，能够帮助他们了解机构资金的运用、来源和情况。

六、政府财务报告的主体

（一）政府财务报告主体的一般理解

政府财务报告的主体包括多个内容，其中最主要的部分是由以下三个部分组成的：基本政府、基本政府负有财务责任的组织、基本政府的相关单位。

1. 基本政府

基本政府是财务报告最重要的一个部分,同时也是财务报告的一个基础,很多部门的财务报告都是建立在基本政府财务报告之上的,所以它存在的意义很大。基本政府一般可以从两个方面去考察:一方面看它是否具有独立的法律地位;另一方面看它在财政上是否完全独立。

(1)是否具有独立的法律地位。独立的法律地位要求政府要有属于自己的名称、有权起诉别人,对于别人的起诉可以有依据地进行反驳,在财务上能够以自己的名义进行购买、销售和租赁资产。

(2)在财务上是否完全独立。别的政府无权确定自己的预算情况,只能自己来确认;不需要经过别的政府就能够自行发放债券;不需要经过别的政府批准,自己就能够交税和征税。

2. 基本政府有的财务责任

基本政府能够对政府的财务状况负责,能够提供特定的财务数据进行保证,因为政府绝大多数部门都是依靠基本政府的财务数据进行分析的。

3. 基本政府相关单位

基本政府相关单位指不属于政府单位的范畴,但是所涉及的内容又是和政府单位有所牵连的,如在城市当中服务的治安管理部门、负责街道上的卫生管理部门、社会保险部门等。

(二)我国政府财务报告的主体

1. 行政事业单位

行政单位是要以财务报告为基础,全面提供政府部门的财务收支情况,同时事业单位也需要以财务报告作为基础,提供事业单位的财务收支情况。换一种说法,行政单位和事业单位所负责的内容一般都不是与财务有很大的关联,所以更加需要财务报告作为媒介。

2. 各级政府

每一级别的政府单位都是以政府的财务报告作为一个主体,然后以此为依据进行展开的内容比较分析,对各级别的政府部门的财务信息加以分析,尽量保持预算平衡的状态。

七、政府财务报告制度框架

(一)政府部门财务报告内容

政府部门财务报告由许多内容组成,其中最主要的内容包括会计报表、报表附注、财务分析。会计报表又包括资产负债表、收入费用表、净资产流动表、现金流量表,政府依据国务院颁布的有关规定编制了整体的合并财务报表,确认无误后将公布于众。

(1)资产负债表。资产负债表反映了各个政府部门的财务状况。按照资产的流动性从上往下依次排列，表中的内容大致可以分为以下几个模块。

①流动资产，是指政府在一个经营年度内可以变现或者可以拥有的一项资产，包括固定资产、货币资金、应收票据、应收账款等。

②非流动资产，是指政府在一个经营年度内不能够拥有使用权或者不能够变现的一类资产，包括无形资产、长期应收款、长期股权投资等。

③流动负债，是指政府将在一个营业周期内或者超过一个营业周期偿还的债务，包括短期负债、长期负债、应付账款、应付债券等。

④非流动负债，是指政府不能在一年内或者一个营业周期内偿还的债务，包括长期借款、长期应付款、预计负债等。

（2）收入费用表。它包含了该部门这一年来收入和支出的情况。收入的表格划分为收入、费用、盈余三大部分。

①收入，反映的是政府该部门这一年来资金流入的状况，包括主营业务收入、其他业务收入、营业外收入等。

②费用，反映的是该部门资金流出的情况，包括主营业务成本、其他业务成本、营业外支出、财务费用、管理费用等。

③盈余，是指收入减去支出后的一个差额，反映该部门这一年的赢利情况，包括利润分配、本年利润等。

（3）净资产流动表。净资产是指政府拥有且能够自由支配的资金，包括事业基金、非流动资产基金、财政补助结转、财政补助结余等。

①事业基金。事业基金是指事业单位当年收支相抵后按国家规定提取，用于弥补以后年度收支差额的基金。

②非流动资产基金，是指该基金以一种非流动资产的形式存在，不同于库存现金这种流动资金。

③财政补助结转，是指当年已经执行的但是还没有完成的任务，需要等到下一年按照上一年资金的使用用途继续使用的政府补助资金。

④财政补助结余，是指在当年完成任务的情况下，对该任务所拨款项留存下来的资金。

（4）现金流量表。现金流量表是指在一个固定期间内，该企业或者是机构的现金增减变动的情况表。现金流动表一般包括三个方面：经营活动、投资活动、筹资活动。

①经营活动，是指政府该年主要经营业务的一个情况，它包括销售商品、提供劳务、购买商品等活动。

②投资活动，是指政府将自己的资金投入某个项目当中，长期资产包括固定资产、无形资产这种持有期限在一年以上的资产，这些资产也可以成为政府自己投入其他地方的一个筹码。

③筹资活动，是指政府为了经营某个项目或者活动所需要筹集的资金，通过筹措手段将这些资金从各方面筹集到自己需要用到的地方。

（二）政府综合财务报告内容

政府综合财务报告一般包括会计报表、报表附注、财政经济分析、财务管理的情况。会计报表与政府部门财务报告的会计报表大致相同，在此基础上再加一个当期盈余与预算结余差异表。

1. 资产负债表

综合财务报告的资产负债表就是将各部门的财务报表进行合并汇总，它反映的是政府整体的情况。在资产负债表上，所有项目同样也是按照资金的流动性进行划分的，即流动资产、非流动资产、流动负债、非流动负债。

2. 收入费用表

它的项目是按照收入、费用和盈余情况进行划分的。

3. 当期盈余与预算结余差异表

重点是反映政府整体在权责发生制的情况下和收付实现制的情况下盈余的一个差异情况表。

4. 报表附注

报表附注主要包括该政府的经营范围和政府的一些基本财务状况，这有助于财务报表使用者对财务报告的分析和研究。另外，报表附注一个最重要的内容是政府会计政策的编制。它包括会计制度、会计期间、记账原则、计价基础和一些基本的财务报表的编制方法。

5. 政府财政经济分析

政府财政经济分析主要包括财务状况分析、运行情况分析、财政中长期可持续性分析。

财务状况分析主要是分析政府的经济情况，分析政府在这一年的经营业务情况，分析政府去年的偿债能力，资产的增加与减少以及它的分布状况。除此之外，政府还需要考虑它的债务情况，考虑债务的规模大小、债务的结构以及资产和债务的占比情况。

运行情况的分析：收入方面是要分析政府这一年的收入来源，与去年相比是增加还是减少，收入的结构规模是否合适；费用方面要考虑政府这一年资金花到了什么地方，将资金投入到了什么项目中，通过费用率这个指标来分析政府的运行情况。

财政中长期可持续性分析：当地地区的一个经济状况，未来该地一个经济发展的预测，是否能够做到长久的可持续性发展，以及预测该区域的负债占 GDP 的比重。

八、我国权责发生制政府综合财务报告的改革

（一）建立权责发生制政府综合财务报告制度的意义

1. 收付实现制基础的预决算报告特点

（1）跟踪记录财政资金运行过程，以确保财政资金的合规使用为导向。收付实现制的会计方法是要求政府计量实际收到的金额或者是实际入库的预算资金，这种方法的好处是能够真实地了解资金的多少，发现资金是否存在未到达账项的金额。如果存在未到达账项的金额，政府也能够第一时间发现，然后再做出相应的解决措施。与此同时，政府还可以通过该方法，加强政府的预算管理和监督，能够更有效地对资金的支出和收入进行管控，这种方法既能提供现实的信息，又能够让政府的相关人员对资金的控制更加具有针对性。

（2）收付实现制的操作简单，成本也非常低。收付实现制不需要有太精通的会计技术，基本都能够简单上手操作。但是它也有不好的地方，它不能够全面地反映政府和各个部门的财务状况，这不利于政府对整体的掌控，不能让各个部门提高各自的效率和考核水平，对于财务风险也没有较好的防范措施。

2. 构建以权责发生制为基础的政府综合财务报告的必要性

长期以来，我国政府都是采用收付实现制进行政府的会计核算，主要是反映政府预算管理的问题，不利于强化政府资产管理、降低行政成本、提升运行效率，不能够建立起现代的财政制度，不利于推动国家治理的发展。因此，我们需要转变会计方法——采用权责发生制的会计方法，能够让政府的运行效率更加高效，进一步加强政府预算管理的监督与审核。

（1）公共财政体制的完善提出了构建政府财务报告的需求。政府的财务报告不仅需要反映资产负债表的情况，还需要体现出现金流动的情况，确实能够让政府的管理层了解到政府的资金情况，能够让他们更好地做出预算管理的方案。除此之外，政府财务报告也是与外界沟通的重要桥梁。很多的投资者和其他相关机构可以根据政府的财务情况决定是否对它进行投资，以做出更好的判断。

（2）政府解释公共受托责任需要政府会计和财务报告的技术支撑。政府向公众揭示存在的资源状况、收支状况和流量状况，体现它提供的公共产品的能力，并向公众提供自己的财务报告信息，以此建立政府和人民群众关于财务信息的沟通桥梁，让公民能够公平地接收到政府的财务信息，进一步体现政府的公平性和信息的透明性。

（3）政府绩效管理工作、财务风险防控工作都需要向权责发生制转变。根据政府提供的财务信息，能够及时了解政府的财务风险，及时做好风险防范机制。除此之外，可以更加有效地对政府各个部门做出绩效评价，对于不足的部门需要加以改进，优秀的部门值得大家学习并继续保持。

（4）政府审计和社会监督的加强呼吁政府会计匹配改革。目前，我国的会计主要停留在财务收支的审计层面，未来会计的发展方向是运营审计和绩效审计。在这种背景下，很容易忽视运营管理和绩效管理。所以，政府应当建立起完整的会计标准和财务报告制度。

（二）权责发生制——政府综合财务报告改革主要任务

1. 建立健全的政府会计核算体系

推进财务会计与预算会计的相互连接，在财务会计的基础上要运用预算会计的功能，要有预算会计的思想，为长远的财政发展做好准备，使核算体系变得更加完善。

2. 建立健全政府财务报告体系

政府财务报告包括部门财务报告和综合财务报告。政府的部门财务报告反映的是各部门的财务状况及运行情况，各部门可以通过这个报告来发现自身存在的不足并进行方案调整。财政部门的综合财务报告反映的是整个政府的运行情况，通过这两个报告可以维持政府更加长远发展。

3. 建立健全政府财务报告审计和公开机制

建立完善的财务报告审计可以对公布出来的信息多一层保障，保障信息的真实性，公众对于审计的信息也可以更加放心地观看，不用担心数据造假。公开机制保证了财务信息的客观性，能够对许多公众的公平性起到保护作用。

4. 建立健全政府财务报告分析应用体系

应当采用科学的方法对政府财务报告进行系统性的分析，分析政府的财务状况、内部运行情况，这样有助于政府的长期发展。对政府财务报告进行分析，不仅可以加强政府对资金的监督管理作用，还可以对政府资金的运用情况有更深入的了解。

（三）权责发生制政府综合财务报告改革具体内容

1. 建立基本的政府会计体系和财务报告的框架

（1）建立基本的会计准则体系。建立基本的会计准则体系是要求对政府的运行情况、会计信息的质量、会计核算体系、会计基本的信息准则进行一个较好的编制，让政府的经济业务活动或者会计要素变动的确认、计量、记录都有一个详细的规定。

（2）健全和完善政府会计制度。政府会计科目设置实现的是预算会计和财务会计的两者结合情况。它要求：政府在做预算会计科目时要能够反映政府预算收入、预算支出和预算结余的情况；同时，财务会计科目必须要全面地反映政府的资产、负债、净收入和财务费用的相关信息。

（3）制定政府财务报告编制办法和操作指南。对于财务报告的编制有一定的要求，要能够让每一项资金的科目都没有遗漏，对于每一项资金所属的科目都能够划分正确。

2. 编报政府部门财务报告

（1）清查核实资产负债。对于各个部门的固定资产、无形资产、企业国有资产和其他的一些资产一定要核查清楚，看这些资产是否归属于正确的科目，是否存在遗漏的资产没有核查到，清查之后的资产负债统一按规定进行核算和反映。

（2）编制政府部门财务报告。政府各个部门财务报告的制度框架一定要清晰。按时编制以资产负债表、收入费用表等财务报表为主要内容的财务报告。

（3）开展政府部门财务报告审计。部门的财务报告信息要保证真实性、完整性和合规性。

（4）向社会公众及时公布财务报告信息。在确认部门的财务报告信息无误之后，应当及时向社会公布，能够让机构投资者更早地做好投资判断。

（5）加强部门财务分析。对部门的财务分析应该更加透彻一些，以便在以后突发财务危机时能够及时防范，同时也能促进预算管理和资产管理绩效的有效连接。

3. 编报政府综合财务报告

（1）清查核实财政直接管理的资产负债。这里不仅要核查各个部门的资产负债表，还要核查本地政府的资产负债情况和其他地方的资产负债情况，当这些都核查清楚之后统一按规定进行核算。

（2）编制政府综合财务报告。在同一地方的政府要注意上下级之间的汇总，下级把本部门的财务报告编制好并确认无误后上交给上级，中央的财政部负责将这些财务报告进行汇总。除此之外，别的地方政府也需要将它所在的区域的财务报表给编制出来，编制好以后，各个地方政府将各自所在管辖区域的财务报表统一汇总到一个中心的政府部门，汇总出整个国家的政府财务情况。

（3）开展政府综合财务报告审计。要求保证报告信息的真实性、完整性和规范性，使财务报告更加可靠。

（4）报送并公开政府综合财务报告。在出具无保留意见时，保证财务报告的真实性以及它的质量。此时应当及时地公布，让公众能够更好地做出投资预判，同时也保证了财务信息的公开透明。

（5）应用政府综合财务报告信息。对于政府综合财务报告信息，我们要分析地方政府的预算管理绩效、分析政府财务状况、开展地方政府信用评级。除此之外，我们还需要善于利用财务报告信息做出对未来政府的一个规划，以及在出现风险时能够及时做到风险防范措施，对于一些应收应付款项，各部门的负责人也要及时做好标记。

思 考 题

1. 简述政府预算管理中政府决算的内涵和意义。
2. 立法机关是如何对政府进行审查与批准的？
3. 政府决算对防范经济风险有何作用？
4. 政府财务会计报告的目标是什么？它对政府中长期的发展有何影响？
5. 政府财务会计报告与企业财务会计报告有何区别？它的作用是什么？

即 测 即 练

自学自测　扫描此码

第八章

政府预算绩效管理

党的二十大报告明确指出要健全现代预算制度,为新时代地方财政体制改革指明了方向、提供了遵循。2018 年,《中共中央国务院关于全面实施预算绩效管理的意见》提出,用 3~5 年时间基本建成全方位、全过程、全覆盖的预算绩效管理体系,实现预算和绩效管理一体化。基于财政主体责任和科学预算理念,加快建立预算与绩效管理融合的现代地方财政体制,有助于优化财政资源配置,提高公共服务质量,节约公共支出成本,强化预算支出的责任和效率,全面提升财政资金的使用效益。

本章旨在对于政府预算绩效管理进行基本的介绍,使读者对政府的绩效考核与管理有初步的认识。本章结构如下:第一节为政府预算绩效管理概述,主要包含绩效的内涵、绩效管理的内涵、绩效管理的特点与作用,以及企业和政府部门预算绩效管理的对比;第二节介绍政府预算绩效管理的发展历程,主要包含我国政府预算绩效管理的演变;第三节介绍政府预算绩效管理的内容与流程,主要包含绩效目标管理、跟踪管理、实施管理。

第一节 政府预算绩效管理概述

一、绩效的内涵

绩效的内涵指员工或部门的工作成绩和目标的完成情况。绩效往往能更真实地反映工作者的能力,尤其在销售行业中,绩效被利用得更多,销售出去一件商品在绩效上会被记上一功,这在年终分配奖金时起到决定性的作用。在政府当中,绩效是将个人和组织通过努力所产出来的结果,以及这个结果对社会来说是否合理,即要求产出结果与社会、社会公众相联系。

二、预算绩效的内涵

预算绩效的内涵指政府制订的相关事业计划或者建设计划,然后根据这些计划来制定相应的实施方案,确保计划的顺利实施。另外,在成本支出上采用预算编制的方法,将支出控制在一定的范围。即每笔财政资金都要与政府工作的内容和工作效率结合在一起,不能单单聚焦在投入上。

三、预算绩效管理的内涵

预算管理是对全体会计进行监督与实施的重要组成部分,绩效预算管理要求以业绩评估作为评估的核心,以每个项目所花费的资金作为衡量尺度,把企业有限的资源和绩效完好地结合在一起,使得资源能够被最大化利用。由于企业诞生于社会之中,所以在保证经济效益的前提下也要报效社会,做到经济效益和社会效益兼具。

四、政府预算绩效管理的内涵

政府预算绩效管理的内涵是以政府的财政预算收入、预算支出作为财务的核算对象,然后在这个基础上设定绩效目标,这样做就能够更好地对财政预算的执行情况进行有效的评价,将评价得出的结果与资源配置结合,在提高政府财务水平的同时也优化了政府的资源配置。除此之外,政府预算绩效管理还强调以下四个特性。

(1) 经济性。是指政府在购买商品时一定要衡量好商品的价值,保证自己的资金投入能换来对等的价值收益或者是超额的收益。

(2) 效率性。是指投入与产出之间的关系,即每一件产品的投入与产出的对比,产出大于等于投入往往是我们所希望看到的。

(3) 有效性。每一个命令实施之后,看它完成的进度如何,是否能够达到预期的效果。

(4) 公平性。所服务的公共事务必须保持公平公正的原则,要做到服务于每一个个体,让他们享受一样的待遇,不管服务对象的地位如何。

五、企业预算绩效管理的特点与作用

(一) 企业预算绩效管理的特点

(1) 战略性。企业预算绩效管理以战略性为出发点,要求企业在做绩效考核的同时也要关注企业的发展方向。对于一些经营时间短的企业,需要考虑是不是能往长期的方向发展,要保持预算编制的连接性,让预算绩效管理在企业的长期发展战略中发挥出巨大的实力。

(2) 资源优化配置性。是将企业的绩效考核结果和资源配置结合起来,这样做不仅可以让资源得到充分的利用,不用担心资源过剩的情况,还能够让企业内部的员工都有机会享受到资源,不会出现高层管理者垄断的现象。

(3) 系统管理性。绩效预算管理的管理非常具有程序性,要求归入绩效管理的资源必须经过立项、编制、审批、执行、监督、差异分析和考评等,这样做是为了降低风险,降低预算风险,保证预算出的结果能够更加接近于实际数值,也反映了绩效预算管理自我控制能力,控制企业的财务风险。

(4) 衡量性。由于绩效预算管理是根据企业的日常收支活动的现金而诞生的,所以它对日常业务的收入与支出有标杆作用,规划着企业每天的现金流动情况,这样做的好处就是可以更紧密地了解自身是否达到了要求,与最终的目标还剩下多少差距,可以更好地激励企业的内部人员,提高工作效率。

(二) 企业预算绩效管理的作用

(1) 调动员工的积极性。绩效预算管理又称为企业绩效的准绳,它可以用来鞭策员工,

让他们完成各自的任务，以免影响经济利益。同时，对于一些工作比较认真、完成得比较出色的员工来说，绩效管理可以记录他们的优秀业绩，以起到鼓励的作用。

（2）纠正奖金数额错误。企业的绩效会和奖金、股票分权、年终利润的划分有关，对于完成出色的员工自然获得的报酬也会多。在划分时如果出现划分不准确或金额不对等的情况，管理者就可以依据绩效管理进行排查，发现错误并将其改正，优化绩效管理体系，让奖金的划分更准确，体现出企业奖金分布的公平性。

六、政府预算绩效管理的特点与作用

（一）政府预算绩效管理的特点

（1）把绩效作为管理的核心。这是要求在关注政府内部管理时要与社会效益连接起来，让政府预算的绩效管理能够体现出更多的公平性，让管理者体现出责任性，以此获得更多社会公众的支持，对政府的预算绩效起到促进作用。

（2）强调多元服务主体。政府作为社会公共事务服务的唯一主体，它不仅充当着组织者的身份，同时也是间接生产者的身份。居民遇到困难不一定都聚集在政府这一块，也可以分散到社会中介组织、非营利组织中去，这样做的好处是不仅分散了政府本身的工作压力，还让居民们享受着多元化的社会公众性服务，这与传统的行政管理相比，让社会服务的质量得到提高。

（3）政府预算绩效管理凸显机制创新。传统的行政管理局限于体制性的改革、领导制的改革、公务员制度的改革，政府预算绩效管理则是以绩效作为核心。对于政府该做什么、该以什么为主，在绩效管理中体现得淋漓尽致。它能够合理地运用政府的资源配置，做到资源不闲置，每一分钱都花在该出力的地方。

（4）政府预算绩效管理重视管理方法与技术。传统的行政管理采用经济手段、法律手段和行政手段，并未做到与核心目标相统一的手段。政府预算绩效管理就是与政府的目标绩效始终联系在一起，以此来提高管理绩效。绩效管理是根据预定的管理目标对员工进行有效的管理，并采用一系列的公平评估指标对员工的工作进行测评。

（二）政府预算绩效管理的作用

（1）让政府效能得到提高，加速国家治理体系现代化。预算绩效管理反映各层次、各部门的工作绩效情况，这样可以发现哪个部门或层次的政府绩效不行，然后进行调查，查明原因后给出有针对性的解决方案，这样可以让整个政府的工作效率得到提高。由于绩效管理本着资源配置合理的原则，这也大大减少了政府资源浪费，将资源配置中低效、无效的问题降至最少，进一步加快了治理体系的合理化。

（2）可以提高公众的信任度。在传统的行政管理中往往给政府部门太大的压力，因为当时政府是唯一的社会公共事务的服务主体。但自从预算绩效管理出现以后，它能够让社会中介组织、非营利组织参与其中，一起为社会公共事务出力，这也大大地提高了服务的效率，让居民对服务更加满意，增进了政府与居民的关系，提高了公众对政府服务公共事务的信任。

七、企业与政府预算绩效管理的对比

（一）相同点

1. 优化资源配置

预算绩效管理在政府和企业中都能够让各自的资源得到合理的分配与利用，减少闲置资源的浪费，又同时将有效的资源利用到刀刃上。

2. 提高了效能

企业的预算绩效管理提高了企业员工的工作效率，他们以绩效作为平时评估的衡量标杆，这样可以激励员工努力，对于表现出色的员工也给予奖励。政府能够提高社会公共事务的服务效率，会让社会公众更加信任政府，也加速了国家治理体系的现代化。

（二）不同点

企业与政府预算绩效管理的不同如表 8-1 所示。

表 8-1 企业与政府预算绩效管理的不同点

	企业	政府
对象不同	内部员工	社会公众
绩效管理所处地位不同	作为战略目标的起点	作为管理的核心

八、我国实施政府预算绩效管理的意义

全面实施政府预算绩效管理是政府在新时代的一个重大改革，它的出现有效地解决了资源配置不合理的问题，有利于将各层次各部门的政府单位聚集起来，让彼此之间互相督促对方，各自承担自己应当承担的责任，使政府整体效能提升。推动政府预算绩效管理的改革，是建立现代财政制度的不二之选。

九、政府预算绩效管理的分类

（1）按预算收入分类：要求政府能够以预算收入的金额多少、收入的构成、收入的变现能力为内容，这也反映出各部门、各员工履行职务的状况，对员工的职务完成情况有了更好的把握，对履职起到了保障作用。

（2）按预算支出分类。

①按预算支出的范围：包括基本支出的预算绩效管理、项目支出的预算绩效管理、部门支出的预算绩效管理。

②按预算支出的功能：包括公共服务、国防支出、教育、环境保护、交通、建设、社会保障支出等其他一些支出。

③按预算支出的经济：包括员工的基本工资及其福利、员工差旅费、服务性支出、资本支出等其他的一些支出。

十、政府预算绩效管理与传统行政管理的区别

传统的行政管理是把注意力集中在具体的行政行为上,即这件事情是否按照上级的要求去完成,强调的是事件是否执行。这样做的缺点是缺乏外界的反馈,不能够通过外界来反映自身行为结果的好与坏,只强调了投入与收益之间的关系,没有和服务对象联系在一起,而绩效管理就是在行政管理的基础上加上了外部的支出效果,以服务对象为核心,每一件执行命令都与社会有联系、与公众有联系。相对于行政管理,绩效管理的内容只会更广,问题涉及的层面更深,但无疑它带来的结果是更好的,这也正是我国政府加速实现全面实施预算绩效管理的原因。

十一、预算绩效管理的原理

政府预算绩效管理一方面要满足经济效益、社会效益,以最少的资源付出换得更多的收益,同时要保证各个命令的执行情况要达到预期的效果;另一方面要与社会公众联系在一起,所从事的公共服务事业要把百姓放在核心位置。预算绩效的指标体系需要为政策的制定和政府的治理服务,即政策的制定先由该层政府部门做出草案,确定无误之后上交给国家财政机关审查和批准,同意后方可实行,至于实行的情况就由绩效这个指标来衡量,它既包括事前的评估也包括事后的评估。所以,整体呈现出的一个程序是政策—预算—绩效—测度—反馈—政策。这一程序的核心在于"绩效"二字,它会根据从事事业的不同而发生相应的变化。比如,农业的绩效指标有总产值与投入、粮食生产与产能建设、推进农业绿色发展与生态农业建设等,而医疗事业的绩效指标有患者评价、医疗质量、病人负担等,两者没有任何的交集。所以,应当根据不同行业的灵活性选用恰当的绩效指标,这样才能发挥出绩效最大的作用。另外,因为绩效管理涉及的内容繁多,那么操作起来就有一定的困难。因此,绩效考核的具体实施测量一定是经过深层次的探讨,要把整体考虑进来,不能单单就由某一项目而做出只针对它的绩效考核,这样项目种类的增加将会加大考核测量的难度,而且政府的资源有限,这对于合理分配资源配置有一定的负面影响。眼下我国政府应当尽快完善预算绩效管理,既要反映出政策的作用方向和整体要求,也要能够做到资源配置合理。完善的绩效管理才能更好地为公共事业服务。

第二节 政府预算绩效管理的发展历程

一、我国政府预算绩效管理的演变

(一)萌芽阶段

1990—2002 年是我国政府预算绩效管理的起点,我国从 1990 年开始走上探索预算绩效管理的道路。当时世界上比较盛行的三种绩效管理模式为:美国模式、澳大利亚和新西兰模式、欧洲模式,它们注重点各不相同。美国模式从最开始的关注过程转变到关注结果,澳大利亚与新西兰模式关注的是产出效果,欧洲模式是在保证了财政政策的稳定性基础之上还要保障政府的长期发展。正是在这种比较盛行的情况下,中国依据已有的三大模式开

始创造属于我国的绩效管理体系。当时以湖北省作为先锋,在恩施土家苗族自治州选择了五个行政事业单位,开展预算绩效管理的工作。在这之后,财政部颁布《中央本级项目基本支出预算管理办法(试行)》进一步肯定了预算绩效管理的发展与实施,随后又增加了北京、湖南、河北、福建等几个省份实施管理。

(二)试点阶段

2003年十六届三中全会上提出"建立预算绩效评价体系",随后政府各层的财政部门都陆续出台了项目绩效管理体系,这也意味着我国正式进入了全新的预算绩效管理模式。2003—2009年,中国各个省份、地级市政府都在尝试着新的管理模式,介于此状况,财政部印发了新的文件,明确绩效评价的工作内容和工作程序,这也减少了政府部门在实施过程中遇到的困难,更方便管理的统一性和一致性。

(三)全过程预算绩效管理阶段

2011年,财政部颁布了《关于推进预算绩效管理的指导意见》,明确指出不仅要把绩效管理实施下去,还应当从长远的角度去看待问题,要建立全过程、长远的绩效管理体系。2012年财政部颁布了《预算绩效管理工作规划(2012—2015年)》,给我们指出在实行过程中的重点在何处。紧接着在2013年颁布了《预算绩效评价体系指标》,这一文件的颁布对如何测量绩效起到决定性的作用,它给我们指出了评价的指标,让我们更准确地运用绩效管理。2014年颁布的《关于政府和社会资本合作示范项目实施有关问题的通知》,要求各级政府定期做绩效评价,评价的结果将作为员工或部门的工作效率的一种表现形式。然后在2016年颁布了《财政管理绩效考核与激励暂行办法》,对员工的工作要给予一定的肯定,表现优秀的需要给一些奖励,作为他们继续前行的动力,也是其余员工提升工作效率的一个动机。为了控制债务的风险,财政部在同年颁布了《政府和社会资本合作项目财政承受能力论证指引》,要求每一年的项目预算支出占公共预算的比例不超过10%。

(四)预算绩效管理全面推进阶段

2017年党的十九大指出建立科学、规范、公正、全面的预算制度,全面实施绩效管理,从这一年开始国家开始完善预算绩效管理。同年又颁布了《关于规范政府和资本合作综合信息平台项目库管理的通知》,对库存现金有了新的规定:没有建立按绩效支付资金机制的项目支出不得入库。2018年,财政部要求我国政府部门在接下来的几年时间里建立"全方位、全过程"的预算绩效管理体系,能够将绩效评价完全融入预算管理当中,同年财政部要求各层次的政府部门做好长期的计划,定期对政府部门进行检查,要落实绩效评价体系和按效付费的机制。2020年又印发了《项目支出绩效评价管理办法》,将管理体系完善,明确了评价的对象、参与主体、主要内容、工作流程、衡量标准等元素,为了解决在实操过程中绩效评价与预算管理的不兼容性,财政部又印发了《政府和社会资本合作(PPP)项目绩效管理操作指引》,做到政府和社会资本合作(public-private partners,PPP)项目绩效评价与预算管理的结合。我国花了近30年的时间将绩效与预算管理慢慢磨合,让政府更好地为公共事业服务,让各部门有了绩效考核的概念。

二、绩效预算的推进

（一）健全会计体制

无论是现在的会计体系还是预算体系，都不能给所有的科目提供数据，无法对接下来的一年预算进行预测，更别说绩效考核了。政府部门对于获取的每一笔资金都要知道它是从何而来的，这笔资金应当记录在什么科目当中，它去向哪个部门，这项经济活动又是由谁来负责，把这些弄明白之后更有利于会计准则的界定。另外，为了防止数据的重复利用或者遗漏，应当定期核查政府负责部门和业务部门的往来账项，会计准则是否一致，保证数据的正确利用以及提供的信息可靠。

（二）健全法律法规体系和监督体系

一方面，完善的法律法规体系可以让管理层知道如何才算正确的管理，可以让他们以长远的角度来思考问题并进行管理。完善法案不仅对管理的执行者有约束力，还对财务的报告部门、信息的收集部门都有约束力，让他们合理合法地执行工作。另一方面，监督层需要做好监督工作，政府部门如果出现个别部门不遵守法规、有违规矩的行为，应当及时纠正过来，减少个别人徇私舞弊带来的财务风险。

（三）信息技术需要增强

数据不能够及时更新、所用的成本数据可能是被利用过的，这个问题一直是政府部门想要解决的，它的出现会影响预算的精确度，而这体现出的是信息技术的落后。除此之外，信息技术对于预算绩效指标的衡量十分重要，可以说它是预算指标测量的媒介，测量都是建立在技术之上。技术的增强可以提高各个部门的工作效率，还能减少数据上的计算和重复利用的问题。

（四）注重专业化与道德的结合

技术的专业化能够让政府在工作上达到事半功倍的效果，大大提高了政府的效能。因此，政府有必要对相应岗位的员工在实操前进行专业化的培训，培养他们的会计能力、数据分析能力和成本控制能力。同样的伦理道德也显得很重要，如果单靠扎实的专业却没有良好的品德，很难做到为公共事业服务，时间一久必然会受到公众的反感，不利于政府的长期发展。所以，在提高运作质量和效率的同时也一定要坚守自己的职业道德，要尊重公民权利。

三、绩效管理的推进

（一）政策和预算编制的结合

在实施预算绩效管理之前，我国的政策和预算都是分开的状态。进入 21 世纪后，国家出台了政策与预算管理结合的文件，要求每一个政府部门都需要将政策与预算管理相结合，这也是走向长远的必经之路。以中央政策为核心，各省份、地级市的政府政策向中央靠拢。这样做的好处是可以让绩效测量在政策影响和预算管理之间发挥出实际作用。

(二)划清各部门的责任,给予一定的自由权

预算绩效管理的长远发展需要确定中央政府职能和各部门之间的职能,让他们彼此之间减少推卸责任的可能,做到在自己岗位上尽职,不弄虚作假。现在的预算体系应该让各部门拥有一定的自由权,不需要任何项目都要向上级汇报,各部门可以通过对该项目的资金进行预算,如果金额不大而且涉及面不广,该部门可以自行负责,但相应的是需要向上级证明能够准确地进行项目成本控制,能够尽心尽职地为公众服务,让部门的绩效预算有一定的灵活性。但如果在后期监督过程中发现了滥用权力,不能很好地进行项目成本控制的,应当立即驳回自由权。

(三)引入企业精神

政府一般都是由国家所扶持的,所以很少听说政府倒闭的情况。相反,我国现在在鼓励大众创业的同时,有很多的企业也面临着倒闭,它们的背后没有任何势力的扶持,能够站住脚跟的都是在一场场竞争中凭借自身实力活下来的。政府应当学习企业的这种竞争精神,让自己处于一个不努力就可能会被淘汰的情况,鼓励同类性质的部门之间进行竞争。在这种情境下,大家都会努力起来,改掉原来的惰性,让政府市政服务效率提高,获得市民的信任。

(四)鼓励绩效导向型政策

利用人事部门的绩效政策,对于在市政服务表现出色的人员给予肯定和奖励,并开一个表彰大会让这些优秀的员工讲述自己的案例,以此来激发其余的员工向他们看齐。奖励最好是物质型的,如奖金或者是作为晋升的评判准则之一。另外,还可以建立雇员奖励制度,这些都能够激发员工前行的动力,对提升部门的整体效能有相当大的作用。

四、推进绩效评价体系

(一)财政支出评价体系

目前我国各省份的财政支出评价体系还存在着差异,各省份在保持着核心为中央政策的情形下,由于各自的经济特点和结构不同,他们的评价内容不能够做到统一。因此,颁发适用于所有省份标准的评价内容和标准结构尤为重要。在绩效评价的开始阶段,欧盟的开发模式是,让中央政府出力,带动全国使用新型的绩效评估框架。而且这种开发模式还有一个特点:在保持基本评价元素的同时,还留有因经济地域发展不同的灵活评价。在中期阶段我们可以借鉴美国的项目评估定级工具(program assessment rating tool,PART)体系,PART 将所有项目划分为四个部分:战略目标、战略规划、项目管理和项目结果。对于每一部分 PART 都划归给了相应的部门,做到合理分配责任,然后根据这四个部分各自重要性的权重进行汇总,得出来的就是最终的绩效评价结果。正如所期待的,PART 评价的大部分项目都非常合理,这也间接说明我们在公共事业服务上采用它,能更好地为人民服务。

（二）组织管理体系

各层级的政府部门要做到层层相连，每一层的政府部门不仅要管理好该层级，还要对下层起到统领作用。对于一些绩效突出的员工，绩效应该作为该员工晋升的标准，上升到相连的上级部门。当上级某部门表现不佳，或者存在错误时，应当给予惩罚，严重者可以把他们降到下级部门。建立严格的等级晋升制度，对于所有员工来说都有平等晋升的机会，不会偏向于任何一个人。只有在内部建立公平公正的管理体制，员工们才会更加努力地工作，提升效率。

五、预算监督的推进

目前世界上的预算监督大致分为四种类型：立法模式、司法模式、行政模式、独立模式，我国应当根据国家的实际情况选择适合自己的预算监督模式。

（一）立法模式

在这种模式下，审计机关属于立法机构，要求法律在预算监督管理中起到执法作用，对于一些不符合法律的做法，应当给予惩罚，在执行过程中有相当高的地位。

（二）司法模式

在这种模式下，审计机关是属于司法体系的，因此审计机关具有一定的权力。能够在预算监管的过程中对出现的问题及时进行调整，这也间接加大了监督管理的力度。

（三）行政模式

这种模式将审计机关归属于行政部门，它更多的是注重内在的监督管理，但是这种模式容易受到其他事物的影响。它的本质更倾向于上级对下级的监督管理，所以当上级领导或者是上级政府的想法不一致时，就会受到干扰，影响正常进行。

（四）独立模式

这种模式下的审计机关不归属于任何一个体系，独立于行政、司法和立法之外。它的行动不用受诸多的因素影响，前提是采用这个模式的政府部门有相当好的自我监督作用和准确的判断能力，确保自己能够做好监督一职。

六、绩效评价的转变

（一）绩效评价主体的转变

评价主体的转变是由单一的主体向多主体转变。由原来的财政部门和预算部门负责的主体扩大为各层级的政府部门。绩效评价的对象，也由原来单一的项目转变为整体及其以下的财政运营情况。

（二）绩效评价方式的转变

评价方式要求放眼于长远，要立足于多维视角和多元数据。即各部门在对本单位的预算执行情况负责的同时，还要对上下级财政运行情况实施综合绩效评价。要求逐步开展部门整体评价，对政府整体进行评价。出于对评价质量的考虑，可以多做几次评价或者是邀请第三方机构进行评价，保证结果的公平性。为了保证结果的客观性，我们可以采用大数据分析技术、因素分析法、效益分析法、公众评判法等。

（三）绩效评价环节的转变

要求构建事、前事、中事后的评价体系。财政部要求对绩效管理要做到事前控制，对即将可能发生的财务风险进行预估，保证它在实施后能够正常运营；在事中要保证执行的顺利，不能存在任何财务风险；事后要对整个过程进行复盘，对于存在的错误要及时改正，降低资金的运营成本，将有限的资源用到适合它的地方。

（四）绩效评价目标的转变

目标由原来的单一评价指标转变为多元化的评价指标。这一目标的实现既要包括财务性指标的评价，更要包含社会效益、经济效益和服务效益等评价目标，从多角度看待绩效评价目标，有利于绩效预算管理的完善。

（五）绩效评价结果的转变

要求评价结果能够和预算安排结合在一起。将注重结果导向和培育部门的责任意识相结合，其中包括：①反馈给被评价单位，作为安排以后年度预算的重要依据；②向同级政府报告，作为行政问责的依据；③向社会公开，作为民众监督的依据；④作为领导干部选拔、公务员考核的依据。通过这四个方面的内容，评价的结果能够更好地反映政府员工从事公共事业服务的效能。

七、绩效评价的改进

（一）工作开展的全面性

要求绩效预算管控时能够从多角度进行考虑，能够从多方面思考，做到事前、事中、事后的衡量，所涉及的考核内容能够与公共事业服务挂钩，能够让政府部门的工作人员更有效率地从事，提高政府部门的整体工作效率。

（二）专业要求的综合性

同理，对于专业的要求也不能仅仅局限于简单的会计核算与审计对账，更多时候要考量它的社会效益、整体效益、经济效益、生态效益等。专业的综合往往对绩效评价的主体要求更高，需要更加完善的体系。目前，可以让第三方机构加入，帮忙实现专业要求的综合性。

（三）评价的依据要充分

要做到充分的评价依据，需要在对评价内容了解的基础上对市场进行广泛的调研，通过更多的渠道了解评价对象。除此之外，还能让评价的信息更加全面，结果更加具有说服力，然后再利用这些信息创造出科学、客观的绩效评价。

（四）结果建议的可行性

对于绩效评价的结果要有实操意义，不能只提出一些比较官方、毫无针对性的意见。建议应该具体到在什么方面需要加强，应该通过哪几个方面加以改进。对评价的对象在财政资金使用、社会效益、生态效益、公众的满意程度和服务效率上存在的问题提出有针对性的建议。

八、绩效预算的改进途径

（一）加强绩效观念

我国的绩效预算管理才刚刚开始时间不长，体系尚不够完善。另外，因为各级政府部门没有统一的评价指标，所以各省份的评价结果也不具有对比性。政府部门应当向员工们说明何为绩效管理。同时，政府部门对外也要加大宣传力度，让老百姓安心、放心。

（二）推进绩效法律的建设

通过学习外国比较优秀的绩效预算管理经验，结合本国的具体情况加以修改。对于各省份的试点而言，应该通过多次的研究与调查，针对不同特色的试点给予最适合的预算绩效管理办法，进而增强预算过程合法化、提高公共服务标准化、提高政府效率、优化资源配置。

（三）完善管理办法

我国现阶段虽然已经初步构建了政府绩效预算评价管理体系，但依然存在诸多问题需要完善。首先应实现评价主体的多元化，财政部门作为组织者有权利和义务审查政府部门提供信息数据的真实性和完整性，并对绩效、产出和结果进行评估，此外，财政部门的评估行为需要受到其他机构的监督，例如人民代表大会、审计署等。其次，将财政、人大、审计署等机构的绩效评估责任和业务进行划分。最后完善绩效预算管理评估指标体系，从绩效目标、运作效率、实施管理、投入支出／产出与结果五个方面设计可操作性指标，并设定科学的评价标准。

（四）监督需要具体化

首先，应该做到内部和外部共同监督管理。对内，我们要加强审计部门对资金管理部门的监督，监督这些资金使用是否正确；对外，要让公众参与进来，他们的参与可以保证监督的质量，让监督更加有效。其次，可以根据绩效的考评结果向表现不好的部门追究责任。再次，密切关注信息系统的管理升级。一个好的信息系统可以让绩效预算的技术得到提高，从而提高工作效率。同时要进一步细化并补充预算项目库，扩大项目库的涵盖程度，提高预算制定及审核的效率。最后，监督的方案可以拿给专家查看，对于一些不足的地方让其帮忙改正，将改正好的方案作为最终实施方案，保证监督的科学性、合理性和规范性。

第三节　政府预算绩效管理的内容与流程

我国政府预算绩效管理的内容主要包括：绩效目标管理、绩效运行跟踪监控管理、绩效评价实施管理、绩效评价结果和反馈管理、绩效结果的应用。

一、绩效目标管理

（一）绩效目标管理的内容

绩效目标是绩效评价的对象在计划期间内所要达到的成绩，财政部门和预算部门会依据绩效目标的情况不同选择不同的建设方式，可以由单一部门建立也可以由这两个部门共同建立。绩效目标反映的是给各部门定下的目标，它的表现形式有多种，可以是对职业道德的衡量也可以是对工作业绩的一个目标。首先，绩效目标可以是预算绩效管理的大纲，可以是每一个部门根据部门的职责和人员平均业绩的水平提出的要求，是对该项目结束之后要达到的效果进行的概括性描述。其次，绩效的评价需要具体化、细分化，要保证每一个项目制定的合理，每一个指标都能够充分展现出评价的内容。最后，明确绩效目标，可以是具体的数值，也可以是多者之间的一个比例关系。

（二）绩效目标管理的原则

①科学性原则。目标的制定要符合一定的科学和实际，要满足一定的规范程序，保证一定的逻辑性。

②公正公开性原则。制定目标必须是透明的，能够对外公开的，不能存在偏袒一方的现象，要满足一视同仁的原则。

③分级分类性原则。每一层级的政府部门制定的目标应该是为本层的部门量身定制的，不能将别的层级目标利用到本层级上。

④目标与绩效相关性原则。制定的目标所产生的结果应当与实际产出的绩效有关。

（三）绩效目标管理的主要流程

绩效目标管理的流程大致可以分为目标设定、目标审核、目标批复三大模块（图8-1）。目标的设定是根据下一年度的预算，依据各级政府的具体安排、国家经济的走势和社会的发展趋势做出的预测。同时它也是绩效目标管理的第一步，需要先设定一个合理的目标，只有在合理的目标制定之后才可以继续后面的流程，确保整个流程的顺利进行。目标设定大致可以分为以下三个方面：绩效内容、绩效指标、绩效标准。绩效内容指绩效考核时需要考核的内容；绩效指标将这些内容作为各种考核的指标，以指标的形式展现出来，这样更有利于后期的考核；绩效标准是评价时的准则，需要保证评价时的合理性和准确性，是绩效指标的衡量准则。目标审核的内容可以从措施可行性、指标设置科学性、资金的合理性三方面考虑。审核需要对绩效指标的实操性负责，使每一个绩效指标在实操起来不烦琐。指标的设置也需要符合科学性，能够确确实实地反映政府的效能水平，有利于后期出现问题时给出合理的修改建议。资金的审查是最重要的，需要查看政府在采购物资和成本支出上是否约束到一定的范围，尽可能做到资金成本的节约，将有限的资源进行合理的配置。最后是要将目标清晰化和量化，将目标表现得更加清楚易懂，实施起来更方便，经各级人民代表大会批准后，方可实施。

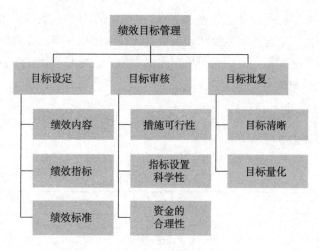

图 8-1　绩效目标管理的主要流程

二、绩效运行跟踪监控管理

（一）实施跟踪监控的原因

跟踪监控是对业务更紧密的联系，能够减少所跟踪业务的错误。同样，政府预算绩效管理中的跟踪监控管理是对绩效目标实施的关心，在运行过程中如果发现问题可以及时制止，减少损失。一方面，实施绩效跟踪能够加速绩效目标的实施，能够让工作效率加快，避免因绩效没有达到预期效果而承担责任。政府一直处于"花钱必问效，无效必问责"的形式，如果绩效没有得到很好的实施，必然会将责任降在没有好好实施上。所以，进行跟踪管理可以提前知道绩效实施的进度，尽可能地排除影响因素，更好地完成目标。另一方面，可以将财政资金花到需要花的地方，财政部门下发的资金可能会存在多花费或者是没花费在需要的部门上，跟踪监控就是保障在进行绩效目标管理的时候对资金进行合理的分配，保证了重点项目的实现。

（二）跟踪监控的要求

①定期收集绩效运行信息。绩效支出一般都是以月、季度为周期对财政支出的财务开展分析。收集的周期一般都是半年制，即一年进行两次绩效信息收集，既能够对绩效运行进行把握，操作的次数也不会太频繁。

②对绩效运行进行检查。在收集运行信息之后，分析各个项目的运行情况，然后再和实际的情况进行比较分析。对于一些落后的项目，应当加以督促完成，如果对方遇到什么困难也可以及时提出解决意见，对于提前完成的项目给予鼓励，让其他的项目

组加以学习。

③需要及时制损。在监督的过程中如果发现绩效运行与绩效预期目标发生偏离，需要及时停止项目的继续进行，需要及时查明发生偏离的原因，等优化方案出来以后，再朝着新的方向前行，要保证目标与运行的一致。

④惩戒贪污。在监控时，如果发现某些部门存在徇私舞弊、不认真工作的情况，需要及时记录下来，并且将情况如实地反映给上级，让他们做出相应的惩罚措施。同时需要让别的部门引以为戒，减少部门员工不积极工作的现象，大家只有团结一致，为政府运行整体思考，效率才能得到提高。

（三）监控的内容

监控的内容如表8-2所示。

表 8-2　监控的内容

序号	项目	内容	备注
1	绩效目标完成情况	①预计产出的完成进度包括：数量、质量、时效、成本等。②预计结果实现进度包括：经济效益、社会效益。③跟踪服务对象满意度	和已经审批的绩效目标进行比对
2	预算资金执行情况	包括资金的拨付、支出、部门之间的结转情况	传统监控内容
3	重大项目及其延伸状况	为了进一步加强监督职责，可以对任务的开展、实施计划的调整的延伸状况进行监控。主要包括：政府采购、工程招标、信息公示的情况	补充内容
4	其他情况	除上述内容以外的情况	

①监控预算的执行进度。预算执行进度的快慢可以由财政资金的花钱速度看出，如果花钱比较慢，我们可以认为预算执行进度落后。从财政资金的角度来看，如果积极地实施财政资金，那么一块钱的资金能够带来几块钱的效益；相反，如果财政资金消极实施，也会产生连锁反应。另外，从公共服务的角度来看，若是财政资金没有得到很好的实施，那么社会的公共效益自然不会高，人民可能会对政府有错误的观念，认为政府没有好好做事，对政府的信任也大打折扣。如果花钱速度太慢，可能会导致资金闲置过度，这既没有达到有限资源合理配置的要求，也是对财政资金的一种浪费。

②监控产出力度。对绩效实施进行跟踪，看产出的效果是否达到了预期的目标，是否与工作计划相吻合。如果政府在某些项目上没有制定绩效考核目标，那么也可以通过完成进度进行大致评估。一般情况而言，完成进度达到50%表示运行顺利，30%～50%表示项目轻度落后，低于30%的是严重落后现象。对于严重落后的现象，应当加以重视，必须尽快提出应对措施。

③监控效益实现情况。在预算单位绩效指标不完整的情况下，绩效指标应当做到尽可能具体、明确、量化，同时效益的实现直接关系到下一年的财政计划，应该对效益的实现情况实施监督，有利于下一年的计划设计。

(四)监控的方式

采用定量分析和定性分析结合的方式把绩效的实际情况和绩效的目标进行对比。另外,对于部门的职责问题,采用定期监控和日常监督相结合的方式。定期监控是对部门职责进行大概的汇总,查看这一段时间是否发生了不称职的现象;日常监督则是对部门日常的每一件事进行监督,这样做的好处是可以实时跟进部门的进度,同时也起到了一个督促的效果。

(五)绩效监控结果

①预算执行的结果。监督预算执行的结果和绩效的评价结果一样,作为下一年度预算方案制定的主要依据。

②预算调整结果。在预算执行的过程中,如果发生了突发情况或者是因国家政策的变动而影响预算执行,监控部门要及时反映,立刻采取应对措施,对之前的绩效目标进行适当调整。同样,如果与最初的绩效目标有一些小偏离,则需要对执行的状况进行调整。

③工作的内容。部门员工的考核标准除各自的业绩及公共服务程度之外,预算绩效的监控也是考核内容之一,看是否做到了恪尽职守。

④监控文件通告。监控部门需要把监控的结果上交本级人民代表大会常务委员会,委员会再把监控文件下发给对应的部门。

⑤问责依据。对绩效监控过程中发现的财政违法行为,依照《中华人民共和国预算法》《财政违法行为处罚处分条例》等有关规定追究责任,报送同级政府和有关部门作为行政问责参考依据;发现重大违纪违法问题线索,及时移送纪检监察机关。

(六)绩效监控的程序

绩效监控的程序如图 8-2 所示。

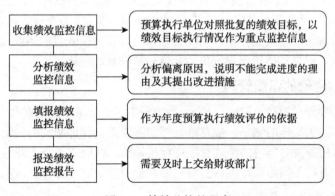

图 8-2 绩效监控的程序

首先收集重点项目的运行数据,拿这些实际的数据情况与绩效目标进行对比,看实际的完成进度是否达标。如果没有达标或者产生了偏离,就需要及时制止预算的执行,并分析出原因给出对策。然后,再将绩效监控信息填好,数据要保证真实性、规范性,确认无误后要及时上交给财政部门,这将作为下一年度预算计划的依据。

三、绩效评价实施管理

绩效评价是预算绩效管理的核心部分。在预算执行结束时，一定要及时对执行的结果进行评价，评价它的效率是否合格，有没有达到绩效指标的要求。

（一）绩效评价的对象

政府绩效评价的内容包括政府基金预算、社保基金预算、公共服务预算，这些隶属于政府预算管理和部门预算支出的部分是绩效评价的对象。按照层次不同，也可以将基金分为本层部门与部门之间的资金流动关系，也可以分为上级与下级资金流动的关系。绩效评价的种类包括：基本绩效评价、项目绩效评价以及部门整体绩效评价。对于不同部门所编制的绩效评价内容要根据部门的性质进行编辑，要与本部门的员工职能紧密联系，要体现出部门的效能和对社会、对民众服务的考核。

（二）绩效评价的内容

绩效评价一般是对下一年做出的预算进行评价，它的时间年限为1年，不能跨年评价。绩效评价的内容包括：绩效目标的设定、资金投入和产出效益情况、为实现绩效目标采用的措施、绩效目标实现进度。

（三）绩效评价的方法

①成本效益分析法。是指将一定时期内的支出与效益进行对比分析以评价绩效目标实现程度。适用于成本、效益都能准确计量的项目绩效评价。

②综合比较法。是指通过对绩效目标与实施效果、历史与当期情况、不同部门和地区同类支出的比较，综合分析绩效目标实现程度。

③因素分析法。是指通过综合分析影响绩效目标实现、实施效果的内外因素，评价绩效目标实现程度。

④最低成本法。是指对效益确定却不易计量的多个同类对象的实施成本进行比较，评价绩效目标实现程度。适用于公共管理与服务、社会保障、文化、教育等领域支出的绩效评价。

⑤公众评判法。是指通过专家评估、公众调查等评价绩效目标实现程度。

⑥其他方法。根据具体情况设定出适合这一个项目的方法。

（四）绩效评价的组织管理

绩效评价需要经过财政、纪检、审计、政协的监督，由最高层的财政部门去组织评选，再由预算部门具体去实施的结果。接着财政部门需要负责评价制度的制定，指导和监督评价工作，并且根据需要对部门的绩效管理进行再评价。部门需要将本部门的预算结果在评价结束后的一个月内上报给财政部，然后由财政部对评价结果进行再次的评价。

（五）绩效评价的准备阶段

准备阶段需要确定好评价对象，结合项目的重要程度和绩效管理的特点，选取合适的绩效指标，并在部门预算编制系统中填报绩效目标。财政部门根据部门（单位）报送的备选评价对象，结合经济社会发展需求和年度工作重点等相关原则，确定评价的部门（单位）或项目及组织实施形式。然后要在执行之前进行预演练，检查实施重点，保证无任何差别。在绩效评价工作正式开始前,评价组织单位应制定评价工作方案,确定评价目的、内容、任务、依据、评价时间、评价人员及要求等方面的情况,并下达评价通知。

(六)绩效评价的实施阶段

第一步,需要对上交的材料进行审核,要审查资料的格式是否正确,内容是否符合标准以及内容的真实性问题。第二步,现场评价和非现场评价。现场评价是专家到现场询问、实地考察的方式,这种考察方式比较细,是对数据真实性的一种验证,能够更真实地知道实际情况,然后再将得到的消息进行整理,最终给出合适的意见。非现场评价,指直接根据上交的材料进行书面分析,给出合适的意见。当然,还有一种方式是将这两种结合在一起,这种方式既有理论分析,又有实地考察分析,同时还做到了定量和定性的分析,与前两种方法相比,更加具有优势。

(七)撰写和提交绩效评价报告

绩效评价报告的内容格式要规范、内容要完整、数据要准确、需要符合逻辑。另外,绩效评价报告要在规定的时间内上交给上级部门,评价报告的及时上传有利于各部门做出相应的政策。预算具体实行的部门需要对执行的情况进行简单的评价,要将实际发生的情况与绩效目标之间进行对比,对各个项目的进度原因说明理由。

(八)归档

完成绩效评价之后,评价机构要妥善保管好评价报告和相关资料,并将它们进行归档保存,当作为以后年度预算重要依据时能方便地提取。

四、绩效评价结果和反馈管理

(一)绩效评价结果的统计分析方法

①横向对比分析,是指将考核对象与同一时期的其他部门进行对比。分析的方法主要有数理统计法。

②纵向对比分析,是指将考核对象与不同时期的同一个考核对象进行比较。分析方法主要有数理统计法。

(二)绩效评价结果涉及的内容

①同类部门人员之间的综合数据比较分析、各部门绩效指标的平均数据比较分析、各部门本年度的完成进度状况、员工业绩水平情况以及项目与社会的效益情况。

②对考核对象的结果进行评价。

③检查与绩效目标相比是否存在偏差。

④分析偏差的原因。

⑤对人员业绩水平划分等级。

(三)绩效反馈的内容

绩效反馈的内容如图 8-3 所示。绩效考核的结果需要如实地反映出预算执行的情况,这个结果必须要保证准确性,它可能作为下一年度的绩效预算的依据。差距和改进措施是在发现执行的过程中有偏离绩效目标的结果产生,这导致我们的距离和最初的目标越来越远,针对这种情况要在及时止损的基础上提出新的改进方案。通过这一年的绩效反馈,做一个总结性的评价,并且在来年的时候能够提供经验,避开之前所走过的坑,将有效的资源合理利用,实现资源最大化的效果。对于表现优秀的员工需要制定奖励机制,促进他们工作效率的提高,同时还要开一个员工总结大会,目的是让大家向优秀的员工学习,给部门制造出积极、上进的工作氛围。如果政府部门受到了外界因素的干扰而导致运行效果不佳,需要做好笔记,及时反馈,以便在下一年时能够减少这类损失。

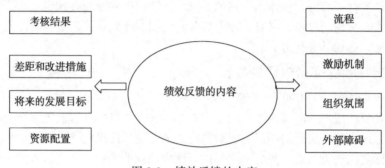

图 8-3　绩效反馈的内容

(四)绩效面谈

绩效面谈是将绩效的反馈结果向上级管理层进行汇报,双方对于绩效的结果给出各自的意见和看法,从交谈中发现员工比较薄弱的方面,并激励员工,让他们对自己充满信心,克服眼前的难关。

(五)绩效面谈的准备工作

首先,管理层需要选择适合的场地,然后再挑选双方都有空的时间来进行交谈。面谈的上级管理层部门需要对员工的职业有所了解,这样才能在交谈之后发现员工的利与弊。其次,需要提前查看绩效结果,发现其中的问题,并且给出自己的看法和意见,这样再次交谈时碰到类似的问题也能给出自己的答案帮助对方。最后,要规划好面谈的时间和面谈的人数。员工要做的准备如下:准备好自己的绩效结果,能够证明自己工作内容的文件或证据;将自己在执行过程中的疑惑向主管提出,双方共同解决在工作中遇到的难题;对于自己能力的不足需要向主管好好说明,不要害怕主管的责骂而不敢说,应当正视自己的缺点并且鼓足勇气将其改正,这样才能够有所进步;向主管叙述自己接下的工作规划,看看是否有不妥的地方或需要调整的地方,为后面的预算绩效工作打好基础。

(六)绩效面谈应当注意的问题

①建立员工与主管的信任,增进彼此之间的情感。
②双方的目的性要明确,大家是来解决问题,为了提高面谈的效率,双方都需要提前做好功课。

③互相尊重、平等的原则。
④认真记录，做好笔记。
⑤避免产生冲突和矛盾，意见不一致时一定要保持冷静，不要再增加问题的数量。
⑥对于过去发生的事情应当从中吸取教训，减少以后犯同样错误的次数，对于损失的多与少不必太过在意。
⑦主管要优点和缺点相结合，优点是对员工的鼓励，缺点是希望员工能改掉自己的不足，有所进步。

五、绩效结果的应用

绩效结果的应用是需要政府根据评价的结果对存在的问题提出修改意见，方便后期更好地管理。常见的绩效结果应用流程如图 8-4 所示。

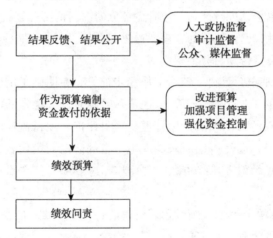

图 8-4 绩效结果的应用流程

根据图 8-4 可以得知，最主要的修改措施是围绕着以下三个方面进行的：改进预算、项目管理、资金控制。这三个方面是结果应用的重点研究对象，也是预算目标的核心。

1. 改进预算

如果预算的编制方法和编制的数据会对最终的结果造成影响，那么我们需要对预算进行修改。首先，我们需要对编制方法进行检查，查看编制方法是否有利于绩效的衡量，如果不利于，我们需要根据最终的绩效结果来进行修改；其次，我们需要对编制的数据进行重新衡量，如果数据不能充分体现效能，我们也需要进行调整，调整后的数据也将作为以后年度预算评估的依据。

2. 项目管理

根据项目评价结果进行认真分析，分析项目管理中是否存在过多的问题。如果是项目本身存在的问题导致效能不能提高，我们就需要对项目进行修改，也需要提高项目的管理水平，防止更多的错误发生。

3. 资金控制

需要强化资金的控制，避免更多的资金浪费，也是让更多的资金投入到应当有的项目上，做到真正的资源配置合理。

六、中央政府预算绩效管理现状

（1）预算绩效管理理念已基本具备，管理结构正在完善。中央政府部门绩效管理的方式已实行 20 多年，政府内部的员工大部分已具备了预算绩效管理的理念，能够做到在管理的过程中从减少成本、提高效能、资源合理配置的角度出发。在管理的这些年里，政府部门围绕着预算绩效管理，逐步搭建起一系列的制度体系，最开始的体系包括重点项目绩效评价、绩效目标评价、项目监督控制管理评价，大多数部门都能够在部门内部成立一个专家小组，专门对绩效预算进行评估，还有少部分的部门请第三方机构来进行评价，这保证了评价结果的客观性，也让部门的管理变得更加严格。中央政府绩效管理的经验也可以为下级政府部门管理提供帮助，并值得学习。

（2）预算绩效管理分工明确，各项工作稳步前行。在明确了绩效预算管理的流程之后，部门需要对管理的工作进行分工，保证项目管理有序、稳定的前行。调研发现，与之前的部门相比，现在的部门绩效目标管理、项目评价、项目监控的具体方案都已经落实，这是一个大的突破，已经告别原来的理论。各部门向人民代表大会报送重点绩效报告数、向社会公开重点绩效评价报告数，占比均超过 50%，抓关键项目绩效、主动接受监督已成为共识。

（3）绩效管理经验需要积累。绩效预算管理的每一个步骤对最终的结果都会有连带作用，所以部门里该有的流程、该有的设备都不能少。绩效主管部门通过绩效目标管理、绩效监控、绩效评价等手段，不断加大外部监督力度，相关结果也逐步运用于预算编制审核环节。除此之外，中央部门对预算执行和绩效产出结果进行了动态分析，对每一时间段的结果进行详细分析，并将结果运用到下一年预算方案制定的预算编制中，成为下一年的重要依据。

七、我国绩效预算管理的改进措施

（1）加大绩效管理宣传培训力度。部门主管应当响应国家的号召，进一步结合国家治理体系和治理能力，向大家宣传绩效管理能够给政府公共部门带来好处，要让政府员工重视绩效管理，在对员工进行专门培训时要把绩效管理作为日常工作中的一部分，要营造工作时的积极氛围，逐步让员工体会到绩效管理的重要性。

（2）提升统筹能力。统筹能力关系到部门的预算编制、预算执行、政府采购的管理体系，需要提升部门之间工作的协调性，让工作人员保持一致的效率，有利于部门协调发展。完成较快的部门可以帮助速度较慢的部门，对他们进行指导，既有助于他们走出困区，又能进一步加深部门与部门之间的友谊。当然，最好还是将不同种类的工作分门别类，一定要细分到每一个员工身上，防止偷工减料的情况发生，保障扎实开展预算绩效管理的人员力量。

（3）完善技术体系。绩效部门应当在专门评价、机构力量上下功夫，推动绩效评价指标的完善，加速信息管理结构搭建。从国家的角度来看，我们要达成国家的一定标准，符合国家的战略规划、国家的经济发展规模、社会发展规模。另外，可以与外界公众力量结合，让他们加入到绩效评价的管理当中，及时动态调整优化，以全面促进提高公共服务供给效率，注重内部与外界结合。

（4）加强激励机制。对于员工而言，工资或许是他们前行的动力。政府部门可以对完成效率好的给予奖励，这个奖励可以是口头上的表扬激励，但更多的是工资或者是绩效考评优点增加的一部分。对于跟踪监督的部门，给予鼓励的话，或许可以让他们原本无味的工作变得有动力，更加认真工作，这很好地发挥了部门之间的能动性。民众也需要积极的鼓励，鼓励他们参与到实际评价当中，毕竟也是为社会公共服务，他们的加入有利于对评价内容深层次的理解。因此，反映出来的问题，是很有必要研究分析的，然后加以改正，发挥出绩效管理的真正优势。

思 考 题

1. 我国的政府绩效预算管理与国外相比有何不同之处？国外哪些地方的管理值得我们借鉴学习？
2. 未来我国政府绩效预算管理会朝着怎样的方向发展？
3. 如何有效构建"结果导向型"的绩效预算管理模式？
4. 绩效评价现阶段的主要问题是什么？有什么比较好的应对措施？
5. 如何进行符合要求的绩效评价？

即 测 即 练

自学自测　扫描此码

第九章

政府预算监督与法治化

党的二十大报告强调坚持全面依法治国,推进法治中国建设,充分体现了以习近平同志为核心的党中央对全面依法治国的高度重视,彰显了我们党不仅是敢于革命、善于建设、勇于改革的政党,更是信仰法治、坚守法治、建设法治的政党,是我们党坚持全面依法治国的政治宣言。按照坚持改革与法治相统一、相促进的原则,将政府预算监督有关改革举措、成功经验和有效做法上升为法律规定,对进一步贯彻落实党中央改革部署,全面贯彻实施预算法,更好发挥人民代表大会制度的国家根本政治制度作用,对进一步推进依法行政、依法理财,加快建立现代财政制度具有重要意义。

本章旨在对于政府预算与法治化进行基本的介绍,使读者对政府预算与法治化有初步的认识。本章结构如下:第一节为政府预算监督概述,包含政府预算监督的内容、政府预算监督的作用、政府预算监督的特点以及政府预算监督的原则等;第二节介绍政府预算法治化,包含政府预算法治化的建设等。

第一节 政府预算监督概述

一、政府预算监督的内容

政府预算监督指在预算执行的过程中,对预算流程中的筹集资金和分配金额等业务活动进行监督,它在政府预算的过程中起着举足轻重的作用。政府预算监督包含两层含义。

广义的预算监督是指对执行预算过程中的主体部门单位进行监督,监督这些单位在做出预算时有没有符合预算的要求,是否符合真实性、有效性、合法性的原则。监督的内容包含以下几个方面:立法监督、政府监督、财政监督、审计监督和社会监督。广义的预算监督对象除了政府自己,还包括国家立法机关、国家财政机关、国家司法机关、国家审计机关和社会中介机构。

狭义的预算监督是指预算部门在执行过程中对预算流程中的操作程序进行检查,查看程序是否使用正确的过程。狭义的预算监督对象有政府机构、国家机关、社会组织,但监督的主体单位只有政府的财政机关,与广义的预算监督相比,狭义的预算监督更加集中化。

二、政府预算监督的作用

(一)政府预算监督是保证财政职能实现的手段

在经济发展中,公共财政资金在经济低谷期能够体现出它力挽狂澜的作用,帮助经济走出困难期。它的职能是:弥补市场上经济的缺陷,起到资源优化配置,经济稳定向上发展的作用。上述职能的完成，必须要有合理的法定法规和制度作为基础，要对执行进行严格看管，让预算单位按照规定的制度进行操作，保证资金合理筹集和分配。在监督的过程中需要留意资金的流向，资金是否有滞余的未上报，资金是否合理运用到正确的部门，在公共事业服务上是否把经济效益发挥到最大。

（二）政府预算监督是进行科学决策的先决条件

政府预算是需要用到大量信息和技术的计算，它的计算过程依赖于准确的数据。所以，数据的真实性、合理性、有效性对于编制预算的过程至关重要。预算监督能够很好地监测预算过程，发现其中是否存在有问题的数据，如果存在有问题的数据也能够及时改正过来。同时，可以邀请公民参与到监督的过程当中，把民众对监督的意见汇总，方便相应的部门收到对应的信息，根据实际情况修改对应的缺点，以保证对一定时期内的经济发展和国家发展走势做出科学的预测，能够创造更美好的未来生活。

（三）政府预算监督是体现法律效力的重要程序

政府预算经审批无误后，将会以具有法律效力的文件发送。一旦实施，就无法变更，各省级、市级和县级单位都要公示执行，不能擅自改变政府预算的内容。进行政府预算监督的目的是减少为了私利而不顾大局的现象出现，一旦发现有违反法律法规的现象，要及时制止并追究刑事责任。除此之外，政府预算监督还可以在执行的过程中检查法律是否存在漏洞，可以进一步完善财政法规和加强财政的制定工作，对于我国财经的法律建立有督促和促进的作用。

（四）政府预算监督杜绝腐败现象发生

政府预算监督在政府预算执行过程中起着法律的作用，要消灭腐败现象就要接受更加广泛、更多公民参与的监督。政府预算监督现在正在逐渐变成一种既有政府内部体系监督也有社会公众外部力量辅助监督的存在。它为遏制腐败现象的出现提供了保障，让政府变得更加透明。

三、政府预算监督的特点

（一）广泛性

政府预算监督向上可以到达中央预算，向下可以到达地方预算。从上至下，一直处于多方监督中，涉及面广，对国家机关部门和地区的政府预算、地区经济活动、社会效益有着重大的影响。为了体现财政体系下预算的公共服务性，一些社会公民也参与其中。从上至下，从内到外，都体现出政府预算监督的广泛性。

（二）层次性

政府预算管理是一级管理一级的，中央部门管理省级部门，省级部门管理市级部门，市级部门管理县级部门。这种一级管理一级的程序可以减少错误的出现，方便政府体系的管理。这些不同层次的监督主体除了有自己的监督重点，还需要相互帮助，体现政府预算监督的客观、公正。

（三）全面性

政府预算监督的全面性原则要求各级预算部门的预算内容和预算过程实现全面公开和全面被监督。其中，全面公开是指预算参与的各级政府不断推进预算过程、预算内容、预算结果、预算执行以及监督结果的公开。针对预算公开的内容，首先，全面监督要求所有直接参与预算的机构，如政府部门、财政部门、人民代表大会等，以及不直接参与预算的机构、部门、单位、媒体、协会、个人等对预算进行监督；其次，全面监督要对与预算有关的预算、决算、审批、执行等全过程监督；再次，全面监督要求对不涉及国家保密内容的所有预算内容进行监督。

（四）多样性

由于预算的过程多，环节复杂，单单靠一种监督形式很难进行有效监督管理的，因此，需采取多种形式开展预算监督。

（1）审议政府专项报告并开展满意度测评。听取和审议关于上一年度财政决算草案的报告，审查和批准上一年度财政决算；听取和审议关于上一年度财政预算执行和其他财政收支情况的审计工作报告。会前，组织常委会组成人员和人大代表进行视察，视察后，由人大常委会财经委形成综合书面报告并作出评价。经主任会议研究后，提交人大常委会审议，以无记名投票方式对预算执行情况进行满意度测评。

（2）开展专题调研。人大常委会组织代表对年度预算执行、《预算法》贯彻落实、部门预算执行等情况进行专题调研，以便掌握第一手资料，为推动政府作出科学决策发挥参谋助手作用。

（3）召开座谈会。围绕预算编制、预算执行、预算审查等工作召开座谈会，多方面听取专家、人大代表的意见建议，以便多角度了解相关情况。

（4）集中视察。通过组织人大代表集中视察，听取被视察单位的情况介绍和群众的意见建议，更好地了解预算决算工作推进情况，了解有关预算的决议决定执行情况等。

（5）开展预算联网监督审查。预算联网监督是将"互联网+"融入人大监督工作中的一种产物，是运用高科技的信息技术分析相关数据，提升人大预算审查监督工作的实效。聘请专业公司设计开发了预算联网监督平台，拉开了预算联网监督审查的帷幕。

（五）法律性

政府预算监督过程中发现有不遵守《预算法》的情况，视情况的严重程度进行惩罚，最严重者可以直接追究刑事责任。政府预算监督的法律性体现了监督的权威，同时也是政府预算监督执行的标准。所以，依法监督是政府预算监督的基本。

四、预算监督的原则

（一）将监督和服务有效地结合起来

预算监督不仅仅是监督各级政府部门单位的预算收支活动，更主要的是要善于在监督的过程中发现存在的问题，并及时将这些问题反映出来，令相关机构提出解决措施，帮助各层次的部门进行高效的管理，提高工作效率。在监督的过程中还需要注意与服务相结合，没有服务的监督容易导致被监督单位对监督工作丧失积极性，也不利于各部门的自我约束、自我管理。监督的最终目的是让各部门都能够做到自觉地自己管理自己，大家共同为建设美好的家园而努力。所以，监督与服务必须结合，这也是从长远的角度考虑，让预算管理工作更顺利地开展下去。

（二）将查处和防范结合起来

根据有关法律法规，每一级的监督主体有权利对被监督单位的违反规定的行为给予相应的处分。预算监督必须做到认真、严格，不能因为被监督单位的地位或者权力而有所放松。严格的目的也是给其他的部门树立威信，让其他部门减少违反规定的行为，有效提高自我约束能力。在具体的操作过程中，查处和预防的结合可以减少相应的成本，既能把握发现问题的最佳时机，又能提高监督的有效性，实现资源的合理配置。

（三）注重奖惩机制

奖惩机制的建立，一方面是要对违反规定的单位进行惩罚，让他们改正自己的错误，让别的部门引以为戒；另一方面，如果只有惩罚没有激励，会让原本就认真按照规则做事的部门减少前行的动力。奖惩结合才能更好地树立社会风尚。

（四）公平公正地执行

预算监督主体要秉公执法，对违法违纪行为坚决制止，丰富预算监督公开的内容，拓展公开渠道，保障公民的知情权，提高财政资金使用的透明度，在保障预算监督信息安全的前提下，应全面详细地公开预算监督结果应用的相关内容。各级政府部门应明确监督结果及其他相关内容的公开范围和公开方式，除门户网站或信息公开平台等渠道，还可以利用微博、微信公众号等社交媒体开设预算监督信息专栏，或组织定期的预算监督工作交流会，对相关信息主动公开，并向社会公众宣传预算监督的相关政策，一方面可以提高公众的意识和参与度，另一方面可以让财政资金的使用全方位地接受社会监督，确保预算监督公平公正地实施。

五、政府预算监督法律依据

政府预算监督的制定规则都是建立在一定的法律基础之上的。我国的政府预算监督管理的法律基础主要由以下几部分组成。

（一）《中华人民共和国宪法》

《中华人民共和国宪法》是我国最高的法律代表，一切法律都以《中华人民共和国宪法》为准绳。每一种法律的建立都不能离开《中华人民共和国宪法》，都不能违背《中华人民共和国宪法》的内容。

（二）《中华人民共和国预算法》

《中华人民共和国预算法》是1994年全国第八届人民代表大会第二次会议通过的，于2014年、2018年修订，《中华人民共和国预算法》的出现让预算监督的依据内容更加丰富，也为规范预算活动提供了依据。

(三)《中华人民共和国会计法》

政府部门预算数据的计算需要以《中华人民共和国会计法》为基础,要符合借贷平衡等式,要符合会计的及时性、重要性等特点,在对财政部门进行监督的时候要保证相应的科目填入相应的内容,不遗漏任何一个经济活动,不错填任何一个经济活动。

(四)《中华人民共和国刑法》

按照《中华人民共和国刑法》严格依法惩处预算执行中的违法行为,让各部门自我约束,对自己的预算执行行为负责,防范预算管理当中出现违法现象,这也是确保预算资金安全的重要方式。

六、政府预算监督的类型

按照政府预算监督主体的不同可以分为:立法监督、司法监督、行政监督、财政监督、审计监督、社会监督。

(一)立法监督

立法监督是立法机关对预算的监督。为提高预算审查质量,把有限的财力用在"刀刃"上,多办实事,人民代表大会及其常委会在工作中必须严把"四关"。严把预算初审关。每年财政预算(草案)编制初步完成前,地方人大常委会财经工委都要组织熟悉财经知识的代表提前介入,深入税务、财政、政府相关部门了解情况,对调研中掌握的情况进行综合分析,并与财政部门交换编制预算方面存在不足的意见和建议。财政预算草案编制完成后,提交人大常委会财经委进行初审,由财经委为人民代表大会代拟财政预算审查报告,提交大会审议通过。

严把预算执行监督关。财政预算执行全过程由人大常委会财经委负责跟踪监督,通过财政部门每月报送的报表材料及时掌握预算收入和支出情况,有针对性地进行监督。人大常委会财经委应定期组织人大代表深入基层调查研究,全面了解财政收支执行情况,关注经济发展动态,了解财源建设和各类项资金使用进度,对存在的问题提出意见和建议,为常委会审议议题提供依据,实现对财政预算执行情况的有效监督。

严把预算执行审计关。人大及其常委会要依据有关法律法规,针对代表反映和调查了解所掌握的情况,适时组织审计部门对重点部门和重点项目资金使用情况进行专项审计,增强对财政预算执行监督的操作性,使财政预算执行情况的监督公开化、透明化,提高财政资金的使用效益。

严把决算审查关。依照监督法,人大常委会每年均对上一年度的本级财政预算执行情况以进行审查。人大常委会在对财政预算执行草案审查中,要重点对专项资金使用情况、"三项"法定支出情况、结转下年度资金、预备费和超收收入安排情况的审查。要求财政部门对法定支出的项目、预备费使用程序和使用范围、超收收入资金的使用安排做出说明,做到专款专用。确需调整预算的,要按照有关法律规定,必须报经人大常委会批准才能使用,对未经审查批准而执行的预算调整,人大常委会有权制止或取缔,并建议有关部门追究财政部门负责人责任,维护预算法和监督法的权威性。

(二) 司法监督

司法监督主要指国家司法机关依照法定职权与法定程序对预算收支是否合法有效进行的监督，包括检察机关的监督和审判机关的监督两方面。其监督形式主要是司法部门对财政资金分配、使用主体及其使用情况的监督。司法监督可以运用国家的审判程序对各种不符合财税法规的行为依律进行处罚，并保持独立、公正与客观。因此司法对预算的监督无疑是最有约束力和威慑力的。然而，司法监督所依据的只能是已发生的既定事实，并不利于事前的防范和事中的跟踪控制。

(三) 行政监督

行政监督主要指行政管理部门依法对预算收支的合法性、真实性、有效性依法实施的监督检查。行政监督的优势在于：一是有足够的专业知识水平和技术力量对财政资金及其使用情况进行监督，能有效克服其他监督存在的信息不对称所导致的"弱监""漏监"现象；二是能够及时地组织专业技术人员对各种异常情况进行监督检查，实施事中监督控制，起到防患于未然的作用；三是侧重于具体主体及其行为的监督，可以根据财政资金的运转情况把监督的触觉延伸到各个领域、各个部门甚至具体的事项上，是对资金流量的全程监控。当然，行政监督主体的层次决定了行政监督的权威有限，给实际财政监督工作造成诸多的不便，如对违反财政秩序、法规行为的处罚不力或无力处罚，也显示出行政监督的固有弊端。

(四) 财政监督

财政监督，是财政部门对本级政府内部预算绩效管理行为进行的全方位、全过程监督，既是落实部门职责的要求，也是适应预算监督法治化要求的需要。财政部门在开展预算监督过程中，除了要从本部门的角度出发定位监督工作外，还要从政府整体预算绩效管理的角度出发审视监督工作，避免监督工作出现缺位的情况。一方面，政府财政部门要严格按照《预算法》《预算法实施条例》等法律法规中明确的政府预算绩效管理监督职责，从法律法规和政府预算绩效管理法治化的角度定位预算监督工作的性质，明确工作的重点、难点；另一方面，财政部门要注意区分预算监督与其他财政监督工作，对政府预算监督工作进行专门的分析、把握，使部门内部对预算绩效管理工作的定位更加准确、深刻和系统。

(五) 审计监督

审计监督是审计部门对预算的监督。应首先明确审计监督的重点内容，在实践探索中逐步形成标准化审计监督体系，进而形成可复制、可推广的审计监督标准化流程。就目前来讲，要发挥审计监督应有作用，除传统的加强对专项转移支付、项目实施效果的核查外，还应将审计监督目光投向更为深层次的预算管理领域。如将预算管理体系的建立健全、预算编制的价值取向、预算执行的效率性和效益性检验、存量资金和国有资产的保值增值等方面问题纳入审计监督视野，从更宏观的角度参与和规范政府预算管理。

(六) 社会监督

社会监督是依靠社会公众的力量，及时发现政府体系中的问题，反映情况。社会公众可以通过社会中介机构和社会舆论两个方面来表达自己的意见。社会中介机构的审计师会根据所提的意见进行分析，然后将分析结果和政府的审计部门交流，共同探讨改进意见；社会舆论的力量是通过广播、电视、网络这些平台进行监督，对政府的预算进行监督。

七、加强政府预算监督的意义

（一）确保国家预算收支的顺利实现

国家预算收支的实现需要各级别政府的共同努力，由最基层政府的预算管理到中央政府的预算管理，每一层级的部门监督都是至关重要的。只有确保每一层级的预算管理顺利完成，整个国家的预算收支管理才能正常进行，才能提高国家预算管理的效率。

（二）规范预算管理

监督可以发现政府在实施预算管理过程中的问题，然后将这些问题纠正过来，让预算管理更加完善，更加法制化、规范化。

（三）促进单位加强经济核算

预算监督促进各项分配政策和经济的贯彻落实，帮助、监督经济部门和政府单位改善经济管理，贯彻经济核算，提高政府的工作效率和经济效益，进而加强政府的经济核算。

（四）促进经济稳健发展

预算监督可以让各级政府和预算单位按照国家政策有效地分配资金，让政府运作更加顺畅，充分利用分配的资金，提供更好的公共服务，促进经济结构的改善和产品结构的完善。

（五）让公共财政和市场经济结合

预算监督可以保证部门预算和采购部门准确地实施，让这些行政性管理的部门也能发挥出实质性作用。除此之外，预算监督还能够加强部门对市场经济的服务，让社会公众体会到政府的用心，加强政府与社会公众的联系。

八、政府预算监督的主体

（一）各级人民代表大会及其常务委员会

政府的财政资金活动是为社会公众服务的，从某种角度来说，我们的预算管理最好是在社会公众的监督下进行。但由于社会公众数量的庞大和意见不一致，不利于管理，所以社会在公众的监督下进行预算管理是一个理想状态。但是我们可以选取社会中介机构作为公民的代表，由他们提供一些具有代表性的意见给政府部门，既保证了对社会公众的尊重，体现了公平性，又能让政府的预算管理往更好的方向发展。根据我国《宪法》，各级别人民代表大会及其常务委员会的监督权力如下：①人民代表大会负责审查和批准预算草案和预算执行的结果；②人民代表大会常务委员会负责对一些有问题的草案修改后的内容审查；③全国人民代表大会及常务委员会负责对中央财政预算进行监督，中央人民代表大会负责对省级财政预算监督，省级人民代表大会负责对地级市财政预算监督，县级负责对本级和下一级的财政预算进行监督；④人民代表大会有权力取消财政预算、决算不当的决议。

（二）司法部门

国家司法机关作为预算监督主体，具体来说，是指国家检察机关和审判机关。在我国现行权力框架内，人大对政府预算行使审批权和监督权，是制衡政府预算权力、进行预算监督的主要力量。同时，将司法力量引入预算过程，对政府预算权力进行司法审查，与人大形成制约政府预算权力的合力。司法的独立性、程序性、权威性决定其有能力担当监督、审查政府预算决策、执行行为的责任。

（三）行政部门

政府部门在具备成熟自我监督能力与完善的监督机制的情况下，可提高基础环节的监督效率，继而影响剩余环节的预算绩效监督成效。

（四）财政部门

我国法律规定财政部门的监督权如下：①负责对本级和下一级财政部门的收支预算数据的真实性、准确性监督；②负责对下一级预算管理的执行进度监督；③负责对本层的财政收支情况和资金使用情况进行监督；④负责对单位利用资金的效率进行监督。

（五）审计部门

审计部门的监督权如下：①负责对本级和下一级的预算资金使用情况和资金收支情况进行监督；②对国家投资建设项目的资金进行监督。人民代表大会和财政部门是对预算的编制情况进行监督，需要保证资金收支情况的有效性。

（六）其他主体

各党政、社会组织团体，社会中介机构（会计事务所、审计事务所、律师事务所和资产评估机构等）、新闻媒体、社会公众都可以通过不同渠道、不同方式参与预算监督。

九、政府预算监督的客体

政府预算监督是对经济运行过程中预算收入的筹集、分配和使用行为的全面监管，贯穿政府财政行为的始终，监管范围涵盖财政部门以及其他参与财政活动的部门和单位。

（一）财政预算监督

财政预算监督是指对各级政府、各部门、各单位的预算编制、执行、调整及决算等活动的合法性和有效性所进行的监督。预算是整个财政活动的核心，是政府对社会经济进行管理和调控宏观经济的重要手段之一，在政府预算的整个过程中占据举足轻重的地位。预算只要经过人民代表大会批准，就有了法律效力。但是财政计划的目标实现的好坏，与财政监督体系完善与否，监督手段是否得当有着必然的联系。所以，做好预算监督是加强财政管理，保证预算工作顺利进行的重要手段。

（二）财政收入监督

财政收入的来源包括税收收入和非税收入，因此，收入监督包括对税收收入的监管和非税收收入的监管。对税收收入的监管是收入监督的重要内容。具体包括对纳税申报、税收征纳、税务稽查和税收入库等各个环节以及收入真实性的监管。财政部门应着力推进税费改革，对非税收入实行统一管理，将预算外收入归入预算管理，加强对非税收入的全程监督，使得财政分配活动有序进行。

（三）财政支出监督

财政支出监督的主要目的是确保预算资金的合理分配和高效使用，符合政府公共支出的要求，提高预算资金的使用效率。对预算支出的监管具体包括以下四个环节：一是在预算的前期对预算编制过程进行审查监督；二是对预算资金分配和使用全过程进行监管；三是对专项资金拨付使用情况进行监督检查；四是对财政资金使用效益进行监管。

（四）国有资产管理监督

国有资产管理监督最主要的内容是对国有企业财务行为的监管。一方面，政府通过监督和管理国有企业的财务行为为企业服务，另一方面，政府是国有资产的所有人，政府通过财政监督维护其作为受益人的权益，不仅要保证国有资产保值增值，还要在各个不同的时期实施国家对国有企业收益分配的政策，同时实现国有资产保全。还需指出的是，政府还要依据相关法律法规，对企业会计信息质量实行全面有力的监督和抽查，严厉处罚违法违规行为，从而促使企业财务状况好转。

（五）会计监督

会计监督主要是财政部门依照会计法及相关财务会计法规，监督管理行政事业单位和企业的各种涉及财务的活动的可靠性、合规性，并评估和监督社会中介的执业行为。

十、政府预算监督的分类

预算监督的收入有来自国家财政部拨发给地方政府的，有国家的税收收入，以及国有单位内部人员的经费报销情况，预算支出几乎涵盖了政府部门的所有与经济有联系的部门。基于收支的广泛性，预算监督也必须采用有针对性的方式，将不同种类的经济活动进行划分，主要划分为以下几类。

（一）按照是否直接参与预算执行活动，分为内部监督和外部监督

1. 内部监督

内部监督是指财政部门和有关预算部门的监督，主要通过建立预算编制、执行、监督相分离，以及相互制约的权力制衡机制来实现。执行内部监督的机构有财政部监督评价局和财政部各地监管局。财政部监督评价局承担与财税法规和政策执行情况、预算管理有关的监督工作，承担监督检查会计信息质量、预算绩效评价、注册会计师和资产评估行业执业质量的相关工作，负责财政部内部控制管理、内部审计工作。财政部各地监管局根据财政部授权管理属地中央各项财政收支，承担财税法规和政策在属地的执行情况、预算管理

有关监督工作,向财政部提出相关政策建议,对属地中央预算单位预决算编制情况进行评估,并向财政部提出审核意见,根据财政部授权对属地中央预算单位预算执行情况进行监控及分析预测,组织对中央重大财税政策和专项转移支付在属地的执行情况进行绩效评价,提出相关改进措施建议并跟踪落实,根据财政部授权对地方政府债务实施监控,严控法定限额内债务风险,防控隐性债务风险,发现风险隐患及时提出改进和处理意见,并向财政部、地方人民政府反映报告,按规定权限审核审批属地中央行政事业单位国有资产配置、处置等事项,根据财政部授权监管属地中央金融企业执行财务制度等情况。内部监督具有以下特点。

①灵活性。财政部监督评价局和财政部各地监管局负责监督的内容不同,所以要选择有代表性的项目实施监督。在不能进行全方位监督的情况下,监督的方法和报告时间也需要根据这个项目的特点而定。

②经常性。各级财政部门应当定期上报数据,再由监督部门对这些数据进行检查。

③警示性。当发现一些小问题时,需要及时提出并和项目负责人探讨。要在最短的时间内解决小问题,不要让它成为隐患。

④中立性。监督单位要将自己放在旁观者的位置去监督,保证监督效果的真实性、客观性。

2. 外部监督

内部监督主要是对内部资金使用情况进行监督,但政府在运行的过程中难免会发生意外,对于这些意外造成的影响,就需要外部监督来管理。外部监督是指各级人民代表大会、审计、社会公众、新闻媒体等的监督,着重通过对财政资金分配、审批、预算的追加追减的程序性和制度化的监管实现。外部监督主要负责不能直接参与预算监督的单位和一些意外状况,它是根据情况的发生而存在的,具有以下特点。

①独立性。外部监督主体是独立于财政部和各级预算单位之外的部门,不需要对内部的最高领导人负责,所以监督负担比内部监督要少,监督的效果会更好。

②权威性。因为外部监督存在特殊性,所以它自身必须符合国家相关法律法规的规定。因为外部监督自身都有一定的规范性和权威性,被监督单位必须要无条件配合外部监督,所以外部监督与内部监督相比具有强制性。

通过以上分析得知,内部监督和外部监督都有各自的特点,二者相辅相成,缺一不可。政府应当注重二者监督的效率,做到相互配合。

(二)按照监督和预算资金运营过程的关系,监督又分为事前监督、事中监督、事后监督

1. 事前监督

事前监督指各单位在做预算工作之前对预算编制、预算制度、预算政策这些前期需要准备的材料进行监督。事前监督大致有以下两个重点内容。

①监督预算的安排是否合理。第一,国家的发展政策是否符合社会和人民的需要;第二,经济活动是否为国家将大力发展或大力支持的项目。例如,项目的内容和国家财政有

没有出入，定额设计得是否标准，支出的金额是否在整个项目可接受的范围内。这样做的好处是可以提高资金分配的科学性。另外，监督的另一层面是要与各单位的计划工程和财务支出计划相吻合。例如，监督各部门得到上级批准后需要查看被监督单位的人员日常开销和活动支出是否符合规定，防止出现因日常开销过大而导致项目资金的数额减少，以至不能完成后面的规划。

②监督预算的安排是否合法。根据我国《宪法》的相关条例审查预算编制合法性，预算的合法性是预算执行的依据，在一切合法的前提下，预算的运行过程才是正常的。

事前监督的作用是预先防范和阻止各部门的预算安排可能出现的不合法、不合理的情况，具有能够较好地降低财政风险的作用，保证了预算安排的合法与合理。事前监督的缺点是，只停留在计划的安排上，不参与预算管理的具体实施。

2. 事中监督

事中监督是指对预算法规、政策、制度以及各级政府和预算单位执行预算情况的监督。事中监督是一个漫长的过程，对预算执行的整个过程进行经常性的监督。事中监督必须把好关卡，很多东西一旦实践了就会与计划发生很大的偏离，事实也证明预算执行过程中暴露的问题最多，事中监督的内容主要有以下三点。

①监督预算收支情况。让单位按时上缴规定的资金，避免资金被挪用的情况发生，监督的对象在金额的使用上"只少不多"，可以比规定需求的资金少，但绝对不能超过规定的资金支出。

②监督月度财务报表。让各部门及时上交月度财务报表，要提前发现和解决报表存在的问题，防止对后面的工程造成影响。

③建立健全制度。通过事中监督解决在实际运行中出现的问题，发现法律中存在的漏洞，有利于防止问题继续恶化，最大程度减少资金的损失。

事中监督的作用在于对实际出现的问题能够提出针对性的意见，提高工作效率。而且因为它的时间最长，可以为预算监督的准确性提供保障，能够减少后续过程中的错误。涉及的监督面广、点较多，不够深入的缺点，不能发现隐藏很深的问题。

3. 事后监督

事后监督是指对预算执行和收支的结果进行监督。是预算程序中的最后一个步骤，起到查漏补缺的作用，主要有以下三项内容。

①监督预算结果是否贯彻执行政策。检查每个部门、每个单位的财务收支情况和预算资金支出情况是否符合国家的法律法规及相关政策。如果没有被较好地执行，就需要查明它的问题所在并加以改正。

②监督收支结果。对各部门上缴的收入资金的渠道是否可以改进，能不能把上交的时间做到更准时，对于一些超出计划的支出是否有相应的措施将其改正，贯彻节约原则。

③监督财务数据是否完整。对于最终的财务报表数据，除了要查看上面的数字金额是否正确，还要查看上交的资料是否齐全，财务会计、统计资料的编制是否合理，并做最终的经验小结为下一年做好准备。

事后监督是基于前两个程序之上的,所以相对而言它的内容较少。事后监督的优点是可以更深刻、更全面地进行综合分析和评价。通过最终的结果,可以接触更广泛的层面,了解更多的预算情况,弥补前两个程序的空缺。

(三)按照监督是否针对专项预算资金分为日常监督和专项监督

1. 日常监督

预算管理可以划分到每一年、每一个月、每一天。要想保证预算监督出现更少的问题,我们就需要做好日常的监督管理工作,将每一天所发生的事情进行审查,审查部门和单位的财务收支情况。日常监督涉及的面比较广,可以了解到预算管理各方面和各环节的问题,并及时改正,防止问题进一步恶化。由于监督的事情太多,难免会出现遗漏和分析问题不精的情况,我们这时就需要更加深入的专项监督。

2. 专项监督

日常监督只是负责将我们的监督范围扩大,让我们了解更多的领域。但这些只局限于表面,无法从更深层次的角度去解决问题。专项监督就是对负责的领域进行深入分析,而且只负责这一个领域。专项监督主要集中在社会保障、政府基本建设投资、科学、教育等资金的管理和使用上。

十一、进一步完善预算监督的措施

1. 规范预算编制、细化预算科目

在预算编制的科目上要细分,一定要掌握好每个科目之间的关系和特点,以免在填制内容时造成不必要的误差,向人民代表大会提交的预算表应包括预算收支表、收支明细表等预算说明书,这样更方便人民代表大会审查与监督。

2. 强化全方位与全过程监督

全方位就是财政监督的范围要覆盖财政以及财政资金活动的方方面面;全过程就是在财政资金由收到支再到发挥效果的整个管理流程中,监督都要发挥应有的作用。全方位财政监督包含监督对象与监督内容的全面化。我国财政资金的使用单位不仅有政府内部机构,还包括事业单位、社会团体、国有企业等,因此财政监督不仅要针对政府机构的监督,也应扩展至其他使用财政资金的部门与单位。全过程的财政监督要着眼于事前、事中、事后全过程,在事前设置一定的标准围绕政策目标进行审核,提高决策的前瞻性同时防止事前监督流于形式;事中主动对各项财政活动进行动态监控,掌握财政活动的影响与财政资金的动向;事后突出结果反馈与问责,将监督与管理结合起来,使财政监督由消极的事后追责转变为主动的全过程管理型监督。

3. 协调整合多元主体监督合力

社会多元主体参与监督,不仅是行政领域中新公共治理理念的重要内涵,也是推进我国治理体系现代化的客观要求。我国财政监督主体包含各级人民代表大会、财政部门、纪检监察部门、审计部门、人民群众及社会舆论等,协调多方力量的首要步骤应是通过法律

法规厘清主体间权责划分，合理配置不同主体拥有的资源与权利，进而解决财政监督实践中存在的交叉管理、多头检查、重复监督的问题。此外，不同社会主体之间的合作与协调也应不断深化，建立不同主体间流畅的信息沟通与反馈机制，破除固有的信息壁垒，增强相互合作意识，形成统一监督整体，互相协调，提升效率。与我国行政体制相适应，财政监督也需发挥中央与地方、省市县各个层级间的联动效应，上级政府适时指导下级政府监督工作，下级政府主动向上级政府汇报监督情况，形成从上至下的协调联动机制。拥有财政监督权利与义务的多元主体是我国未来财政监督工作的重要储备力量，我国今后应继续根据不同主体的特点特质，挖掘各类主体的监督潜能，最大化发挥多元主体的监督合力，实现财政监督的全员参与，强化监管效能。

4. 加强财政监督结果的应用

以跟踪落实、综合应用为主线的结果应用模式，建立以问题整改销号机制为抓手的跟踪整改落实机制，扎实做好财会监督"后半篇文章"。

①明确跟踪落实内容。财会监督结果跟踪落实的具体内容包括：督促监督对象按照规定调整有关会计账目、限期上缴予以追回的财政资金、退还被侵占的国有资产、限期足额退还违法所得、跟踪移送事项的处理情况等。对监督对象在规定时间未跟踪落实财会监督结果的，可采取催办、约谈、公告、申请强制执行等方式督办。

②建立整改销号机制。建立问题整改销号机制，确保财会监督发现的问题逐项整改到位。对财会监督检查发现的问题列明问题清单，明确整改措施、期限和责任单位，在办公自动化平台实行动态更新管理，整改一例，销号一例。对在期限内尚未整改或未整改到位的问题，需跟踪落实并要求监督对象明确下一步整改措施计划和期限。

③加强结果综合应用。将财会监督结果与预算管理、资金安排充分衔接，要将其作为加强财政管理、完善政策、安排与调整预算的重要依据。同时加强与上下级监督部门、单位间的信息交流，加强与纪委监委、审计等部门的沟通协作，形成监管合力，做到成果共享。

5. 完善财政监督专门法治体系

构建集中统一、全面覆盖、权威高效的财政监督制度，完善专门法律体系应成为未来财政监督工作的首要任务。我国今后应继续推进财政基本法以及财政监督专门法的立法进程，提高财政监督的立法层次，并对财政监督工作中涉及的监督主体、方法、对象、流程、时间限制、激励与惩罚等具体要素予以明确规定，提高法律在实际工作中的可操作性。通过国家法律增强制度执行的刚性，尽可能将财政监督过程中的所有方面纳入法律体系，防止因自由裁量空间过大而出现监管不到位或者违反财经纪律的现象，并出台绩效管理专门法律，在法律体系较为完备的基础上加强执法力度，实现"两条腿"走路。作为财政监督主要对象的各级财政部门也应深化"打铁还需自身硬"的意识，首先增强对自身的约束力度，完善财政部门内控制度体系，建立符合自身实际情况的内控制度。其次，在财政与财政监督立法过程中，需特别注意与其他现有法律之间的协调，避免不同法律之间的冲突与不协调给执行单位带来的困扰。在我国未来的财政监督新格局下，法治化建设应成为核心与重中之重。我国应从全国人大这一国家最高权力机关的层次对财政监督各类事项进行确认，完善社会主义法治体系，实现财政监督在严密法制化轨道下的平稳有序运行。

第二节 政府预算法治化

党的十八大以来，政府预算法治化建设取得重大进展。作为现代财税体制的重要组成部分，政府预算法治化建设推动了财税体制的现代化，促进了国家治理体系和治理能力的现代化。从党的十八大至十九大召开的五年，是深化预算法治化建设的五年，明确了建设方向，对建设做出了统一部署，并完成了《预算法》的修订。党的十九大以来的五年，是进一步深化政府预算法治化建设的五年，进一步明确了建设目标，完成了预算法实施条例的修订，让政府预算在法治化的轨道上运行。党的二十大从战略和全局的高度明确了进一步深化财税体制改革的重点举措，提出"健全现代预算制度"，为做好新时代新征程政府预算法治化工作指明了方向，提供了遵循依据。

一、我国政府预算法治化的建设

预算管理制度改革是政府预算法治化建设的重要内容。2013年11月，党的十八届三中全会通过《中共中央关于全面深化改革若干重大问题的决定》，明确财政是国家治理的基础和重要支柱，并要求深化财税体制改革，将建立现代财政制度作为改革目标，并对预算管理制度改革的主要内容作了全面概述。预算管理制度改革的目标是实施全面规范、公开透明的预算制度，改革的主要内容包括审核预算的重点由平衡状态、赤字规模向支出预算和政策拓展，清理规范重点支出同财政收支增幅或生产总值挂钩事项，建立跨年度预算平衡机制，建立权责发生制的政府综合财务报告制度，建立规范合理的中央和地方政府债务管理及风险预警机制等。

2014年6月，中共中央政治局会议审议通过《深化财税体制改革总体方案》（以下简称《方案》），对预算管理制度改革作了更为细致的安排。《方案》要求，强化预算约束、规范政府行为、实现有效监督，加快建立全面规范、公开透明的现代预算制度，以及从建立透明预算制度、完善政府预算体系、建立跨年度预算平衡机制、完善转移支付制度、加强预算执行管理、全面规范税收优惠政策等方面改进预算管理制度。

预算管理制度改革在法治化的轨道上运行，这是财政法治化的要求，也是建设社会主义法治国家的要求。结合预算管理制度改革，我国对预算法进行了修订。新预算法自2015年1月1日起施行，融入了预算管理制度改革的精神和要求，将党的主张转化为国家意志，是预算管理制度改革法治化的重要标志。

为贯彻落实党的十八大和十八届三中全会精神，按照新预算法要求，2014年10月，国务院发布《关于深化预算管理制度改革的决定》（以下简称《决定》），强调深化预算管理制度改革的重要性和紧迫性，要求准确把握深化预算管理制度改革的总体方向，并对改革的各项工作作出具体部署。主要内容包括：完善政府预算体系，积极推进预算公开；改进预算管理和控制，建立跨年度预算平衡机制；加强财政收入管理，清理规范税收优惠政策；优化财政支出结构，加强结转结余资金管理；加强预算执行管理，提高财政支出绩效；规范地方政府债务管理，防范化解财政风险；规范理财行为，严肃财经纪律。在预算法实施条例修订完成之前，《决定》为新预算法的实施提供了强有力的支持。

2017年10月，党的十九大胜利召开。十九大报告进一步将预算管理制度改革的目标明确为建立全面规范透明、标准科学、约束有力的预算制度，全面实施绩效管理。这一目标吸纳了之前"全面规范、公开透明"的内容，同时又提出了更高的要求。"标准科学、约束有力"不仅要求预算编制得准确科学，而且要求预算要有约束力，预算必须得到真正的执行；"全面实施绩效管理"则是进一步深化预算管理制度改革的重要内容，要求预算执行不仅要合规合法，而且更加注重绩效。

2018年9月，中共中央、国务院印发的《关于全面实施预算绩效管理的意见》(以下简称《意见》)同样具有标志性意义。《意见》的出台旨在解决预算绩效管理存在的突出问题，推动建成全方位、全过程、全覆盖的预算绩效管理体系。全面实施预算绩效管理是推进国家治理体系和治理能力现代化的内在要求，是深化财税体制改革、建立现代财政制度的重要内容，是优化财政资源配置、提升公共服务质量的关键举措。《意见》对全面实施预算绩效管理做出部署，要求构建全方位预算绩效管理格局，建立全过程预算绩效管理链条，完善全覆盖预算绩效管理体系，健全预算绩效管理制度，硬化预算绩效管理约束。

党的十九大以来，预算管理制度改革进一步深化。2019年10月，党的十九届四中全会通过的《中共中央关于坚持和完善中国特色社会主义制度推进国家治理体系和治理能力现代化若干重大问题的决定》，进一步要求完善标准科学、规范透明、约束有力的预算制度。

为贯彻落实党的十九大和十九届四中全会关于坚持和完善社会主义基本经济制度的战略部署，在更高起点、更高层次、更高目标上推进经济体制改革及其他各方面体制改革，构建更加系统完备、更加成熟定型的高水平社会主义市场经济体制。2020年5月，中共中央、国务院出台《关于新时代加快完善社会主义市场经济体制的意见》，对预算制度改革提出了"完善标准科学、规范透明、约束有力的预算制度，全面实施预算绩效管理，提高财政资金使用效率""依法推进财政预算等领域政府信息公开"等要求。

在此期间，《中华人民共和国预算法实施条例》(以下简称《实施条例》)完成了修订，并自2020年10月1日起施行。《实施条例》是根据党中央、国务院关于预算管理的重大决策部署和新预算法修订的，反映了预算改革实践的成果，让预算管理制度改革有了更加全面明确的法律依据。《实施条例》回应了一系列社会关注的预算制度改革难题，将相关问题的解决方案纳入法治化轨道。比如，在预算编制方面，明确预算草案编制时间，规范收入预算编制，明确预算收支编制内容；在部门预算管理方面，统一部门预算管理口径，明确部门预算收支范围，完善项目支出管理方式；在预算公开方面，细化转移支付公开内容，明确政府债务、机关运行经费、政府采购、财政专户资金等需要按规定向社会公开，细化部门及所属单位预算、决算公开内容；在规范转移支付方面，明确一般性转移支付范围，建立健全专项转移支付定期评估和退出机制，规范转移支付预算下达；在政府债务管理方面，细化地方政府债务余额限额管理，明确转贷债务管理，完善地方政府债务风险评估和预警机制，合理安排发行政府债券；在预算绩效管理方面，完善预算绩效管理制度，强化绩效结果应用，进一步明确职责；在财政专户管理方面，明确财政专户的含义和使用范围，对财政专户的设立做出严格规定，规范财政专户资金管理。

2021年4月，国务院发布《关于进一步深化预算管理制度改革的意见》，旨在落实新预算法及《实施条例》有关规定，规范管理、提高效率、挖掘潜力、释放活力。其主要内容包括：加大预算收入统筹力度，增强财政保障能力；规范预算支出管理，推进财政支出标准化；强化预算执行和绩效管理，增强预算约束力；严格预算编制管理，增强财政预算完整性；加强风险防控，增强财政可持续性；增强财政透明度，提高预算管理信息化水平等，为进一步深化预算改革提供了指导。

为落实党的二十大的精神，财政预算管理实行全流程法律风险预警防控，维护预算法及其实施条例刚性约束力，完善预算绩效管理，推进预算管理一体化建设，进一步压实地方和部门责任，推动建立防范化解地方政府隐性债务风险长效机制。

预算法治化建设牵一发而动全身，涉及利益多、难度大，体现了自我革命的精神。预算法治化建设一直注重全面部署与重点突出的有机协调，更好地发挥了财政作为国家治理的基础和重要支柱作用，推动着预算法治化进程，并不断推进国家治理体系和治理能力现代化。

二、预算公开法治化的发展

（一）预算参与权的法定化

将民众的民意诉求或主观偏好表达机制贯穿于预算监督的全过程，增加民众的"话语权"将有利于人民群众表达自己对于预算管理的意见。我国预算管理的公民参与机制还处于探索与起步阶段，尚未制度化与规范化，预算法应明确细化人民群众在预算管理过程中的参与权，并着重解决参与主体、参与范围以及参与的效力等关键问题。

（二）预算参与的程序保障

增强预算管理参与决策的公民影响力。财政分权体制下，中央和地方各级政府承担着不同的管理与服务职能。地方政府由于了解本地区居民的偏好，代表本地区居民的利益，因而能够更好地执行地方性经济政策和提供区域性公共产品。良好的民生性财政预算执行公民参与制度不仅体现在公众广泛、深入、实质地参与，更重要的是预算执行部门对参与活动作出主动、及时、全面地回应。强化预算的信息公开阳光是最好的"防腐剂"。我国《政府信息公开条例》将"扶贫、教育、医疗、社会保障、促进就业等方面的政策、措施及其实施情况"作为县级以上各级人民政府及其部门应该重点公开的对象。

（三）预算公开救济机制的完善

一般而言，政府预算公开过程中产生的争议有两种救济方法：一是行政救济，二是司法救济。行政救济是对行政权力侵犯公民权利所造成损害给予补救的法律制度的总称，即行政救济是对行政权力侵犯公民权利的制度化的救济。在我国，行政救济主要包括行政复议、行政仲裁、信访等。司法救济主要是通过法院或者其他的准司法独立机构去解决矛盾的方式。结合我国现有的法律制度与实践，政府预算公开救济应以行政复议和法院受理的行政诉讼两种方式来保护公民的政府预算知情权。

1. 行政复议

行政复议包括向本行政机关、上级行政机关或者专门的行政机关在我国就是行政监察机关申请复议。由上级行政机关或者专门的行政机关进行复议审查历来被各国所重视。行政复议制度作为一种自我纠错机制，在权利救济上具有辅助性的特点。行政复议是对政府的行为进行内部控制的有效手段，当然也适用于对政府预算公开的控制。

（1）构建行政复议机关。政府预算公开中的行政复议可由接受政府预算公开申请的政府机关或者接受政府预算公开申请的政府机关的上级机关等对申请人就政府预算公开机关的行为提出的异议进行审查并做出相应的决定。我国的政府预算公开机关一般为各级政府的财政部门，所以政府预算公开的行政复议机关可以是各级财政部门所属的人民政府、各级财政部门的上一级财政部门、各级监察机关。

（2）行政复议范围。由于政府预算公开引发的行政争议不仅范围广泛、类型众多，而且效果迥异，因此不可能都由行政复议机关处理。行政复议机关只处理其中的一部分，其余的则由其他的国家机关包括司法机关来解决。结合我国《政府信息公开条例》的规定可知复议范围一是受害人主动反映，以申请复议为主；二是政府预算公开时，公众对此公开有异议或者侵犯了自己的个人权利等，有关政府部门主动介入；三是各级权力机关、行政监察机关在对政府预算公开监督过程中发现问题进而主动介入；四是其他的情况。

（3）行政复议的处理期限。根据我国的《行政复议法》《政府信息公开条例》等的规定，我国的政府预算公开行政复议处理时间应不宜过短也不宜过长，以一日为宜。这样安排既给予行政复议机关处理争议以一定的紧迫感，又方便了受害人及时选择其他的救济途径维护自己的权利，也一定程度上衔接了其他法律法规的规定。

（4）行政复议的处理结果。根据我国《行政复议法》及其实施条例的规定，行政复议机关对政府预算公开争议中申请人申请的复议可以做出以下八种类型的复议决定：维持决定、撤销决定、履行决定、变更决定、确认决定、重作决定、驳回复议申请的决定和赔偿决定。

（5）行政复议责任追究。有效的监督是防止权力腐败的关键，而责任追究机制是建设法治政府的关键。需要对政府预算公开机关或其工作人员给予行政处分的，可依据我国《公务员法》《行政处分条例》等法律法规进行处分，构成犯罪的要及时移交司法机关处理。通过这种责任追究，可有效促进政府预算公开的实现与完善，最终对侵犯公众权利的行为进行惩罚，并能真正保守国家秘密。

2. 行政诉讼

行政诉讼是当事人通过法院解决政府预算公开过程中争议的最终途径，行政诉讼被认为是最具有权威和最公正的救济途径。

政府预算公开行政诉讼应当兼顾个人权利的救济与维护客观法律秩序的关系，做到政府预算公开的效益最大化。

思 考 题

1. 我国目前的预算监督行为在哪些方面存在不足?
2. 应当如何鼓励社会民众积极参与到基层预算监督当中?
3. 国外政府预算监督有哪些是值得我们学习的?
4. 预算法治化给我国经济发展带来了什么影响?
5. 预算法治化对财政政策的编制是否有利,为什么?

即 测 即 练

参 考 文 献

[1] 陈共. 财政学[M]. 北京：中国人民大学出版社，2020.
[2] 陈庆海. 政府预算与管理[M]. 厦门：厦门大学出版社，2014.
[3] 公共财政概论编写组. 公共财政概论[M]. 北京：高等教育出版社，2019.
[4] 国际货币基金组织. 2014年政府财政统计手册(Government Finance Statistics Manual 2014)[EB/OL]. https://www.imf.org/external/Pubs/FT/GFS/Manual/2014/gfsfinal.pdf.
[5] 李兰英. 政府预算管理[M]. 西安：西安交通大学出版社，2014.
[6] 李燕. 政府预算理论与实务[M]. 北京：中国人民大学出版社，2018.
[7] 牛美丽. 让理想照进现实：预算绩效管理的几点思考[J]. 中国财政，2020(9): 55-57.
[8] 倪志良. 政府预算管理[M]. 天津：南开大学出版社，2013.
[9] 徐旭川. 政府预算管理[M]. 上海：复旦大学出版社，2019.
[10] 杨光焰. 政府预算管理[M]. 上海：立信会计出版社，2016.
[11] 郑俊敏. 政府预算管理与会计[M]. 上海：立信会计出版社，2019.
[12] 中华人民共和国财政部. 2022年政府收支分类科目[M]. 上海：立信会计出版社，2021.
[13] 孟庆瑜，张永志，谢兰军. 人大代表审查预算教程[M]. 北京：中国民主法制出版社，2015.
[14] 李炳鉴，王元强. 政府预算概论[M]. 天津：南开大学出版社，2006.
[15] 包丽萍. 政府预算[M]. 大连：东北财经大学出版社，2011.
[16] 陈纪瑜. 政府预算管理[M]. 长沙：湖南大学出版社，2003.
[17] 马海涛. 政府预算管理学[M]. 上海：复旦大学出版社，2003.
[18] 卢洪友. 政府预算学[M]. 武汉：武汉大学出版社，2005.
[19] 廖少纲. 政府预算管理[M]. 北京：对外经济贸易大学出版社，2012.
[20] 刘明慧. 政府预算管理[M]. 北京：经济科学出版社，2004.
[21] 李保仁. 国家预算理论与实务[M]. 北京：北京经济学院出版社，1996.

教师服务

感谢您选用清华大学出版社的教材！为了更好地服务教学，我们为授课教师提供本书的教学辅助资源，以及本学科重点教材信息。请您扫码获取。

▶▶ 教辅获取

本书教辅资源，授课教师扫码获取

▶▶ 样书赠送

财政与金融类重点教材，教师扫码获取样书

 清华大学出版社

E-mail: tupfuwu@163.com
电话：010-83470332 / 83470142
地址：北京市海淀区双清路学研大厦 B 座 509

网址：https://www.tup.com.cn/
传真：8610-83470107
邮编：100084